世界公民叢書
未來的・全人類觀點

財富大思考

四大課題・九堂課

Macro Thinking on Wealth

4 Topics and 9 Lessons

完整而系統化的探索：
・財富的追求動機・財富的牟取之道
・財富該如何使用・財富的分配正義

葉仁昌 著

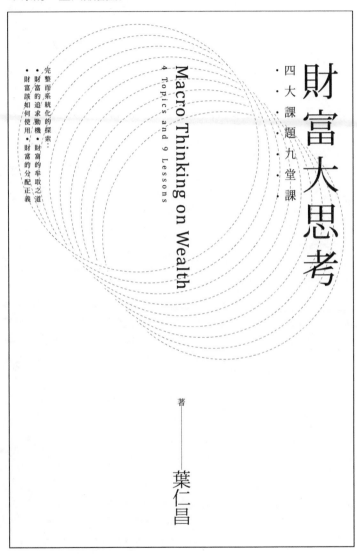

財富的追求動機

第 1 堂課 為什麼我該積極致富？

第 2 堂課 為什麼我該淡泊輕看？

財富的牟取之道

第 3 堂課 在商言商，有何不可？

第 4 堂課 利益極大化，有錯嗎？

財富該如何使用

第 5 堂課 儉樸節約是為了什麼？

第 6 堂課 錢該花在哪裡最值得？

財富的分配正義

第 7 堂課 雖然眼紅、卻很羨慕？

第 8 堂課 可以既公平又繁榮嗎？

第 9 堂課 貧窮問題該如何解決？

財富大思考：四大課題九堂課

【目錄】本書總頁數392頁

第二章　財富的牟取之道

前言

二〇一八年秋，筆者曾浩浩蕩蕩以三十萬字的規模，就三十位以上大師的財富觀，出版了《大師眼中的金錢：財富的倫理》一書（台北，立緒文化，共四八八頁）。出乎意料地，那樣一本頗為厚重又有濃濃的哲學味、而且作者還不是老外的作品，竟然書友們的反應不錯。當年底，筆者還入圍了「誠品職人大賞：二〇一八年度最期待的作家」名單。二〇一九年一月下旬，知名的評論家楊照，更在他所主持的廣播節目《楊照談書》裡，以兩集的時間特別予以推介。

不過回顧起來，那本書僅是奠基之作，還未完整體現筆者的寫作構想。它簡單的初心，只是想讓自己對財富倫理的探討，扎根在大師們的經典上，而拒絕表現為心靈雞湯式的隨筆小品。畢竟，後者的情況在市面上已經太氾濫了。至於在整本書的論述鋪陳上，當時，筆者先是詳盡探索了歷史中財富倫理的三條路線，接著，在扼要歸結出財富倫理的四大核心課題後，全書就收筆結尾了。

然而進一步地，那三條路線以及四大核心課題，它們在現代社會中的意義和價值是什麼呢？對於當今的人們，又可以有怎樣的引申應用、啟發省思或是方案倡議呢？很遺憾，如此重要又是筆者心繫已久的大哉問，在該書裡只有輕描淡寫的零星論述。因為一來，高達三十萬字的篇幅在出版上已達於極限；二來，其性質和主軸也有所不同。故而，當時就決定了要分開來處理，另行撰寫如今呈現在各位讀者面前的這一部著作。

歷經了將近兩年的撰寫，改了又改，現在終於出來見人了。

為了凸顯本書的主旨和定位，在此，請容許筆者覆述，在舊作中已經揭露的三大建構工程構想，也就是從一開始的整個寫作規劃。筆者的企圖心，首先著眼的是「歷史脈絡的大探索」，即對於財富倫理在歷史中的發展，予以爬梳歸類、並區分辨別出不同的路線。其次則是「對論述的思辨分析」，即對於其中各家的觀點和論證，呈現出清晰明瞭的哲學性解剖。

而就在這兩重寫作工程的基礎上，最後一部曲，當然是得回到「現時此地」（here & now）。試問，過去大師們的思索和歷史積累，對於當下這個世代和處境，可以呈現出什麼意義和價值？又有怎樣的引申應用、啟發省思和方案倡議？對筆者來說，如此的寫作發展，不僅是再自然不過了，更重要地，這樣才終於讓整個財富倫理的浩大工程，邁向完成、劃下句點。

明顯地，在此一終末的樂章、即本新作中，焦點不再是那些經典級大師們的宏偉之論了，而是換由筆者粉墨登場，來「再建構」適合於現代情境的財富倫理。

當然，大師們的精彩以及智慧的結晶，在經由筆者的消化、融會和濃縮後，仍活生生地躍然在本書的字裡行間。只不過在他們的肩膀上，會更多看到筆者吹奏跳舞般地加以詮釋和轉化。有時是穿針引線、有時則是借題發揮。說句玩笑話，在前一本書中與那些大師朝夕相處、對話綿綿後，他們對筆者已經像是陰魂不散了。

上述所析論的，正就是本書的主旨和定位。那接下來，具體的撰寫綱要呢？筆者必須提醒，這可不能依憑撰述者的偏好而天馬行空、任意構思的。它得有所「本」。

就有如房屋的骨架，必須是地基的連結延伸。同樣地，本書的大綱，也是以舊作為地基的連結延伸。具體來說，筆者在舊作裡，從三條路線的探索所歸結出的四大核心課題，正鋪陳出了這本新書的架構。以此而言，舊作中整個對大師們的論證，已經為此一架構的適切性，提供了強有力的支撐。其中：

——財富的追求動機，這構成了本書的第一章。它指的是吾人在動機上，對於致富是該淡泊輕看呢？抑或是積極進取？是看財富如浮雲、甚至追求放空的清貧極簡呢？還是該抱持著對致富的渴望、某種使命和雄心？

——財富的牟取之道，這構成了本書的第二章。它指的當然並非致富的方法或技巧問題，而是吾人在賺錢的手段和方式上，黑不黑心、正不正義的倫理爭議。尤其，在自利性經濟行為被高度肯定的今天，合宜的原則為何呢？

——財富該如何使用，這構成了本書的第三章。它指的是在倫理意涵上，吾人該以財富去換取什麼樣的其他價值，人生才更有價值？而所抱持的原則，是該儉樸節約呢？抑或是慷慨大方？其中的理由又是什麼？

——財富的分配正義，這構成了本書的第四章。它指的是各種所得和賦稅，在不同的角色、付出和成果之間，該依據什麼標準來分配，才符合公平或合理？而在資本主義與社會主義之間，又該如何取捨或折衝呢？

回顧筆者的舊作，這四大核心課題原本是以不同的成分、比例和樣貌，散見在不同大師的論述裡。但由於它們再三地交錯重疊，突出為醒目的匯集點，筆者才會在結論的篇章中做出上述的歸納。無疑地，財富倫理長久以來最引致爭議的癥結，幾乎都在這四大核心課題了。也因此，它們非常適合用來作為本書的探討架構。

進一步地，既然本書以應用和落實於「現時此地」為主旨，而為了能貼近社會大眾的日常生活，於是，筆者又將上述的四大核心課題加以細分，結構成了可以更引發閱讀和思考興趣的所謂「九堂課」。

首先，針對財富的追求動機，筆者細分出了第一、二堂課。即「為什麼我該積極致富？」以及「為什麼我該淡泊輕看？」明顯地，這兩個似乎背道而馳的子題，都是屬於動機層次的提問，它們呈現出在追求財富上兩種基本的差異。

經由前者，筆者要探索的是，發財慾經常有如性飢渴，而它只是出於經濟衝動、完全不需要理由嗎？試問，一種真正的財富熱情，應該有哪些合宜的動機？至於後者則是申言，在積極致富之外，吾人其實可以有一種超越，認知貪婪和財富的風險，以及匱乏所具有的正面意義；從而去追求某種程度的放空、或極簡地擁有。

其次，針對財富的牟取之道，則可以細分出第三、四堂課。即「在商言商，有何不可？」以及「利益極大化，有錯嗎？」很清楚地，這兩個子題所凸顯的，正是人們在追逐財富之際，手段上賴以合理化的兩種典型辯護。

透過前者，筆者企圖說明，對於商業牟利及其慣常的追逐和鑽營手法，何以竟從傳統上的鄙視排斥，發展到對「背德者」的辯護呢？到底這一頁歷史是怎麼走過來的？至於後者，筆者則針對資本主義最核心的牟利立場——利益的極大化，提出一種「既肯定又否定」的修正式批判。

再來，財富該如何使用呢？對此，筆者進一步細分出了第五、六堂課。即「儉樸節約是為了什麼？」以及「錢該花在哪裡最值得？」前者討論的是節省的哲學。經常，儉樸節約只是出於一種捨不得花錢的性格習慣、或缺乏安全感下的儲蓄衝動，而試問，倘若其在倫理上要有可資辯護的真正理由，則應該為何呢？

至於後者，表述的則是花錢的哲學。在此一篇章裡，筆者力言，花錢不應只定位在經濟上需不需要、買不買得起。它毋寧是自我意義的賦予和表達。花錢因而該有其合宜的目標，並且在花錢的背後，歷經一番價值哲學的思辨和選擇過程。

最後，關於財富的分配正義，筆者則細分出了三堂課。其一，是「雖然眼紅，卻很羨慕？」這樣的弔詭，正指出了一個關鍵原因，何以分配問題總擺不平。簡單來說，就是社會普遍存在著兩種互相矛盾的心理：我們嫉妒肥貓，卻從不反對自己成為肥貓。人性的本質總呈現為既深怕矮人一截、又渴望高人一等。

那面對這兩股「必然而又衝突」的人性力量，該怎麼辦呢？

此即第八堂課所要探討的課題，也就是「可以既公平又繁榮嗎？」無疑地，這是兼容社會主義和資本主義的理想目標。但它能夠實現嗎？為此，筆者建構了一個內含四大原則的芻議方案，企圖揉和前述兩種互相矛盾的心理，同時又能緩解各自所帶來的弊病，以實踐一種能夠邁向進步富裕的分配。

至於結尾的一堂課，則回歸到一個最基本的挑戰，即「貧窮問題該如何解決？」筆者在此篇章中指出，照顧窮人和弱勢者，為財富分配最不可或缺、最前提性的使命。分配問題不能淪為只是在追求公平，而窮人和弱勢者卻悲慘依舊。進一步地，在左派之路與右派之路的爭論中，到底該訂立出哪些基本的方向和原則，才可以真正改善窮人和弱勢者的命運呢？

臚列起來，這九堂課分別是：

第一堂課：為什麼我該積極致富？
第二堂課：為什麼我該淡泊輕看？
第三堂課：在商言商，有何不可？
第四堂課：利益極大化，有錯嗎？
第五堂課：儉樸節約是為了什麼？

第六堂課：錢該花在哪裡最值得？
第七堂課：雖然眼紅，卻很羨慕？
第八堂課：可以既公平又繁榮嗎？
第九堂課：貧窮問題該如何解決？

上述所勾勒出來的整個寫作工程，明顯地，呈現出了一種宏觀式的系統化思考。它們很完整，幾乎觸及了財富倫理的每一個面向；包括有追求動機的取捨和思辨、牟利手段的爭議和規範，財富在使用上的價值哲學，乃至於分配正義的解析和實踐。而這就是為什麼本書會取名為「財富大思考」。

反觀坊間大部分的相關著作，則往往只有片面的主題，甚至呈現為零散式的個人感想。其中最常見的是，強調有錢人的思維、理財的技巧和習慣，還有就是老生常談地告訴你一些有關財富的格言和警語。概括來說，既缺乏哲學深度的論證，對於財富倫理的建構，也無系統化和完整可言。

緣此，筆者可以大膽地說，倘若能按照本書的整個工程藍圖，來對財富倫理提出一種在「現時此地」下的引申應用、啟發省思或方案倡議，其所收穫的寫作成果，對於現代人的啟迪，應該是最扎實、深刻和全面的。

當然，無論是舊作抑或本書，筆者一貫不變的提問還是那番老調，即質問為什麼要有錢？它代表的意義是什麼？面對金錢，除了發財夢之外，吾人該有怎樣的價值思辨和選擇、該有怎樣的倫理？

只是在這一部新作裡，老調新唱了。之前的舊作所探索的標靶，是歷史中經典級的大師們，預設的讀者群為喜好深思的社會菁英。如今，則是由筆者在消化、融會和濃縮大師們的論述之後，提出現代情境下可以日常實用的個人見解，預設的讀者群很自然地改為社會大眾。

為此，筆者在寫作心境上走入了更大的通俗化壓力，深怕預設的讀者群對本書的論述食不下嚥。因而，除了多加引用現代學者的看法外，在寫作風格上沒選擇餘地，只能淺顯、再淺顯，並儘可能多舉一些例證和小故事予以生活化。

但儘管在新舊作之間有上述的差異，筆者仍必須強調，在它們彼此之間，是既獨立分離、又互相連結呼應的。期待這兩本書的結合，能為整個財富倫理的探索，帶出一次「立足過去、而看向遠處」（standing back and looking forward）的跳躍。

毫無疑問地，大師們的經典一直是筆者的最愛，但心中更希冀的，毋寧是有如拉起姻緣紅線那樣，將財富倫理的歷史脈絡和思辨分析加以延伸，搭起一座通往現代社會的橋樑。它一方面企圖為大師們的古老論述，賦予現代的實用意涵；另一方面，也指望現代人在面對財富的若干核心課題時，能夠有歷史智慧的傳承和光耀，而不是日愈深陷庸俗化的窠臼。

整個來說，舊作呈現的是縱剖面的「大歷史」，它藉由對大師們的思辨分析，宏觀地探索了兩千多年來財富倫理的三條主要路線。而新作呢？則是將其中的精華和成果，針對現時此地，從橫剖面展開了一種系統化而完整的「大思考」。從「大歷史」走到「大思考」，這既表現了本書的延續性，更也是本書與眾不同的特色所在。以下，就讓我們開始這樣一個有價值的工程吧！

第一章

財富的追求動機

首先，讓我們來談的是財富的追求動機。筆者始終記得，女兒到紐約兩年多後與我的一次視訊通話。她雄心勃勃地要成功致富，並滔滔不絕描繪未來對自己事業的願景。當時的我為之一愣，這是我女兒嗎？我有沒有聽錯？我經常教育孩子感恩知足，錢只要夠用就好。而如今，是否我的女兒已經染上了資本主義的拜金風尚？

我帶著憂心、卻沒有繼續追問，探詢她的價值觀在紐約受到了什麼衝擊、又經歷了如何的改變。因為老實說，我自己也很猶豫困惑。對於致富，到底在動機上該淡泊輕看呢？抑或是積極進取？是看它如浮雲、甚至追求放空的清貧極簡呢？還是該抱持著對致富的渴望、某種使命和雄心？

各位可別小看這個課題，它不是一件自然而簡單的選擇。

經常，許多人對致富的淡泊輕看，只是出於無奈。因為受限於地位、角色、能力和背景等的諸多現實，掙得到的錢就那麼一點點，能不淡泊輕看嗎？

事實上，就在台灣、乃至於經濟停滯的若干社會裡，許多人對於致富缺乏雄心，毋寧正是普遍低薪和缺乏機會下的一種落寞消沉。有些則轉變為酸葡萄心理，即因眼紅而自我安慰，說財富買不到快樂和自由自在，錢多了還會讓人墮落腐化。總之，還是自己現在這樣，夠用就好！

那對於致富的積極進取呢？很遺憾，不少人只是出於經濟衝動下的盲目火焰，其中並沒有什麼合宜的動機可言。發財慾經常有如性飢渴，只用下半身思考。夢想著綠油油的大把鈔票，就好像野獸渴望和搜尋獵物一般。

對許多人來說，錢財的本身就足以讓人亢奮和滿足了，它完全不需要理由。然而，上述這些狀況都太原始、太本能了，不是筆者所要的。正確來說，本章的出發點乃一種超越的期待：即如果對致富淡泊輕看，不是出於無奈或酸葡萄心理；而如果對致富積極進取，也不是如性飢渴般地經濟衝動。

它們應當都是深思熟慮後的選擇。更精準來講，即價值思辨後的一種信念、擇善固執下的一種堅持。因為只有如此，才足以持續燃燒一種具有自我意義感的財富熱情，從而帶來內在的滿足和生命價值感。也只有如此，在對財富的取捨之間，才能掌握其中的合宜分寸、並孕育出一種可以作為自律的規範。

這正是筆者所一貫主張的財富態度，即從原始或本能的狀態，昇華到倫理層次，展現出財富的教養。

第1堂課

為什麼我該積極致富？

在以下的篇幅，也就是第一堂課，筆者將先從正面來辯護，為什麼該對財富積極進取？本書從不清高或假道學，告訴你錢很骯髒、或有錢人多麼俗氣！事實上，即使是在道德掛帥的傳統時代裡，古人如司馬遷，都曾以其史學家的智慧老實告訴我們，「倉廩實而知禮節，衣食足而知榮辱。」並且：

「天下熙熙，皆為利來；天下壤壤，皆為利往。」夫千乘之王，萬家之侯，百室之君，尚猶患貧，而況匹夫編戶之民乎！（史記．貨殖列傳）

這就是說，古往今來，天下人熙熙攘攘，就其行為的本質來看，都是為利所驅使。而以王侯將相的豐碩資財，都會擔心匱乏不夠用，更何況普通的老百姓呢？財富確實太重要了，它是讓一個人有禮節、知榮辱的前提。

誠哉斯言！無論慈善、慷慨、分享或濟助，前提都是自己必須先擁有並且有餘，不是嗎？若囊袋羞澀、家徒四壁，怎有能力慷慨和分享呢？

事實上，不只是司馬遷，孟子也同樣將溫飽放在道德教化之前。所謂「惟救死而恐不贍，奚暇治禮義哉？」（孟子．梁惠王上）他相信，處在貧窮線下的人們，往往難以保有自覺的尊嚴，而它卻是道德實踐所不可或缺的心理狀態；甚至，許多人就是因迫於匱乏而作姦犯科。

以此而言，貧窮是美德的障礙，會導致寡廉鮮恥。那反過來，擁有寬裕的財富，不正是一個必要的物質基礎，讓人可以培養慈善、慷慨、分享或濟助的美德嗎？既然孟子這位超級道德主義者都如此肯定財富，那麼，追求它豈非再正常不過了？

發展到現代，更不用說。人們處在一個極度商業化、資本充斥、物質豐富、又自由開放的社會裡，幾乎很自然地，都會對財富抱以積極進取的心態。

或許，現代人所需要在意和執著的，並非什麼清貧或淡泊輕看，而是在追求財富的背後，賴以支撐的合宜動機。它當然必須蘊含某些可能的善、責任和價值信念；也就是在倫理層次上站得住腳、對良心具有內在說服力的好理由。

以下，就讓我們來展開，期待成為一個小有錢人的倫理探討吧！

當然最簡單的，就是訴諸生活中現實的需要。這一點任誰都無法否認。現代人無論是出國進修、成家、買房、子女教育、家庭旅遊、退休養老，或醫療長照等，都需要相當可觀的錢財。並且在很多城市裡，物價、房價、學費、醫療就是那麼昂貴，令許多人總是捉襟見肘。

這意味著，倘若你想要對財富淡泊輕看，還得有社會條件來配合。除非你有移居的充分自由度，可以選擇偏鄉或落後國家去過便宜、低成本的生活。而在現實如此的需求和壓力下，誰不想致富呢？

對財富的積極進取，這當然是一個最普遍、又言之成理的動機。但問題是，它乃驅迫我們就範的外部壓力，而非出於我們內在的倫理選擇。專業一點來講，它是所謂的「肇因」（cause）而非「理因」（reason）。

就誠如崇尚自然的陶淵明，雖不時也得為五斗米折腰，背後卻全然是現實壓力下的無奈。他所真正強烈嚮往的，唯獨是田園生活和退隱自在。也因此一輩子從來沒找到任何好的「reason」，來說服自己去燃起對財富的熱情、使命或雄心。

在本篇章中，筆者所要探討的，當然不是現實壓力下對財富積極進取的動機，而是基於內在倫理的選擇所抱持的致富理由。依照筆者的淺見，它或許可以有以下三個訴求：

其一，階層、職務和身分上的需要；

其二，排除支配、擁有選擇的自由；

其三，實踐超越性價值的使命召喚。

A、階層、職務和身分上的需要

首先，讓我們來探討第一個好理由，即階層、職務和身分上的需要。簡單來說，就是為了安過一個適合自己職務、身分和地位的生活，故而對財富抱持著積極進取的態度。明顯地，它不能僅是滿足基本溫飽而已！它經常會需要比較昂貴精緻的消費支出、體面高檔的生活品味，甚至有點闊綽的低調華美，俾能將自己的角色功能扮演好。

這番話聽起來，肯定會令那些主張清貧度日的人反感。他們總愛強調，錢財只要能維持基本需求就足矣，卻忽略了每個人的「基本需求」有很大差異。並且，這未必是一己主觀慾望的問題，而往往是各個人所屬的不同階層、職務和身分所致。

譬如文人或教授的基本需求，就顯然與基層的勞工和漁農民有所不同。他通常需要購買大量書籍、寬敞的書桌，並藉由旅行和藝術等文化消費，來培養氣質、視野和見識。而這一切對勞工或漁農民來說，卻往往是多餘的無用之物。

二十多年前，筆者曾安排去義大利體驗歐洲的古蹟和文化。孰料在出發前，竟被我的年邁母親碎碎唸，說我是否錢太多花不完？驚訝之餘我能理解，以她的人生和背景，無法體會我身為一位思想史學者在授課和寫作上的需要。在她覺得，這種龐大的開銷根本是浪費，但在我卻認為，是為了將角色功能扮演好而不可或缺。

值得一提的，這其實正是古老儒家的智慧。他們拒斥了墨家和許行那種要求一律清貧儉樸的均平主張，並認定各個人的生活條件和需要，會隨著不同階層、職務和身分而有高度差異。他們更別出心裁提出了一種高明見解，要求將財富的合理範圍以及合宜的生活方式，界定在社會階層、職務和身分的等級線上。

具體來說，無論你是公侯伯子男、抑或君卿大夫士庶人，舉凡雕鏤、文章、黼黻、宮室、車旗、服飾、器用以及飲食等等，都各有不同的基本需求，也都要呈現出一種屬於差序格局的不同品味和講究。

有趣的是，古老的儒家稱此為一種「禮」。換言之，背道而行就是失禮了。

據此，一個庶人或農民的生活所需，應該只要有鍋碗瓢盆、農具、瓦屋和衣服就夠了。但士君子呢？則還要有能力支應必要的階層禮儀和文化開銷。而倘若是君主或王公大人，那就更不用說了。高規格的威儀、排場、報酬、生活方式和品味講究，都屬於不可或缺的基本需求。

荀子就曾經很明確地指出，所謂「不美不飾之不足以一民也；不富不厚之不足以管下也。」這番話即在強調，身為金字塔的頂端，基於其所扮演的領導統御角色，有必要在諸多方面彰顯出尊卑之分、貴賤有別，以及在德能上有無成就。

故而，按照他的主張，只要位居統治地位的菁英階層，耳朵所聆聽的，得是「撞大鐘，擊鳴鼓，吹笙竽，彈琴瑟」；眼目所鑑賞的，得是「雕琢刻鏤，黼黻文章」；口齒所品嚐的，得是「芻豢稻粱，五味芬芳。」（荀子．富國）

從那些擁抱清貧主義、簡樸哲學或社會平權的人來看，這一切未免太高檔闊綽。認為它們不僅多餘而浪費，更是建立在民脂民膏上的階層特權；可以說是既罪過、又邪惡。

但從儒家來看，只要守住其中的分際，不要過度或逾越，則反而是對中庸之道的一種真正實踐。因為它們恰如其分地，在外顯上反映了階層地位和身分角色，而這會很有助於社會整體秩序的維繫、和諧以及穩定運作。

對此，不服氣的人或許可以想一想，倘若是真如當時墨家和許行所主張的，天子該以裘褐為衣、穿木鞋、頭戴斗笠，還要與百姓共耕，自己煮食、種菜；那何必還要他去擔任天子呢？直接當工農就好了。究實而言，天子理應在威嚴的殿堂之中，尊榮而有權柄地來指揮決斷、定國安邦，不是嗎？

或者，川普（Donald John Trump）該效法烏拉圭那位「全世界最窮的總統」穆希卡（José Mujica，任職於 2010-2015），搬離白宮，與家人住進殘破的農舍，還開著一部老爺車上下班？而若有其他國家元首來訪，則應一起撿菜葉，而不是打高爾夫球？很明顯地，任何人都知道答案，以美國總統位居全球要津的身分，那只會是上電視作秀的情節，絕不符合其在角色扮演上的需要。

而就算不是天子或總統，許多大企業的董事長和經理高管，他們動輒身處在數十億元的跨國往來和商業交易中，經常要談判溝通、結盟購併。讓他們享有私人飛機和遊艇、豪華氣派的排場、安全保鑣及隨扈，乃至於各種高端的待遇和生活方式，毋寧都有其在功能上一定程度的效益。因為他們必須經營一種多金、成功和商場高手的贏家形象，以博取客戶及合作夥伴的信賴。

個人與角色是截然不同的兩個東西

事實上，不只中國的儒家，西方的宗教改革家馬丁路德（Martin Luther）也曾經表達過類似立場。他說，雖然「金錢、財產、名譽、權力、土地和僕人」都屬於世俗的範圍，並非屬靈或精神的事物。但若沒有這些東西，社會許多功能的運作就會發生困難。而既然它們不可或缺，則清貧或僅僅溫飽就不恰當。他坦然直言：

> 一位主人或公侯不應該、也不能貧窮，因為基於他的職務與身分，他必須擁有這些東西。如果我們都成為乞丐或一無所有，這個世界就無法持續下去。（Althaus 著，2007：177）

這可不是一段平常的話，其中有很深刻的道理。首先，作為一個主人或公侯，除了要顧養自己的父母妻小外，還有眾多僕從和大小官吏的家庭也要照料。不能因為你個人對財富的淡泊輕看，而致使這一大群人口跟著受累匱乏。其次，主人或公侯所屬的莊園、農地或工廠，不僅必須持續投資、營運和維護，它們更經常牽連到，社會的某一部分政經體系能否完善。

歸結而言，身為一個主人或公侯，是負有重大社會責任的，密切關係著世界能否持續而正常地運作，豈能沒有可觀的資財來支應相關的必要開銷？固然，你可以有個人的財富哲學和偏好，卻不能罔顧其所導致的社會後果。

筆者完全明瞭，某些角色的扮演，反而需要清心寡慾、並超越對錢財的追求。譬如聖方濟各（Francis of Assisi）或德瑞莎（Mother Teresa）。對於這一類超凡型的道德聖賢，還有許多獻身於宗教志業的神職人員。倘若他們熱中於積累財富，絕對在角色扮演上是非常不利的。

但無可否認地，社會中另有一大群包括中產階級和地位團體在內的人口，尤其是領導菁英、大小企業主、經理高管、賢達仕紳，以及各個不同領域的專業工作者，必得為了階層、職務和身分上較昂貴的開銷需要，而在財富的追求上積極進取。

老實說，那種但求溫飽、看錢財如浮雲的主張，恐怕只適用於鄉居的閒雲野鶴、退休的老人家、純粹的家庭主婦，或某些底層階級的人群。他們的共同特色是，沒有什麼重要的階層、職務或身分角色需要好好扮演。他們通常只對自己負責、也只需要做自己。難怪他們可以隨己意灑脫、對財富淡泊輕看。

吾人必須謹記，個人與角色是截然不同的兩件事。你的個人唯獨屬於你自己，你儘可以自在地崇尚清貧和極簡，或只鍾情於清心寡慾的淡泊出世。但問題是，你還有基於階層、職務和身分而需扮演的角色。以此而言，你所代表的絕非只是你自己。經常，你得超越或放棄個人的偏好，轉而去符合角色的期待。

筆者身為一名大學教授，對於這樣一種角色的需要，經常感悟至深。譬如，對於上課時的穿著配戴、以及出入校園的代步工具，筆者始終自覺該有一定程度的品味和講究。其中的用意，絕不是為了滿足一己的慾望或虛榮。

一來，基於教授代表著專業的殿堂、以及社會的良知，此一角色原本就具有理應自尊自重的象徵地位。二來，筆者期待，讓青年學子們看在眼裡，會打從心裡認為，從事學術和教職是一項值得羨慕的生涯規劃。當然，上述的兩個想法並非絕對的，卻是一種值得肯定的、對意義和價值的主動賦予。

相反地，如果大學教授是相對的低薪族群、無殼蝸牛、穿戴簡陋，還得為了省錢而騎機車出入校園，這種寒酸清苦的「魯蛇」或「遜咖」形象，儘管當事者個人並不在乎，但就其所扮演的階層角色而言，毋寧是有負面作用的。甚至筆者要說，倘若大學教授得省吃儉用才能過日子，這絕非清高，而毋寧是國家落後、社會衰敗的徵象和恥辱。

寫到這裡，根據於前述的整個鋪陳和論證，一個小小的歸結出來了。到底一個人需要多少財富呢？這當然沒有標準答案，但其中一個指標，就是根據不同階層、職務和身分的角色需要，來擁有不同程度的財富。

相對而言，所謂的夠用就好，太籠統而不具體了。至於那種只需要滿足基本溫飽的主張，則在適用上有嚴重的侷限性。我們不該否認，在現實的生活中，確實有一大群人必須在致富上積極進取，俾能支應在階層、職務和身分上的開銷需要。

附帶但書：不超過角色扮演的必要

只是筆者必須提醒，這樣一個衡量指標，在應用上要謹慎於其中的界線和分際。簡單來說，它有個附帶的但書。一方面，許多人的基本需求，不可能只侷限於基本溫飽就夠了；但另一方面，卻也不當超過階層、職務和身分上角色扮演的必要，否則，就淪為了貪婪和驕暴。

換言之，它既是致富在倫理上的一個好理由，也是一個自律性規範。它固然為致富提供了合宜的動機，卻同時要求作為致富的約束限制。

如果我們延伸上述的意義，那麼，作為一名中小學老師，卻追求開幾百萬的高級名車；初入社會的年輕菜鳥，卻爭相穿戴昂貴的精品；或只是普通公務人員的身家、卻出手闊綽的高檔消費，則無疑已經逾越了各自在階層、職務和身分上的必要。

從這裡，吾人可以很清楚地理解到，基於角色扮演的必要而選擇對財富積極進取，並不等於就是追求大富。後者往往出於滿足個人的虛榮和慾望，其所謂角色上的必要，不過是藉口。至於前者，則以中庸為其內在的核心。它認定品味和講究的過或不及，都不利於將角色功能扮演好。

在歷史中，對於角色扮演上的逾越，最典型又反諷的例證，莫過於中世紀的許多教皇了。這些理應最敬虔謙卑、棄絕世俗名利的神僕，竟然聲稱自己所享有的一切極其榮華的排場和尊榮，都不是為了私慾和虛榮，而是為了彰顯和榮耀自己所服事的上帝——萬王之王。換言之，它們都是基於自己的特殊地位和身分而有的角色需要。

結果，就如馬丁路德所描述的，一般的國王頭戴一重皇冠，教皇要戴三重皇冠；還配屬了三千個祕書；出外遊樂時，則安排有四千人騎驢子的隊伍；並且，這些超級神僕還拒絕騎乘上馬，堅持要像個偶像般地被拱抬上豪華的座轎。

對於教皇的這一切所為，馬丁路德大肆抨擊為腐敗和墮落。固然，讓教皇得到尊榮和禮遇，是一種角色上的必要，但何以竟表現為「聞所未聞的浮華」和「耀武揚威」的傲慢呢？顯然它們已經過頭了。

而就在這樣的理解下，他進一步批評，教皇以此為藉口所積累的極大量財富，毋寧都是「假借基督和聖彼得的聖名」所做出來的搜刮、欺騙和侵吞；教皇自己也根本就是「世界上最大的盜賊」（Luther 著，1957：175; 177; 180; 197; 187）。

確實，基於階層、職務和身分而對財貨的需要，始終是有其尺度和侷限的，不能無限上綱用來合理化最大程度的積累。對於角色的扮演，吾人不應只考慮「需要」，也當認真衡量是否有其「必要」。

高貴教皇在資本主義新時代的知己

可笑的是，當時序進入現代，教皇的那一套藉口，竟在資本主義的腐蝕下找到許多知己。譬如，曾經風靡美國的許多電視佈道家，坐擁鉅額資產、豪宅、遊艇和私人飛機，他們所抱持的理由，正就是因自己所服事的乃萬王之王，豈可寒酸？上帝既然是偉大光耀的、又樂於賜福給祂的兒女，則神僕理當為成功人生的楷模。

二〇一八年五月，新聞媒體普遍報導，美國有位電視佈道家杜普蘭提斯（Jesse Duplantis），透過網路影片向信眾宣告，為了傳教的便利性，自己需要一架超過十六億台幣的豪華私人專機，呼籲信眾趕緊為此奉獻。他還聲稱：「我相信如果耶穌今天在地球上，祂不會騎驢傳教，祂會搭飛機到處傳福音。」

事實上，杜普蘭提斯的教會已經購入了三架私人飛機供他專用。但他卻藉口，新的飛機可以直飛，而且比較省油。他還牽扯時事話題，說美國大使館如今已經搬到耶路撒冷，世界末日很快就要來了，所以要更講求效率、快快傳福音（The News Lens 關鍵評論，2018-06-01）。

很明顯地，這位牧師相信，自己的好幾架私人飛機、乃至於所有其他被視為奢華鋪張的生活方式，都是基於職務和角色的需要，從來不是為了自己。

這可真是一個麻煩！主張財富應符合階層、職務或身分上的需要，反而為貪婪和驕暴找到一個好藉口。筆者在本節中之所以一再地以「神僕」們為例證，就是為了要強調，即使那些理應最敬虔、謙卑、棄絕世俗名利的人，都會如此自我包裝，更遑論其他一般在世俗中打滾的人們了。

放眼看看今天的社會，類似的現象不就經常出現嗎？

但儘管如此，筆者還是要說，對於財富的積極進取，角色扮演的必要，仍是一個在倫理上的好理由。事物都有其兩面性，天底下可沒有什麼倫理主張是天衣無縫、毫無漏洞的。人只要存心貪婪和驕暴，都不難找到漂亮的藉口。

只是，這中間的尺度又該如何拿捏呢？很遺憾，它不可能有標準答案，總因人因時因地而大有不同。倘若我們硬是給它一個衡量的尺度來規範，反而會因不符合現實而帶來許多扭曲。畢竟，社會上的階層、職務和身分，極其多樣和複雜，並且每個人所扮演的角色，也大有差異。

或許，此一尺度拿捏的問題，可取決於各自所屬群體中一般性的角色期待，也就是所謂的「群體共識」。這固然不失為一個可行之道，但仍經常出現分歧。特別是在當今社會高度的自由和多元文化下，即使聲稱為群體共識，也總被撕裂成好幾大塊，各領風騷、互相對立。

但無奈之餘，筆者還是要強調，倫理的尺度，理當堅持為一種自律性的規範。當事者必須依憑自己的良知去判斷，該如何拿捏才合乎中道、或真正有助於在階層、職務和身分上的角色扮演。這毋寧正是財富倫理、乃至一切倫理訴求的本質特色，即你儘管可以鮮明地高舉任何的「倫理原則」，但都難以作為明確合適的客觀標準。到頭來，還是得回歸一顆素樸而真誠的「倫理心」來作依憑。

- ◆財富的合理範圍，應界定在階層、職務和身分的等級線上。
- ◆你所代表的，絕非只是你自己，還有你的角色。

◆對財富的積極進取，並不等於就是追求大富。
◆品味和講究的「過或不及」，都不利於將角色功能扮演好。

B、排除支配、擁有選擇的自由

談過了階層、職務和身分上的需要，進一步地，對於財富的積極進取，第二個好理由是排除支配、擁有選擇的自由，以追求實現自我和家人在生命上的完善化。財富在此一面向的展現十分連貫。先是透過擁有財富，一個人獲得了支配的權力，從而也能夠抗拒他人的權力，讓自己免於被支配，並因此得以擁有尊嚴和自由自主。

在社會中，顯而易見地，許多人因缺乏經濟能力而失去選擇的自由。他們無法過自己想要的生活，只能淪為滿足別人生活的工具；更遑論什麼自我的實現。這正是貧窮者的普遍光景。他們為了生計，爆肝沒命地工作，犧牲了社交和家庭生活，甚至在精神上備嘗屈辱、喪失尊嚴。

當然，貧窮與奴役之間的關係並不單純。一方面，被奴役的弱勢地位，導致你與財富總是無緣、永遠分享不到肥甘美味，還經常被剝削和壓榨，長此以往能不貧窮嗎？另一方面，口袋空空則讓你經常人微言輕，甚至得卑躬屈膝地提供服務，以滿足有地位者的需要。

整個來說，奴役既是貧窮的因、也是果。這兩者不離不棄、交互作用，形成了難以掙脫的惡性循環。而基於如此的悲哀，豈能不對財富積極進取？

倘若我們有足夠的警覺，應該會發現，各式各樣想要支配他人的企圖，始終在你我生活的周遭伺機而動。而試問，吾人賴以抗拒的利器是什麼？其中一個好答案，肯定就是財富。

它無疑地在效果上會轉換為一種權力，可以讓你從邊緣走到中心，說話和行事都變得更有份量。它不僅能夠消極地對抗支配、免於被奴役，還得以積極地展現一己的自由和個體性，俾能追求實現自我和家人在生命上的完善化。

對於這樣一個貨幣與自由的關係，吾人首先要面對的，是德國社會學大師齊美爾（Georg Simmel）一種極為特別、有權威、卻存在著爭議的論調。按照他的看法，當貨幣普及化之後，人類就經歷了一種從奴役和依附關係中的解放，表現出個人自由和個體性的突破。

他甚至聲稱，貨幣其實是「個體自由的載體」（Simmel 著，2007: 224）。或許，我們可以這樣來比喻，貨幣就像一部又一部的貨車，裡面載運的是個體自由。而隨著貨車滿街跑，個體也從社會束縛中日益解放了出來。

原本在貨幣經濟不發達的階段，譬如中世紀，主僕或領主與臣民之間，存在著一種牢不可破的人身依附關係。其中一方是擁有權勢、土地或莊園的支配者；另一方則藉由追隨和忠忱，來取得衣食和住所。其呈現出來的標準樣態，就是「一成不變地，被束縛在一個單獨的人身上。」

然而，當貨幣大規模使用後，尤其在大城市裡，人與人之間的連結，變成了你情我願的商品買賣關係。也就是說，人際關係變得「只靠金錢來體現」，你付費，我收錢；而買賣的各方，當然也都是可以輕易換來換去的。

明顯地，個人的身分因素，愈來愈從經濟中撤退了出來。在連結上唯一的考量，往往只是物美價廉而已！如此一來，彼此之間只有貨幣上的交易關係，不再有什麼追隨和忠忱之類的人身依附了（ibid.: 224-229）。

貨幣的普及讓支配和奴役更加嚴重

這樣看起來，似乎真的是一種個人自由和個體性的突破。但很遺憾，衡諸歷史，齊美爾大錯特錯！隨著貨幣在十六、七世紀的普及化（Weatherford 著，1998: 122），改變的僅僅是交易的媒介，被支配和奴役的本質並未真正動搖。

固然在大城市裡，依附關係下的僕從，轉變成了自由契約下的幫傭或勞工，但他們可沒有因此品嚐到什麼實質的自由、或個體性上的真正突破。看看十七、八以迄十九世紀的勞動者就可以清楚體會了，他們的貧困更甚以往，被支配和奴役的景況也更加嚴重。

這中間有一個關鍵因素。洛克（John Locke）洞悉得非常準確。貨幣的普及化帶給了人們一個巨大的機會，就是得以盡情地去擴張和積累資產。因為，在過去蔚為主流的「實物經濟」下，囤積過多的物資會導致腐壞，如今則只要藉由交易為貨幣，這個老問題就完全解決了。

洛克相信，人們因此開始有了旺盛的動機，願意藉由墾殖更多的地產，來大幅增加財富。相反地，如果沒有通行的貨幣可資交易，那窖藏多於他能使用的東西，不就是一件蠢事嗎？確實，何必辛苦了半天，最後卻腐壞呢？（Locke 著，1996：下五，§46; 51）

人類就是這樣，從維持溫飽走向了無限積累。

進一步地，洛克指出，如此擴張和積累資產的結果，是到處湧現了在私有財產上的不平等（Ibid.：下五，§50）。這絕不只是貧富日益懸殊而已！還使得最底層的窮人們，陷落在更大程度的依附關係中。

對於這樣一種現象，亞當斯密（Adam Smith）說得好，「有大財產的所在，就是有大不平等的所在。」（Smith 著，2009：篇五，章一，474-475）這充分意味著，某一部分人在財富上的大幅優越，總衍生出對另一部分匱乏者的支配和奴役。

很寫實地，此即十六、七世紀及其之後兩三百年，所發生的一連串歷史真相。隨著貨幣的普及化，少數人的財富急遽地無限積累，同時還衍生出了嚴重的通貨膨脹。而無產階級人口，這種在中世紀末曾真正存在過的新社會成分，如今也跟著大幅增加了（Thompson 著，1996: 677）。

從表面上看，儘管人身的依附關係已經遠去，轉變成非人身的自由契約，但支配和奴役的關係，反而比過去更形鞏固。

馬克思（Karl Marx）就是在這樣的背景下，非常強而有力、淋漓盡致地，闡釋了貨幣與自主權力的關係。時下任何一個渴望藉由「財務自由」來邁向自我和家人完善化者，都該好好思考這號大人物的論述。

他首先揭櫫，資本主義的核心動力，就是追求貨幣的無限積累；而正是為此，工人淪為了資本家的奴隸。他更直接指稱，貨幣乃一種「支配他人的、異己的本質力量。」並且少有例外地，每個人都以吃奶的力氣，想從這裡找到「利己需要的滿足」（Marx 著，1980: 91）。

何以故呢？因為在資本主義的商品經濟下，貨幣太好用了。它一來「具有購買一切東西、佔有一切對象的特性。」不要說什麼奇珍異品，即使是道德和靈魂，也都可以用貨幣來購買和佔有。

二來，它扮演了最關鍵的媒介角色。靠著貨幣交易，自然就撒開了一張關係網絡。並且貨幣在當中能專斷地選擇，是要去解開或是繫得更緊（ibid.: 109; 112）。這意味著，在關係網絡中，貨幣是決定一切的老大。俗話不也常說嗎？有錢才能做人。它帶來的正是一種權力在握的受歡迎感。

三來，貨幣還有一項超級本領，就是它能夠將所有事物的個性，顛倒為「它們的對立物」。它可以「使冰炭化為膠漆，……使仇敵互相親吻。」就譬如，我雖是個醜八怪，卻能「買到最美的女人。……醜的嚇人的力量，被貨幣化為烏有了。」我雖是個跛子，可是「貨幣使我獲得二十四隻腳」，即六匹馬的豪華車。跑得比誰都更快、更神氣威風。

還有，我明明是個邪惡、沒良心的人，但「貨幣是受尊敬的，所以，它的持有者也受尊敬。貨幣是最高的善，它的持有者因此也是善的。」（ibid.: 111-112）顯然，貨幣能讓惡變善。明顯地，這就是貨幣所具有的一種異化力量——顛倒所有事物的本質和個性。

貨幣的力量多大，我的力量就多大

寫到這裡，不禁讓筆者聯想起，螢光幕前不是經常出現一些富有的老醜男人，身旁陪伴著細皮嫩肉的正妹嗎？雖然很不搭調、像極了鮮花插在牛糞上，但這一幕幕毋寧見證了馬克思的洞見，即那「醜的嚇人的力量，被貨幣化為烏有了。」最後，他因而結論道，「我是什麼和我能夠做什麼，這絕不是由我的個性來決定的。」而是由我所擁有的貨幣多寡來決定的。

> 貨幣的力量多大，我的力量就多大。貨幣能購買的東西，就是我——貨幣持有者本身（ibid.: 111）。

這番話的意思就是說，貨幣可以換取的，就是讓持有者從一切的醜陋、邪惡、缺陷中，顛倒和異化為美麗、受人尊敬、無所不能。換言之，你有錢就值得尊敬；你有錢就是成功、有頭腦；甚至，你有錢就是永遠的帥哥，女人跟你上床時，都會格外覺得你性感有魅力。

馬克思如此傳神的文辭和雄辯，固然被視為對資本主義的一種控訴，但不正解釋了何以會有那麼多人前仆後繼地去追求財富嗎？箇中的原因就在於，財富具有一種如神明般的魔幻力量，它進而可以支配他人，以有效滿足利己的需要；退而可以排除他人的支配，並積極地自我實現。

想一想，確實是如此。如果你口袋很深，就可以不鳥那些用錢來支配人的大爺，從而快活地做你自己。譬如在印度，就有不少女性在擁有穩定的收入後，即刻拿掉蒙臉的面罩。他們從來不喜歡配戴，只是社會習俗的要求。而如今經濟能力的增強，讓她們開始勇敢說不！

正是基於此一理解，使得沈恩（Amartya Sen）這位印度裔的諾貝爾獎得主，直接將貧窮定義為「基本能力的剝奪」。這句話說得強烈，卻十分符合印度的真況。你越缺乏經濟能力，就越淪入一種無行為能力狀態，即任人擺佈。

他故而明白指出，我們之所以該追求更多財富，乃因為那是「我們爭取更多自由的典型手段」。它賦予了你我一種能力，就是「讓個人享有願意珍惜之生活的實質自由」（Sen 著，2001a: 32-33; 113）。

讀者不難發現，沈恩的此一講法，雖然沒有使用顛倒和異化這樣的字眼，但與馬克思其實如出一轍。他們都洞悉了財富的本質乃一種支配的力量，關係著人們能否擺脫對他人的依賴、或排除他人的宰制，從而得以擁有尊嚴和自由自主，來追求實現自我和家人在生命上的完善化。

就在你我的周圍，很多女性無法離開外遇或家暴的丈夫，其中一個常見的原因，就是自己缺乏經濟能力，結果只好忍氣吞聲。不久前，筆者讀到中國大陸的一則笑話。有位婆婆想趕走自己不喜歡的媳婦，就對她說：「這是十萬，離開我兒子。」孰料這位媳婦財力更為雄厚，竟回應說：「這是一百萬，離開你兒子。」這則笑話雖然病態，卻鮮活印證了馬克思和沈恩之論。

市場的風險、不確定性和隱藏成本

值得一提的是，另有位經濟學者布坎南（James M. Buchanon），很精闢地從市場的角度也提出了相同見解。他說，現代社會的分工和交換都極為緊密，並造成了對他人的高度依賴。然而，這卻大幅增加了個人生活中的風險、不確定性和隱藏成本。因為總有一小撮人擁有市場的優勢和政治上的影響力，而他們對於物資和必需品的產量、價格和分配，必然擁有不公平的控制權。

這導致了你得支付昂貴的房租才能在都市工作；或者被迫在超市購買不怎麼新鮮的必需品；還有，你得忍受不良的工作條件、配合討厭的客戶或廠商；並繳一堆不公平的稅給無能的政府。

那該如何擺脫此一依賴、避免這些不快呢？布坎南的答案是，讓自己擁有足夠的財富，以保有最大的獨立性。如此一來，你就可以自主地決定，是否要進入市場中的依賴關係。只要你覺得對自己不利或風險過高，就可以消極性地選擇退出，而依舊過著令人羨慕的好日子。

二來，你也有自由，不理會市場中那些強勢者所訂出的規則。這就是說，你可以積極地選擇其他市場，或者乾脆玩自己的、搞另一套小眾或邊緣的規則，來獲取並擴張自己的利益（Buchanon著，2002: 2; 25; 31-32; 55-56）。

布坎南一再強調，愈是依賴於他人的決定，就愈容易受到他人的決定所傷害。人生的最佳選擇，毋寧是在自足自給的條件下生存，來讓自己擺脫對他人、乃至對國家的依賴（ibid.: 50）。就譬如在社會主義發達的國家裡，人民的福祉高度依賴政府；然而當政客縮減福利政策時，人民就會受到重創。這時就凸顯出，那些不依賴福利措施而能過好日子的人，是多麼幸福和具有生存優勢。確實，台灣的殷鑑不就在眼前嗎？儘管國家承諾給你多少退休年金，但政客和一群專業素養不足的大法官，卻可以曲解法理，為追隨政治正確而溯及既往和信賴保護原則，將你的退休年金砍到血淋淋。

布坎南更還獨到地指出，儘管市場因經濟規模而能提供更好的服務、也更有效率，但許多人為了讓一己擁有更多的自主性，寧可選擇「生產他自己的服務」，也就是由自己來提供對自己的服務。譬如擁有自己的住宅和汽車，而不進入市場去購買別人的服務，即租房子或搭捷運。雖然後者更便宜、更有效率，但經濟能力優越的人們，卻常將自主性當作更優先而絕對的價值。他不願被迫搬家到捷運站附近、或得配合捷運的時間表及路線。他喜歡住在山邊或郊區、或狂歡到半夜才開車回家。

更重要地，「生產他自己的服務」可以免於被市場的優勢者剝削、或被市場的變化所衝擊

（ibid.: 37-39）。就譬如，擁有自己的房子，就不用擔心房東突然要你搬家、或無理地調漲房租。你也會很樂意，花錢將房子按照自己的夢想來裝修、購買喜歡的傢俱。布坎南因此深信：

> 從提高市場上的相互依賴而獲得的效率收益，並不足以抵償因獨立性的減少而招致的效用損失（ibid.: 36）。

從這裡，我們清楚理解到，有錢人的幸福在哪裡呢？就是實實在在的選擇自由。它不僅可以讓我們拒絕不公平、剝削和支配，脫免於風險、不確定性和隱藏成本，甚至，還可以不必屈就於便宜和效率，自在地去追求自我和家人在生命上的完善化。相反地，若愈是貧窮、愈是低薪，就愈沒有這種實質的自由。時下許多人掛在嘴邊的財務自由，不就指向這樣的意涵嗎？

附帶但書：以自主自由為絕對價值

只不過，對財富積極進取的此一好理由，同樣有個附帶但書。既然致富是為了獲取尊嚴和自由自主，來追求實現自我和家人在生命上的完善化，那麼，就不當為致富而犧牲一己或他人的尊嚴和自由自主。在此，它同樣既是致富的一個好理由、也是致富的一個自律性規範。

這在現實情況裡有點複雜。有一群處於被支配地位的人，往往是無可奈何的被犧牲者。為了家庭和生計，不僅備嘗忙碌、壓力和疲憊，還經常被迫出賣自我和靈魂、只能卑躬屈膝地生活。他們就有如馬克思筆下的工人階級。一方面，他們對工資無力抗爭，以致勞動價格低廉，還淪為最賤的商品（Marx 著，1980: 5; 47）。另一方面，他們愈投入勞動，愈喪失勞動中的自我。馬克思形容，這些人在勞動中，

> 不是肯定自己，而是否定自己，不是感到幸福，而是感到不幸，不是自由地發揮自己的體力和智力，而是使自己的肉體受折磨、精神遭摧殘。……（他們）只有在勞動之外才感到自在，……在不勞動時覺得舒暢（ibid.: 51）。

然而，同樣悲哀的是，有更多的現代人，卻自願地為了致富而容讓這一切發生在自己身上，甚至還帶著某種程度的沾沾自喜，自覺高人一等。只要能獲得升遷加薪、獎金、豐厚的交易利潤、或肥缺酬庸，即使身心累得像一條狗、或自我被踐踏得像一條蟲，所有的疲憊和屈辱都可以忍受和犧牲。至於尊嚴和自由自主、乃至於自我和家人在生命上的完善化，都等退休後再說吧！

這種為錢而不珍惜尊嚴和自主的人，正是典型的「人為財死、鳥為食亡。」即使賺得了全世界，仍是一種巨大的悲哀。任何想以犧牲青壯年華的尊嚴和自由自主，來換取年老歲月時的財務自由，毋寧都是愚蠢的生命管家。遺憾的是，在今天的社會裡，由於成功致富的渴望高漲，這樣的人

比比皆是。

二十多年前，筆者有位任職於銀行的朋友，因為表現優異而獲得大老闆賞賜。但隨著升遷加薪而來的，卻是配送一支半夜都不准關機的專用手機。那位大老闆常幹的事，就是半夜打電話來查詢和交辦業務。可笑的是，許多中高層員工，將拿到這支手機當作至高的光榮，並對我那位朋友抱以羨慕的眼神。

這正是典型而普遍的案例，在升遷和高報酬的誘因下，得意洋洋地被剝削。它與十九世紀資本主義的工人階級比較起來，景況明顯有所不同。後者是在惡劣的工作環境下、以微薄的工資從事著重複、無聊又沒有成就感的勞動。前著卻是在舒適的辦公環境裡、高薪和獎金，給你超級的業務挑戰。

但兩者相同的是，都讓人身心俱疲、卑躬屈膝。

最後，還有第三種人，他們扮演的是壓迫和剝削的角色。這些人就像馬克思筆下的資本家，因擁有財富此一可顛倒和異化一切、並如神明般的支配力量，而致使他人喪失了尊嚴和自由自主。簡單一句話，付錢的就是大爺。

當然，不只是資本家，將錢財拿來支配人的，還包括有一大群的統治菁英和中產階級，甚至還有普通百姓。譬如，部屬為五斗米而向跋扈的主管或老闆折腰；丈夫因掌控家庭經濟而脅迫妻子順從；債主要求欠錢的人配合違法的勾當。相關的例證太多了，到處都可以看到，大爺邪惡地以錢來遂行支配。

而其中最矛盾的是，他們強烈地要求擁有自己的尊嚴和自由自主，來追求實現自我和家人在生命上的完善化，卻以犧牲他人的這一切為代價。這不正是典型地將自己的快樂建立在別人的痛苦上嗎？

所謂「己所不欲，勿施於人」，金錢最糟糕的一個面向，並非奢華浪費，而是拿它來支配別人，致使淪為滿足一己意志和生活的工具。歷史顯示得很清楚，弱勢者的被欺凌和自我扭曲，總是為了強勢者的愜意和自我實現。

這毋寧也正是沈恩在評價經濟時的一大訴求指標。他諄諄告誡包括統治者、財團主和社會菁英在內的權勢階級，經濟成長的本身不應當被看成目的，而必須加倍關注，是否增進了更多人在選擇生活方式上的自由。

他甚至主張「發展即自由」（Sen 著，2001a: 338-340）。如果經濟成長建立在某一些人的被奴役上，以成全另一部分人過富足快樂的好日子，這絕對是錯誤的。換言之，排除支配、擁有尊嚴和自由自主，從而能追求實現自我和家人在生命上的完善化，毫無例外地，必須是一種絕對的價值和普世人權。

◆奴役既是貧窮的因、也是果；還交互作用，形成惡性循環。
◆我雖是個醜八怪，但能買到最美的女人。醜的嚇人力量，被貨幣化為烏有。

◆貧窮的定義，就是基本能力的剝奪。

◆金錢最糟糕的一個面向，並非奢華浪費，而是拿它來支配別人。

C、實踐超越性價值的使命召喚

對於財富的積極進取，談過了符合自己在階層、職務和身分上的需要，以及排除支配、擁有尊嚴和選擇的自由，最後，來到了第三個好理由，就是實踐超越性價值的使命召喚。更精準一點來說，即為了體現一己所委身或認同的來自上帝、歷史、國族，或其他非利己性價值，而燃起的一種致富雄心。基本上，它超越了個人和家族的經濟利益，表現為一種對公共或精神價值的承擔和實踐。

當然，並非任何人們所崇信的價值，其內含的義理，都能被援引來支持對財富的積極進取。甚至兩者完全背道而馳，這也是常有的事。就譬如，對出家的佛教徒而言，他們將財富視為一種纏累，寧可拋棄一切。佛陀（釋迦牟尼）本人就一生乞食，怎麼可能會去追求財富的積累呢？再譬如聖方濟各（或譯聖法蘭西斯，Francis of Assisi, 1181-1226），他根本視金錢有如「糞土」之污濁和可棄，更一如「惡魔」之應當逃避，同樣無法燃起任何對致富的雄心和使命感。

但問題是，許多義理在詮釋上有其多面向；並且隨著社會的變遷、個人的特質或需要，而存在著創造性轉化的空間。經常，人們會在所委身或認同的超越性價值中，尋索出自己對財富的使命和意義。固然其他人未必讚許、或蔚為社會主流，但又何妨呢？使命和意義本來就是高度個人色彩的。

或許最佳的例證，是在國際上專事炒匯的金融大鱷索羅斯（George Soros）。他為了實現其「開放社會」的理念而追逐財富。固然許多人斥之為邪惡和貪婪，但他卻將所賺取的極大筆財富，投入東歐的民主運動、普世的公民參與、歐洲的難民危機、烏克蘭選舉，乃至於香港的雨傘革命，以及眾多的慈善事業。

索羅斯終其一生、念茲在茲要成為「開放社會」的催生改革家。甚至他聲稱，自己在國際市場上狙擊貨幣的作為，是為了凸顯出全球資本主義的脆弱和系統性缺陷。這是一個很鮮明的典型，無論你對他的評價或好惡如何，無可否認地，在其致富雄心的背後，有著一個在倫理上可資辯護的使命夢想。

再譬如春秋末期的子貢，他經常被當作中國史上第一個儒商。他擔任過魯、衛兩國的國相，但更出色的，則是其經商的成功。他藉由高明的買賣手法，往來於曹、魯之間，富致千金。在孔子七十多個高徒裡，他無疑是首富。然而，最特別而可貴的是，司馬遷描述他：

結駟連騎，束帛之幣，以聘享諸侯。所至，國君無不分庭與之抗禮。夫使孔子名揚於天下者，自貢先後之也。此所謂得勢而益彰者乎？（史記．貨殖列傳）

這就是說，他搭乘著四馬並列的豪華座車，並以昂貴的絲綢貨物結交諸侯。所到之處，對儒學高談闊論，國君們無不擺出闊綽的排場來跟他較勁。司馬遷因而評注，孔子之所以能夠名揚天下，就是因為有子貢的推波助瀾。

尤其值得注意的是，上述引文中最後的那幾個字——「得勢而益彰」，毋寧正是子貢對於財富所賦予的超越性價值。一方面，當孔子一行人周遊列國時，所需要的龐大開銷和費用，除了來自於教學的收入、做官的俸祿、某些國君和友人的贊助外，可能有不小的部分就是由子貢來負責支應的。

二方面，他更抱持有一種召喚，就是透過成為巨富來取得政治地位上的優勢，從而能更有力地宏揚儒學於列國和君王之間。並且，按照司馬遷的評注，子貢的此一雄心是十分成功的。這無疑也是一個典型，即透過對財富的積極進取，來追求實踐一己所委身或認同的某種超越性價值。

不只是索羅斯和子貢，甚至，在筆者看來，賓拉登（Osama bin Laden）這位主導九一一恐攻事件的邪惡人物，或許也是一個可以類比的案例。他從二十三歲開始，就透過「金鏈」（Golden Chain）

的募款網絡，大量資助武器和物資，給當時阿富汗反抗前蘇聯的組織。後來又以其所繼承的家族龐大資產，不保留地投入全球的恐怖主義，並成為其相關組織的精神領袖。

雖然由於曝光資料的有限，尚欠缺足夠的證據，斷言其對財富所賦予的使命，正就是捍衛伊斯蘭宗教、並發動聖戰。但即使不是賓拉登，其他任何一個狂熱份子，若為此而燃起致富的雄心，並將之視為服從真主的召喚，這毋寧也是一個在倫理上可資辯護的強烈理由。當然，從我們來看是罪大惡極，但從那些聖戰士來看，卻有其在心志或信念倫理（ethics of conviction）上的神聖性。

新教的鉅變：入世禁慾主義的形成

從上述的幾個例證可知，此一類型的財富雄心，並不侷限在那些抱持有宗教使命的群體裡。然而，出現在歷史中最典型的，卻莫過於韋伯（Max Weber）筆下那一群十六世紀下半葉以迄十八世紀中葉的「禁慾主義新教」追隨者。

對於本章此一小節的論證，這段歷史十分具有代表性，值得我們多花一些篇幅來探討。因為它不只可以充分說明，超越性價值如何激發起致富的雄心，韋伯還留下了很有份量的論據，讓我們得以理解其中的思路和心理機轉。更重要地，這樣一套超越性價值所形成的倫理，正是一個關鍵因素，影響了西方近代資本主義的興起。

首先要說明的是，韋伯所謂的禁慾主義新教，包括有當時的喀爾文宗、清教徒、屬於浸禮宗的各派別、虔信派，以及循道宗。其信眾十分廣大，足跡遍佈在瑞士、荷蘭、蘇格蘭、英格蘭、北美洲和部分德國等地。

從社會角色而言，他們主要是一群擁有高級技術和管理能力、並投身於工商製造業的新興布爾喬亞。他們不僅勤奮而理性地工作、講求節約禁慾、積極追求致富，更將這一切視為來自上帝的「calling」（召喚，在台灣通常譯為天職）。基本上，就是一種在世俗職業上為完成上帝召喚而承擔的責任。

這一群人非常虔誠，秉持著與中世紀天主教截然不同的「入世聖召」。他們拒絕否定和疏離俗世，而是企圖將之征服和改造。他們要求將整個日常生活予以全面聖化，讓一切都依照上帝的標準和價值觀來運作（Weber 著，1991: 98）。

借用《聖經》中保羅（Paul of Tarsus）的字詞來說，他們不僅在消極上，不容許俗世中的任何事物淪為「罪的奴僕」，更積極地要將俗世予以擄掠和轉化，成為「義的奴僕」（羅馬書六17-19）。為此，他們發展了一種為了榮耀上帝、而在社會職業和凡俗生活中，全面實踐宗教修行的「入世禁慾主義」（inner-worldly asceticism）。它與中世紀的天主教比較起來，迥然有別。

一來，它絕非出世，而是入世；但雖為入世，卻既不屬於塵世，也不是為了塵世。它的本質和目的，是蒙召喚走入今生此世，並透過日常生活中的行為，以上帝的標準和價值觀來加以征服和改造，好讓上帝的榮耀在全地宣揚。

二來，它不是偶發或片面的善行，而是要求每個人都盡心、盡意、盡力地，將一輩子的每一時刻和每一行動中的全部意義，都指向上帝的榮耀。這就是當時最盛行的名言、以及日常生活的最高準則——「all for the glory of God」。從日常的工作或職業，到社會和文化的活動，乃至於食衣住行，都要如此。絕非只有在修道院、或週日上教堂做禮拜時，才是屬於上帝的。

許多人錯誤地以為，新教徒已經棄絕了中世紀那種修道院或修道主義。但其實，真正的意涵是，現在，整個世界都成為一個巨大的修道院了，而「每一個基督徒必須終生成為僧侶」（Weber著，1991: 95）。無一時或片刻須臾，也無一處或毫末之地，新教徒可以退隱、逃遁不成為一個為上帝榮耀而活的修行者。

從入世禁慾走向對財富的使命召喚

那這樣一種入世禁慾主義，對於財富的積極進取，有什麼特別意義呢？

首先，它發展出了一個結果，就是對工作的神聖使命感。這群新興的布爾喬亞，戰戰兢兢地投身於職場，並為此辛勤劬勞。深怕因虛擲了一寸光陰，而喪失了一寸為上帝榮耀而勞動的時間（Every hour lost is lost to labour for the glory of God.）（ibid. 125-126）。

對他們來說，在世俗職場中勤奮地工作，絕非只是為了溫飽餬口。它不僅是禁慾、自律和敬虔的一種操練和表現，還直接關係著上帝榮耀的彰顯。講得更明白一點，努力工作、辛勤打拼，就是為榮耀上帝的一種聖召。

對此，十八世紀的休謨（David Hume）和亞當斯密，都為他們留下了歷史性的見證，屢次強調這一群布爾喬亞非常敬業和勤勞，並因而積累了大量財富。反觀當時的貴族、地主和鄉紳，雖然富裕，卻極其游惰和慵懶。

現代的史學家也同樣指出，在當時，從事製造業的布爾喬亞，總穿著粗毛料、節儉樸實、並異常地勤奮工作。與那些戴假髮、穿蕾絲和綢衣的權貴們，形成強烈的對比（Landes 著，1999: 181）。

其次，不只是對工作的神聖使命感，他們更為了「盡其所能地」榮耀上帝，而在工作的性格和思維上，發展了一種特殊形式的「經濟理性主義」。扼要來說，他們相信，「上帝所要求的並非勞動本身，而是人在職業中理性的勞動。」（What God demands is not labour in itself, but rational labour in a calling.）（Weber, 1992: 107）

這番話非常重要，傳達了禁慾主義新教徒的一個重大信念，即在職業中不僅要辛勤工作，更要辛勤工作得很理性化。換言之，若想要以最大的成功和致富來榮耀上帝，並不光是靠勤奮打拼或苦勞實幹就夠了，還得藉由工作的高度理性化，來提供更好的品質和更大的生產效益。

韋伯指出，這一方面有賴於在工作中表現出最高度的紀律。不僅排除人情和徇私，而且一絲不苟、循規蹈矩；同時也致力於讓分工體系有條有理、井然有序。另一方面，則要在工作中精打細算，務實而理性地以最小成本來追求最大報酬；也就是要抱持著一種「純粹地實效原則」（purely utilitarian）（ibid.: 107; 64）。

總的來說，目標就是追求以最大的成功和致富來榮耀上帝。

對此，耶穌所說的一個喻道故事，最常被他們提出來作為賴以支持的佐證。即一位領五千銀子的管家，做生意又賺了五千。相對地，另一位領一千銀子的管家，卻在地上挖個洞藏了起來，而後原封不動地將錢還給主人。對禁慾主義新教徒來說，前者正表現出了一個絕佳的楷模，就是以最大的成功來為上帝賺錢。

一來，他的獲利能力是百分之百的。看來，比起美國的投資大師巴菲特（Warren Buffett），毫不遜色。二來，他沒有任何為己賺錢的動機，也沒有留下一分錢給自己，所追求的唯獨是忠心。他因此得到的稱讚是「又良善又忠心的僕人」，還要將許多事派他管理，並一起享受主人的快樂。

相反地，那位領一千銀子的管家，顯然沒有任何財富的動機。他只想保住那一點點錢，即使只是去賺利息都擔心風險。結果，耶穌給他的評語，竟然是「又惡又懶的僕人」，還要將他丟在外面黑暗裡，讓他哀哭切齒（馬太二五14-30）。

自律性規範：帶著墮落誘惑的考驗

很明顯地，這一群禁慾主義新教徒，非常典型地呈現出了對非利己的、超越性價值的實踐。他們將勤奮投身職場、理性化地工作，以及追求最大的致富成效，視為一種為了榮耀上帝而承擔的責任。並且最特別的是，對於這樣的責任，他們抱持著一種類似於宗教修行的態度，嚴肅和執著地來加以實踐。

筆者必須強調，這群人在承擔上述的責任之際，可一點都不天真，以為財富和牟利之心是無害的、或不過是中立的工具。他們毋寧是堅定地相信，上帝給了信徒一項帶著墮落誘惑的考驗，即勝過伴隨著財富和牟利心而來的諸多腐敗。將它們從「創造惡」的力量轉化為「追求善」（Weber 著，1991: 116）；也就是從一種對美德和靈性的障礙，變成對上帝旨意的積極實踐。

而從這裡，吾人可以了解，對禁慾主義新教徒來說，為了榮耀上帝而在社會職業和凡俗生活中全面實踐的宗教修行，不僅體現為一種積極致富的責任，同時也是一種帶著墮落誘惑的考驗。

這是一個非常關鍵的重點。因為，他們就在這樣的認知下，很弔詭地，積極致富此一人生態度，不再是虔誠的信徒該逃避的魔鬼了。無論財富的積累有多麼龐大、致富的企圖心又有多麼旺盛，只要能免於墮落、通過考驗，它們都可以成為對上帝旨意的積極實踐。

那在積極致富的過程中，又有哪些該避免墮落的考驗呢？

當然，最高的原則是「all for the glory of God」。因為，財富是上帝為了祂自己的榮耀而託付於你的。根據於此，歸納韋伯的整個論證，具體的考驗應該有以下五個。首先是勤勞奮勉，你不能閒懶怠惰。其次，你要有理性紀律，不能散漫隨性。再來，你必須正直誠實，不能詭詐黑心。還有，你得節儉積蓄，不能奢華浪費。最後，你要施捨分享，不能吝嗇硬心。

試問，上述這些考驗，不正就是在積極致富上的一種自律性規範嗎？

對禁慾主義新教徒來說，既然積極致富是為了上帝的榮耀，那麼，理所當然地，在過程中的種種，從動機到手段、乃至於財富的使用，也都必須服膺於上帝的榮耀。

而很清楚地，閒懶怠惰、散漫隨性、詭詐黑心、奢華浪費，以及吝嗇硬心，都是不榮耀上帝的行徑；如此，怎麼能從上帝那裡得到財富的祝福呢？可想而知地，一個真正敬虔的禁慾主義新教徒，在積極致富之際，會在個人心理上將它們予以排除。

事實上，不只是禁慾主義新教徒，前面所討論過的子貢，何嘗不也是如此？他既然對一己的財富賦予了宏揚儒學的使命，則其對於財富的諸多面向，當然也要服膺於儒家的相關義理。否則，就是打自己的嘴巴了。

譬如，孔子要求財富必須得之以道，所謂「不義而富且貴，於我如浮雲。」「富與貴，是人之所欲也；不以其道得之，不處也。」（論語．述而；里仁）還要求富而好禮、「泰而不驕」、「無眾寡，無小大，無敢慢。」（論語．堯曰）這些對財富的要求，肯定都是子貢在追求財富之際，所抱持並引以為傲的自律性規範。

寫到這裡，顯然地，吾人又看到了一個明證，即只要人們對自己誠實，則合宜的致富動機，也會是一個有效的致富規範。反過來，當致富的動機愈只是出於經濟衝動，它就會像脫韁的野馬，經常失控。

事實上，不只是財富的追逐，對物質、權力，乃至性愛的滿足，它們最需要的，往往就是在倫理上站得住腳的合宜動機。而相反地，它們最危險和讓人害怕的，則是一股腦地出於佔有的慾望和衝動。

◆賺錢是一種在世俗職業上，為完成上帝召喚而承擔的責任。
◆現在，每一個基督徒都必須終生成為僧侶了。
◆Every hour lost is lost to labour for the glory of God.
◆上帝所要求的，不只是辛勤工作，還要辛勤得很理性化。

小結：合宜的動機對致富的重要

對於第一堂課，也就是致富在倫理上的合宜動機，至此，筆者已經探討過了三個可資辯護的好理由。它們分別是符合階層、職務和身分上的需要；排除支配、擁有尊嚴和選擇的自由；以及實現超越性價值的使命召喚。而很特別地，它們的自身和本質，既是對財富積極進取的好理由，同時也是帶來若干約束限制的自律性規範。

很遺憾地，迄今，即使在相對富裕的現代社會裡，還是有不少人將財富視為只是滿足溫飽而已！而從上述的整個析論來看，這顯然是大錯特錯的。財富還密切關係到你的角色扮演、選擇自由，以及使命夢想。

以此而言，吾人對於致富，確實需要有某種程度的雄心。

倘若你缺乏對財富的雄心、或根本抱持著無所謂的態度，很可能致使你在職場中沒有打拼的決心和壯志，有的人甚至還會出現勞動怠惰。結果在不知不覺中，長期下來成為了貧窮和落後的潛在人口。如此一來，對於角色扮演、選擇自由，以及使命夢想的實踐，恐怕就會困難重重。

雖然說，有財富的雄心，未必就能致富。但在效果上，還是會有所不同。

諾貝爾獎的得主康納曼（Daniel Kahneman），就曾經引用一份研究資料，指出了兩者之間的重大關聯。研究者要求美國頂尖大學的一千兩百位新生，在一個四級分的量表，評估自己未來在金錢的目標上要達到什麼程度的富裕。這份量表所透露的，無疑正是他們對財富的雄心。二十年後，這群人又填寫了一份問卷，包括自己當年度的收入、以及對生活滿意度整體的評估。

研究的結果顯示，在五百九十七名醫生和醫學專業人員的填答中，每增加一級分的人，二十年後的平均收入就增加了一萬四千美元。而即使沒有上班的已婚婦女，竟然每增加一級分，也增加了一萬兩千美元以上的家庭收入（Kahneman 著，2012: 515）。顯然，那些在二十年前對於致富雄心勃勃的女性，後來也嫁給了比較會賺錢的老公。

對筆者來說，這份研究雖然指出了財富雄心的重要，但有點遺憾的是，它完全缺乏倫理的面向。它沒有進一步去分析，那些大學生的財富雄心是由什麼成分構成的，其中有沒有包含某些可能的善、責任或價值理念，可資在倫理上辯護為合理而正當？

當然，筆者的此一遺憾已經超出了該研究的範圍。事實上，對於財富的雄心，會在乎其倫理面向的人，在現代社會中恐怕也很少。經常，大家唯一關心的，就只是能否有好的機運和技巧去多賺點錢。譬如，去哪裡兼個肥差、如何創業、籌資，投資股市、看準漲跌契機，或是炒樓致富。

這一切當然再正常不過了。財富就像美女，大家都想多看一眼，而若能擁有，好像就能快樂似神仙，何必在乎它在倫理層面上，可否辯護為合理而正當呢？

但問題是，對財富的積極進取，若只出於經濟衝動下的熱火，或如性飢渴般的渴望佔有，結果往往是永不滿足。就好像人生需要被賦予意義和價值感，對財富的雄心同樣也是如此。

並且，所有的人都難以例外，在心靈上存在有一項難以對抗的鐵則，即慾求或渴望越是莫名而原始，則縱使擁有了一切，所充斥的越會是意義和價值感的虛空、迷失。赤裸裸的財富雄心，遺憾就在這裡。

歸結而言，人生在致富上所最需要的，毋寧是能夠持續燃燒一種具有自我意義感的熱情。它一方面可以讓追求財富帶有某種神聖性或使命感。另一方面，這種自我意義感的本身，同時就是對致富的一種自律性規範。只要當事人有足夠的自覺和反省能力，那些違背自己致富初衷的作為，理所當然地會在致富的過程中被排除。這就是「為合宜的動機而致富」的兩方面重要性。

第2堂課

為什麼我該淡泊輕看？

談過了對財富的積極進取，接下來，讓我們進入第二堂課，探討另一種相對的倫理選擇，即對財富的淡泊輕看。基本上，它所主張的是，對於財富的追求和擁有，吾人不僅應當鬆開自己緊握而僵硬的手，甚至該抱持著一種不在乎、疏離和貶抑的態度。

無可否認地，對於財富的追求和擁有，自古以來就存在著各式各樣的警告。即使是那些主張「無限利潤心」的資本主義陣營，譬如禁慾主義新教，還有亞當斯密，其相關的告誡和擔憂，同樣比比皆是。這當然意味著一種戒慎恐懼的心理。

只不過，在今日的錢潮橫流以及經濟掛帥的氛圍下，恐怕找不到幾個人會對致富抱以負面的評價。可想而知地，過去的那些告誡和擔憂，在現代人看來，恐怕都有如敝屣、不屑一顧。

但其實，正因為如此，它們反而更值得現代人去重視和珍惜、並作為一種可資平衡的財富教養，不是嗎？這就好像一個人之所以會生病，往往問題在於他平常最不重視、最忽略的飲食和生活作息上。社會和文化也是如此，譬如，倘若大家都不愛讀書思考、愈意氣用事，結果，就愈在理性和專業上狀況頻頻。

同樣地，當追逐財富的野獸們，愈普遍而兇狠，則對於財富淡泊輕看的倫理，就愈顯示出其難得可貴。甚至非常有可能，因為它最少見、也最被忽略，以致它所帶來的社會效益、乃至於內在的滿足和價值感反而最大。

既然如此，我們就得進一步來追問，這樣一種財富倫理，憑藉什麼好理由能夠站得住腳呢？或者說，我們可以怎樣來為它辯護、並視之為合宜的選擇呢？根據筆者整個的探索，答案或許有以下三個：

其一，降低道德人格上的墮落風險；

其二，減少真實自我的扭曲和迷失；

其三，陶冶性靈並磨練出剛毅勤奮。

A、降低道德人格上的墮落風險

讓我們先來探討其中的第一個，簡單來說，對財富的淡泊輕看，可以讓人比較遠離腐化的誘因，從而降低了道德人格上的墮落風險。這當然不是絕對的，卻言之成理。並且在日常現實中，可以看見許多活生生的例證。

對此，吾人又可以切割成兩個部分，以利探討。其一，是為了追求更多財富，而在心態上貪婪和自私自利、甚至在手段上選擇了欺騙、壓迫和剝削。明顯地，這主要源自於對致富的旺盛企圖心。通常，致富的企圖心越旺盛，越有可能會淪入此一墮落。

其二，則是在擁有了大量財富後，所表現出來的奢華、虛榮和傲慢。明顯地，這與致富的企圖心無關，而毋寧是致富有成的後遺症。它是在富人身上經常可見的醜陋樣態。通常，一個人越是暴發致富、或極大量地積累，就越有可能出現這種後遺症。

越渴望致富，道德墮落的風險越高

先就第一個部分來說，它最明顯的表現，莫過於發生在統治菁英身上。當一個人握有強大的權力，卻處心積慮渴求鉅富，則貪婪和自私自利往往就會驅使他，企圖藉由欺騙、壓迫和剝削的手段來加以實現。

這正是柏拉圖（Plato）的擔心。即財富大幅積累的渴望，會讓領導階層丟失掉最重要的統治品格，就是與人民之間一種「有福同享、有難同當」的休戚與共情感。他非常強烈地將此一統治品格視為國家的「至善」。倘若丟失掉了，則統治菁英在治理和對待人民之際，就會從善良的照顧者變成貪婪的自肥者。反過來，人民也會看待他們如同敵人和暴君（Plato 著，1986：卷五，199-201；卷四，

131）。

難怪！柏拉圖會說「世俗的金銀是罪惡之源」，並要求統治菁英必須與金銀徹底切斷關係。不接觸它們，不與它們同居一室，也不在身上掛任何金銀的裝飾品、或者用金杯銀杯喝一滴酒（ibid.：卷四，130-131）。

看起來，這種主張非常極端，但其所表達出來的，正是經常可見的一種巨大悲哀，即當有權力的人渴望大幅積累財富時，很難不會變成殘暴的欺騙、壓迫和剝削者。

衡諸人類歷史中的政治，普遍的情形確實就是如此。在艾塞默魯（Daron Acemoglu）和羅賓森（James A. Robinson）極大規模的研究中就指出，少有例外地，歷史中諸多文明的統治菁英，為了牟取和積累更多的金銀，經常形成一種「榨取型」（extractive）的政經制度，導致了整個社會和人民窮困落後。

而為什麼稱為「榨取」呢？這兩位學者直白地說道，「因為這類制度的設計，是為了向社會的一部分人榨取收入和財富，以使另一部分人獲利。」（Acemoglu & Robinson 著，2013: 100-106）在這裡，所謂「使另一部分人獲利」，指的當然就是統治階層最大程度的收入和財富。

譬如，其中一件令人拍案叫絕的醜聞是，二〇〇〇年一月的辛巴威，在一次公開的國營樂透抽獎儀式中，幸運得到十萬元大獎的，竟然是總統穆加比（Robert Mugabe）本人。這筆錢是該國人年均所得的五倍。之後，他又以獎勵為由，為自己和閣員加薪了百分之兩百（ibid.: 397-398）。在歷史中，類似的巧取豪奪太多了，不勝枚舉！

事實上，對於榨取財富，縱使不是統治菁英，一般人也未必比較善良。

社會上經常出現一種迷思，認為那些有權有勢的富人，總是既貪婪和自私自利，又好欺騙、壓迫和剝削他人。相對而言，那些沒有什麼財富、甚或貧窮的人，則不會有這些問題。也就是說，小老百姓們善良多了。

窮人缺乏的是傷害的力量而非意志

但真的是這樣嗎？其實，當那些小老百姓們，在胸中燃起了對錢財的熊熊慾火時，所衍生而來的貪婪和自私自利，絕不會比那些有權有勢的富人來得遜色。至於會不會選擇欺騙、壓迫和剝削呢？這恐怕就取決於自己有多少權力和能耐。

倘若對方比起自己是個強勢者，那當然無法用壓迫和剝削，但仍然可以用詭詐來欺騙。所謂打不過你，就用騙的。而倘若對方比起自己是個弱勢者呢？那麼必要的時候，恐怕是不會排除欺騙、壓迫和剝削的。

筆者完全承認，有權有勢的富人們，比較有欺騙、壓迫和剝削的權力和能耐。但窮酸的小老百姓們，在這一方面可未必就比較善良有德。早期的教父奧古斯丁（Augustine of Hippo）說得好：

嬰孩的天真純潔，在於其肢體的軟弱，而非其意志的軟弱。（Augustine, NPNF1-01: Vol. 1. VII-11）

同樣地，那些沒有什麼財富、甚或貧窮的小老百姓們，也並非缺乏傷害的意志，只是缺乏傷害的力量。當他們燃起了對錢財的慾火時，在貪婪和自私自利的驅策下，欺騙、壓迫和剝削別人的意志，沒有理由會比較稀薄短少。只不過他們比較軟弱匱乏，沒那個權力和能耐。

對此，經常可以觀察到的一個證據是，窮人或弱勢者，包括我們在內，不時也會去欺騙、壓迫和剝削比自己更貧窮或更弱勢的人，不是嗎？許多人對上卑躬屈膝，對下卻作威作福。其中的真正差別，從來不是善不善良，而是自己有多少權力和能耐。而從這裡就可以瞭解，為什麼屈梭多模（John Chrysostom）會說：

> 富人不是聚集了很多財貨的人，而是對財貨少有需求的人；窮人不是一無所有的人，而是有很多慾望的人。

這一段話確實是真知灼見。他將重點放在內在慾望的強弱，而非外在財富的多寡。所以他又指出，「若你看到某人貪婪很多東西，你應該將他視為最窮的人。」即使他很有錢。相反地，「若你看到某人少有需求，你應該算他是最富有的人。」即使他一無所有（Chrysostom, 1984: 40）。

歸結起來，真正該被譴責的，從來不是財富本身、也並非富人或窮人，而是由發財慾所引致的貪婪和自私自利。或者說，你擁有多少財富，這根本不是問題，唯獨該戒慎恐懼的，是對致富的強烈渴望。

上帝因此既不會拒絕富人的禱告，窮人也未必就更討上帝喜悅。祂唯一要求的，乃人們在內在態度上的淡泊。《聖經》中的保羅，正也是如此的態度。當他說「貪財是萬惡之根」（提摩太前書六9-10）時，其中所針對的，同樣只是那些一心一意想要發財的人，未必是富人或窮人，更非財富本身。

暴發致富以及極大量積累的後遺症

上述析論過第一個部分後，接著，讓我們來探討第二個部分，即在擁有了大量財富之際，所表現出來的奢華、虛榮和傲慢。正如前面已經談過的，這與致富的企圖心有多旺盛無關，它毋寧是致富有成的後遺症。

當然，富足豐裕與敗德之間沒有必然關係。但遺憾的是，在真實的生活世界裡，經常隨著財富的暴增或是大量積累，道德風險也跟著增加了。譬如花天酒地、包二奶、心高氣傲和仗勢欺人。或許可以這樣說，口袋愈深，雖然未必就愈墮落，卻愈有墮落所需要的物質條件。

對此，耶穌（Jesus）有一句名言，表達的也是同樣的意思。他說，「有錢財的人進神的國，是何等的難哪！駱駝穿過針的眼，比財主進神的國，還容易呢！」（路加十八25）在這裡，絕非多金就有罪，而是多金總讓人更容易墮落。在耶穌看來，財主的衣冠配戴，太華麗厚重了，當然擠不進上帝國那小小的窄門；而他們心高氣傲，又豈肯低頭謙卑、真正將上帝放在心裡呢？

但我們不禁要進一步細究，其中的原理到底是什麼？何以人們在擁有大量財富後，經常會變得奢華、虛榮和傲慢？而這樣的後遺症，對於有錢人是否難以避免呢？許多人總信誓旦旦地聲稱，自己即使有一天發了大財，也不會在道德上變得墮落和罪惡。但真的是如此嗎？

對於此一提問，筆者認為，或許可以有兩個解釋來回答。其一，是人性中對優越和高人一等的渴望本能使然。摩爾（Thomas More）就曾經指出，一般生物的貪婪，是由於擔心匱乏所致的效用不滿足；唯獨人類，是為了要襯托出自己的優越和高人一等。

換言之，人類對於財富的追求動機，並不只是要吃飽和溫暖，還要在跟其他人比較時，能自我感覺超級良好。緣此，摩爾精彩地說道，富人其自負和傲慢的尺度，並「不是依據自己所擁有的財貨，而是依據其他人的匱乏。」（More 著，1996: 118）這就是說，一個人的自負和傲慢，必須經由與其他人的匱乏比較，而後才能襯托出來、並得到滿足。

正是因為看到了別人的庸凡、寒酸和不幸，富人才從而沾沾自喜，並衍生出對自己地位、成就和能力的驕傲。但如果遇到比自己更富裕的人呢？當然，驕傲很快就被傾羨、甚或嫉妒所取代。

那窮人呢？不用說，他們因為缺乏足以沾沾自喜的比較條件，故而總是低著頭、謙卑多了。事實上，窮人往往最痛恨比較，而這卻是富人的最大樂趣。

以此而言，富人要不奢華、虛榮和炫耀是很困難的。儘管自己所擁有的財富，已經是好幾輩子都花不完，富人依舊無法抗拒內心那最大的不滿足，就是比所有的人都更優越和不凡。

固然，少有人會承認自己驕傲；並且，通常對於別人的庸凡、寒酸和不幸，也不會白目地去嘲笑和奚落。但試問，人性中對優越和高人一等的渴望，有幾個人能超克呢？幾乎只要是正常人，都喜歡活在光榮、掌聲和眾人的簇擁中。

任何一樣東西，只要它代表著美好、幸福和成就，人們就喜歡去展示並讓周圍的人都知道。從漂亮的衣鞋、藝術品、汽車、華宅，到升遷或金榜題名，乃至於娶了美嬌娘，都是如此。其中所隱藏的渴望，就是要比別人美好、比別人幸福和有成就。

既然如此，財富何嘗會例外呢？許多人信誓旦旦地聲稱，自己即使享有了富貴，也不會炫耀或心高氣傲。這不僅是對人性的不夠了解，還是一種對自己的驕傲。

既然眾星拱繞，富人就自覺如日月

進一步地，除了人性中對優越和高人一等的渴望外，對於為什麼在富裕之下會變得奢華、虛榮和傲慢，另一個可以解釋的理由，是周遭環境中對富人的崇拜使然。

富人即使理解、甚至覺察到自己應該要謙卑低調，但始終仍處在一個對他大肆吹捧和崇拜的周遭環境裡。無論走到哪裡，大概都是鎂光燈、媒體和眾人的焦點。最糟糕的是，在富人的身邊，還經常圍繞著一群龜狗兒，帶著欽羨的眼光、搖著尾巴，恭維備至、殷勤地拍馬屁。

摩爾因此嘲諷，即使富人是個如「木偶般的傻子，不正直，不懂事」，照樣「可以奴役大批聰明人和好人」（More 著，1996: 71）。想一想，歷史中就有無數的仕紳英才和淑女佳人，甘心為貪婪邪惡的資本家、或愚昧無德的富家子弟殷勤服侍、甚至毫無尊嚴地做牛做馬。不是嗎？

而既然眾星拱繞，富人就自覺如日月。在如此的氛圍下，久而久之，富人很難不飄飄然、心高氣傲，甚至以為頭上有一圈光環似地。這就有如呵護備至、嬌生慣養的小孩，很難不對那些侍候他的人頤指氣使。

表現在富二代身上的，往往就是如此。富人因而常有的一種醜陋，是自覺或不自覺地以為手上有一條可以支配人的皮鞭。並且，要富人不揮舞皮鞭，難啊！因為周遭一大堆人早就亮著屁股、侍候在那兒了。

既然「絕對的權力，絕對的腐化」被普遍認定為一項鐵則，那麼，巨大的財富會讓人變得邪惡和墮落，至少是「準」鐵則，雖不中亦不遠。財富與權力一樣，會引來極惡的人，也會腐化極善的人。當然，其中並不存在著必然性，卻在現實社會和人生裡，呈現出難以否認的高度相關。

以上所述種種，都鋪陳了在倫理上的第一個好理由，何以該對財富抱持著雲淡風輕的態度。因為對於財富，渴求得愈熱切、或擁有得愈快速、積累得愈大量，則敗德的風險就愈高。

面對人性之常，不要高估自己，以為能夠豁免。即使在親人之間，當分配家產時，面對龐大的財利，不也經常爭得面紅耳赤、結下樑子，甚至鬧到法院、登上媒體嗎？這充分顯示出，面對大筆的財富，人性是會變色的。以此而言，沒有什麼錢財，不正是對人性的一種保護嗎？所謂與其富而墮落，毋寧窮而有德，這句話不是沒道理的。

實驗證明？富人確實比較缺德沒品

值得一提的是，竟然在美國加州的柏克萊大學發表過一篇研究，聲稱有錢人確實比較缺德。心理學家皮夫（Paul Piff）做出了好幾個觀察實驗後指出：

> 上層和底層的人們，就他們不道德行為的能力（capacity）而言，並不必然有所差別；有差別的毋寧在於，他們對不道德行為的預設傾向（default tendencies）（Keim, 2012）。

這番話指的是，上層階級的人們，往往對於道德行為在心態上就比較不在乎。必要的時候予以踐踏一下是無所謂的。講得好聽一點，在滿足和佔有的過程中，這是不拘小節，也無傷大雅。

皮夫及其同事們的第一個觀察研究，是在舊金山一個沒有紅綠燈的十字路口監視交通狀況。他們發現，那些代表高社經地位的汽車，粗魯駕車的行為，譬如不禮讓其他車輛或行人、或強行插入其他車道等等，在比例上是其他汽車的大約兩倍。

在筆者個人的觀察中，情況似乎正是如此。至於箇中的原因或許不難理解。他們一方面想要高調炫耀，引起別人的注意；同時還覺得別人如果識相的話，應該要讓開，因為萬一發生碰撞，對方賠不起。那種感覺很像是古時候的「大爺走路、小民閃開！」而有趣的是，這其實正是很多人買高檔大車的原因，很神氣威風。

皮夫的第二個實驗，是讓一〇五位柏克萊的大學生去面對一些實際的倫理情境，然後看他們如何因應。譬如購物時付帳十元，店員卻找還二十元。測試的結果發現，那些較低社經地位的參與者們比較誠實。

還有一個實驗，其意涵更顯著了。研究人員透過正式的管道，僱用了一〇八個人來扮演經理的角色，負責與一項工作的求職者協商薪資。若求職者同意的薪資愈低，則經理得到的獎金愈高。邪惡的是，他們可以告訴求職者，如果薪資減少，就能換取兩年合約的社會安全保障。然而求職者並不知道，該工作其實只有六個月。

這擺明了要經理們以隱瞞真相來獲取較高獎金。實驗的結果發現，那些在真實世界中收入愈高、並且在問卷中談到貪婪時愈積極的經理人，愈傾向於會幹出這種缺德的事，以賺取更多的獎金。

對於上述的幾個觀察實驗，皮夫結論，高社經地位的人們，確實對於貪婪抱持著一種比較贊可的態度。相對而言，誠不誠實就屬於不拘小節、無傷大雅的範疇。他們習慣於跟別人競逐，也將自己的利益和福祉放在第一優先；並且總認為，那是他們該得的，所以不必客氣。

不只貪婪，皮夫還指出，另外一個可以解釋的原因是，在高度階層化的社會裡，那些擁有特權地位的人，很自然地會與其他人保持距離。甚至，他們是只有少數親信和大人物才能接近的「VIP」。這使得他們既不在意、也比較不會察覺，自己的行為對其他人的影響。而如此我行我素的結果，當然是經常破壞了規則（Keim, 2012）。尤其是法律之外的倫理規範，違犯起來，更毫無對他人的愧疚感。

許多有權有勢的人，不就是經常如此嗎？自我中心、不太在乎別人的感受。除非你跟他一樣有權有勢。

大筆的金錢會激發出人性的陰暗面

之前提過的康納曼，在其巨著《快思慢想》裡，也曾引用了心理學家沃斯（Kathleen Vohs）的研究指出，金錢會以一種當事人不承認的方式，躲在意識自我的背後，激發出唯我的個人主義。他既不願意依賴別人，也不喜歡接受別人的要求，同時還不理會其他需要幫助的人。對此，康納曼描述道：

金錢增強了人的自我依賴。被金錢促發的人也比較自私。……（他們）偏好單獨一個人，不願被打擾，不願跟別人談話。（Kahneman 著，ibid.: 84）

這番話是有道理的。坦白說，筆者始終認為，人要富而樂善好施，這在基本上是挑戰、甚至違背人性的。分享雖也是一種人性，但佔有的渴望總是更為強烈，尤其是針對非親非故者。除非有良好的教養或社會鼓舞，譬如，善款可以減稅、或被公開得以博取好名聲之類的外在誘因。

整個來說，上述所論的一切固然有其說服力。不過，另一位參與皮夫研究的多倫多大學心理學家寇特（Stephane Cote）還是提醒，所謂富人比較缺德，這可不是什麼百分百的鐵則。有德而熱心於慈善的富人還是很多。並且反過來，也不能說窮人就比較有德。甚至，許多研究都指出，貧窮與暴力犯罪有密切關係（Saint-Arnaud, 2012）。

確實，城市學的專家一直告訴我們，長久以來，讓窮人有一定程度的穩定收入，始終被視為降低城市犯罪率的良方（Glaeser 著，173）。這似乎間接證明了我們古人的名言，所謂「倉廩實而知禮節，衣食足而知榮辱。」處在貧窮線下的人們，往往難以保有自覺的尊嚴，而這卻是道德實踐所不可或缺的心理狀態。

但儘管如此，在此，吾人至少可以做出一個站得住腳的結論，就是對於財富的淡泊輕看，能讓人比較遠離腐化的誘因，從而降低了道德人格上的墮落風險。任何一個讀者都不要以為自己可以例外。往往在「意識自我」的背後，對致富的旺盛企圖心、以及暴發或積累的大量財富，會促發人性的陰暗面。

即使是資本主義的大當家亞當斯密，都曾明確地警告說，「追求財富的人們時常放棄通往美德的道路」。甚至，「通往美德的道路和通往財富的道路，二者的方向有時截然相反。」（Smith 著，2003：卷一，篇三，章三，70）

- 口袋愈深，未必就愈墮落，卻愈有墮落所需要的物質條件。
- 要富人不揮舞皮鞭，難啊！因為周遭一堆人早就亮著屁股、侍候在那兒了。
- 傲慢的尺度，不是依據自己所擁有的財貨，而是依據其他人的匱乏。
- 財富與權力一樣，會引來極惡的人，也會腐化極善的人。

B、減少真實自我的扭曲和迷失

談過了對財富淡泊輕看的第一個好理由，接下來的第二個，則是為了減少真實自我的扭曲和迷失。簡單來說，當渴求財富的企圖心愈旺盛，或者，暴發積累了愈富足豐裕的物資，經常會帶來兩個副作用。

一個是既看不見、也不在乎，自我在其他多方面的卑微、脆弱和貧窮。譬如在內在性靈上的乏善可陳、或親情人際上的欠缺真愛。另一個副作用則是，對於那些垂手可得、無需以富足豐裕為條件的幸福和快樂，不僅失去胃口，還飄飄然地自以為，所擁有的幸福高人一等。

以此而言，我們可以反過來說，若能對財富淡泊輕看，就能在某種程度上減少上述這兩重缺憾。一來，會比較轉向對內在性靈和人際真愛的關注。二來，則會比較有正常的胃口，去滿足於那些無需以富足豐裕為條件的小確幸。

話說其中的原理，其實不難理解。一般而言，許多人都會迷戀或熱中某些事物，譬如登山、潛水、攝影、藝術或古玩等等。但通常它們並不會造成什麼負面問題，甚至表現為內在生命可貴的外顯。

然而，迷戀或熱中財富卻不然，它往往會帶來真實自我的扭曲迷失。因為整個社會強烈地在傳達一種印象、或者說一種承諾，即只要擁有了富裕，就等於擁有了一切快樂和幸福；伴隨著綠油油鈔票而來的，就是心想事成。

因此，當嫁入豪門，總被羨慕為無比幸福。繼承了龐大家產，就注定會成為無往不利的天之驕子。雖然人生的真相未必是如此，但對大部分的人來說，箇中的邏輯根本是毫無疑問的，既自然又必然。財富幾乎被當成了有如托爾金（John R. R. Tolkien）筆下的那枚魔戒，任何人只要戴上它，就可以變得偉大、強壯和風華。

形成這種印象和承諾的心理很簡單。德國的社會學大師齊美爾，就曾非常貼切地指出，金錢原本只是手段，但因為它非常好用，結果就從一種「絕對的手段」，在心理上變成了「絕對的目的」，還從生活中「最理想化的工具」，變成為「最理想化的目的」（Simmel 著，2007: 162; 165）。演變下來，整個社會充斥著一種十分怪異的扭曲現象，筆者可以稱之為「一俊遮百醜」，即只要你非常有錢，其他一切的美德、人品、學識和文化涵養都可棄置一旁。甚至你這個人很醜陋、邪惡和自私，也無關緊要。許多人總是認定，既已握有了實現人生的最理想化工具，還需要在乎那些玩意兒嗎？

這就是為什麼許多人窮得只剩下錢。

因為財富在人們的心裡，已化身為一種根深柢固的普遍印象和承諾，即它可以為你解決所有的問題、實現一切的夢想。這就有如之前馬克思所說的，「貨幣的力量多大，我的力量就多大。」貨幣能讓持有者從一切的醜陋、邪惡、缺陷中，顛倒和異化為美麗、受人尊敬、無所不能。

可想而知地，當一個人被財富餵飽的時候，就再也沒有其他胃口了。確實，當杯子裡面的水已經很滿，你還會想要倒進去什麼咖啡或美酒嗎？肚子沒有飢餓的感覺，當然就沒打算去進餐。

同樣地，當一個人全心滿腔都是追求和積累財富的渴望，或者，因富足豐裕而自我感覺超級良好、甚至自以為一無所缺時，理所當然地，他對於自己在其他多方面的卑微、脆弱和缺乏，不僅會欠缺自覺、還近乎無知。有時則雖然自覺了，卻仍抱持著無所謂或鄙視的態度。這不正是一種對真實自我的扭曲迷失嗎？

在這種情況下，很悲哀的一個後果，往往是變成了那位曾經持有魔戒、失去後又日夜渴求的咕嚕（Gollum，原名為史麥戈，Sméagol）。魔戒雖讓他延長了壽命，還給了他隱身的超能力，卻也致使他淪為一個扭曲、醜陋、自我分裂的生物。迷戀和熱中於富裕成功，其結局經常也是如此。

筆者非常欣賞馬克思的一個洞悉。他說，資本家們總因自己的財富而自得意滿，卻往往未能察覺，自己已經變成了何等的卑鄙和邪惡。馬克思警告這班人，在傲慢於自己的富裕之際，其實根本沒有真正體會到，「財富是一種凌駕於自己之上的、完全異己的力量。」（Marx 著，1980: 100-101）

這不正是許多富人的問題嗎？他們只看見財富是握在自己手中的力量，卻沒有能夠醒覺，財富同時也是一種異己的力量。它雖然可以讓你壯大，卻也可以將你扭曲、並奴役你。

自我的第一種扭曲迷失：性靈貧窮

具體來解析，如此被扭曲和奴役的人，往往在其生命中，會表現出滿腦子只剩下錢的兩種貧窮。第一種可以概括稱為性靈的貧窮。

它表現為言行的粗俗、正義的冷漠、思想的空洞以及文化的貧瘠。也就是在意識或精神層面上的乏善可陳。而最糟糕的是，對此，迷戀或熱中於財富者既不自覺、也毫不在意；因為他不餓！對財富的飢渴或是富足豐裕，早已經將他餵得飽飽了。

這當然不是一個什麼新穎的講法，早在第四世紀，奧古斯丁就已經將「靈性上的富有」拿來與「物質上的富有」兩相對比。他向信徒高調地聲稱，「當你被靈性上的富有所充滿時，你怎麼會是貧窮的呢？」因為在靈性屋子裡的美德、正義、真理、慈善、信心和堅忍，毋寧才是真正的「珠寶」。

他還挑戰式地呼籲，讓我們攤開這一切的富有，去跟富人們比一比。當美德、正義、真理、慈善、信心和堅忍拿到市場上去賣時，你願意付多少錢去購買呢（Augustine, NPNF1-08: XXXIV-14）？答案當然是無價，再怎麼有錢都買不起！

迷戀或熱中於財富者的愚昧就在這裡。他們追逐財富的滿足，卻漠然於美德、正義、真理、慈善、信心和堅忍這些性靈的特質。緣此，奧古斯丁明確指出，富人未必是真正的富有（ibid.: CXXIII-8）。唯獨靈性屋子裡的各樣珠寶，才是可以帶來高等滿足、讓人樂享的真正財富。

他完全理解，自古以來，有錢人最大的習性，是因其豐碩的財物而自信誇口，並倚仗它們能為自己帶來一切所期待的幸福和快樂。而弔詭的是，這正就是為什麼有錢人反而會與幸福和快樂失之交臂。因為對財富效用的錯誤期待，已經造成了人生方向上的走入歧途。試問，有誰要買水果卻走到肉鋪呢?緣木求魚的結果，當然是空手而回。

除了奧古斯丁，馬克思在這方面的控訴應該最有代表性。他曾經傳神地指出，在資產階級那裡，人生的一切激情和活動，都必然地湮沒在發財以及對物質的佔有欲中。他們更也不惜犧牲「一部分生命和人性」，因為他們總是認為，全部可以「用貨幣和財富補償給你」（Marx 著，1980: 94）。

對此，馬克思批評，根本是「愚蠢而片面」的人生。他們以對財富和物質的庸俗「擁有感」取代了人的自然情感；並將人的本質全然「物化」為吃、喝、穿、住等等的生物性需求。至於性靈的層面、也就是可以帶來自由、美感和超越能力的意識和精神呢?則只有邊緣的地位，甚至是毫無作用。結果，許多迷戀或熱中於財富者，只能毫無意義感地，過著純粹追逐財富和消費主義的日子（ibid.: 83）。

對馬克思而言，這正是人類在真實自我上的扭曲和迷失。原本，透過意識和精神來將整個世界加以「人化」的理想，不僅被束之高閣，人的自身更反倒是被物化了。人不僅表現不了作為人的主體性，還異化為物的奴隸。他故而大聲疾呼，人所該追求的最終目標不是富有，而是富有之後仍是個「人」。

這個觀念說得真是漂亮！為此，馬克思刻意區分了所謂「富有」（wealth）與「富有的人類」（the rich human being）。前者的腦袋和生活，只有財富和物質上的豐饒；後者所渴求的，卻是作為人的完整生命表現（ibid.: 88）。當然其中最核心的，就是在性靈層面上的富有。

最值得一提地，對於解決這種扭曲和迷失，馬克思申言了一種很激進、卻十足弔詭的論調，就是要沒收富人和資本家的財產，將他們壓縮到「絕對貧窮」的地步，如此才能讓他們免於物化、並產生相對於外在世界的「內在富足」（ibid.: 83）。

如此的作法當然霸道，但其中卻流露出了一個很有啟發性的意涵，就是對財富的淡泊輕看，乃至於某種貧窮，毋寧提供了一種有利的狀態，可以迫使人們回歸為一個在性靈上的富有者。

事實上，不只馬克思，伊比鳩魯（Epicurus）也曾經楬櫫類似立場，即清貧的生活有利於讓人們在性靈上富有。他尤其強調的一個道理是，愈簡單的物質滿足，愈可以讓感官趨向於平和，甚至接近停歇。因此，會很有助於讓人從事閱讀、思考和文化創作之類的精神活動。

相反地，富足豐裕的生活所帶來的腦滿腸肥，只會讓人昏沉欲睡、更思淫欲，結果就日漸在性靈上淪入了空洞貧瘠。這種連結當然不是必然的，但每一個誠實的人都應該會承認，其中的相關性是滿高的。

自我的第二種扭曲迷失：真愛貧窮

進一步地，除了性靈的貧窮，第二種滿腦子只剩下錢的貧窮，筆者可稱之為真愛的貧窮。它表現為雖交友滿天下，卻在親情溫暖、真誠友誼和人際關愛上匱乏可憐。而同樣地，對此，迷戀或熱中於富裕成功者，即使有所自覺，也自傲地不放在心上。因為他的心思，早已經被財富所提供的承諾給餵飽了。

這說起來有點弔詭，富裕成功作為一種權力，反而能讓我們多結交朋友，不是嗎？但問題在於，如此所結交的往往是酒肉朋友。雖然杯觥交錯、酒酣耳熱，彼此之間卻以現實利益為出發，根本欠缺共患難所需要的相知相愛。

從表面上看，富裕成功者的身邊總有許多人環繞、甚至簇擁。但真相呢？不過是為他工作或有利可圖。經常其最哀怨的是，找不到幾個真正關愛他、可以真誠信任、傾心相談的好友。他甚至無法肯定，躺在身邊、與他親密的異性伴侶，包括妻妾或情婦，到底愛的是他的人還是他的錢？

那兒女呢？雖是骨肉之親，但他們心中真正在意的是親情嗎？還是只將他當作揮霍的經濟來源、或一心期待著繼承事業或遺產？據說，猶太人有一句俗語，即「大富豪沒有子女，只有繼承人。」確實，在龐大家產的繼承渴望中，親情經常被泯滅得一無所有，只剩下虛情假意。

這種普遍存在的空虛、懷疑和失落，最能證明富人的不幸，也讓他們無言反駁。然而即使如此，富人仍自傲地不放在心上。因為，既已握有了實現人生的最理想化工具，還有什麼困難是不能解決的嗎？

而就基於這種心態，使得他們自覺或不自覺地，習慣以提供更多的錢財或報酬、餽贈更昂貴的珠寶或房宅，來博取對方的歡顏、關愛和友誼。但對於多花時間，用心去瞭解和陪伴，卻總不在意地推說下次或沒空。

雖然富人心知肚明，建立在物質基礎上的關係是很脆弱的，但問題是，對方在回報上的正向效果非常立即而明顯，又因付錢了事對他們來說輕而易舉，以致許多富人終其一生都改不掉這個壞習慣，還常為自己有這樣的支付能力而引以為傲。

只不過很殘酷地，將財富視為人生的最理想化工具，其最經常觸礁、顯現出蒼白無力的，正就在親情、友誼和關愛上。錢財根本買不到它們。可資作為借鑑的例證太多了，不勝枚舉。

富人們其實最應該建立的，毋寧是不牽涉到金錢的人際關係，尤其是以真實關愛為基礎的聯結。奈何！多金的成功者總耽溺於財富萬能的迷思，既不願意面對真相、又無以從中自拔。

最簡單而明顯的證據，去問問那些躺在床上垂死的富人們就知道了。通常此刻，他們最深切體會到財富效用的有限。同時，他們會後悔沒有在死前好好去做的事，大抵都是在親情、友誼和關愛上的遺憾。難道他們在財物上對親朋好友一向都很吝嗇小氣，才演變至此嗎？

答案恐怕恰恰相反。造成上述遺憾的原因，正就在於富人們一向喜歡以提供錢財或報酬、餽贈昂貴的珠寶或房宅，來博取親情、友誼和關愛，甚至為此而自覺比別人都慷慨大方。至於多花時間，用心去培養和經營彼此的真情感，則極其吝嗇小氣、甚至根本不放在他們心上。

成功的標準是有多少人愛你關心你

迷戀或熱中於財富成功者，最應該傾聽巴菲特這位超級有錢人的智慧。他說，就某種程度而言，金錢有時讓你生活在比較有趣的環境中，但金錢無法改變的是，有多少人愛你。誠哉斯言！金錢固然可以使你的人生有更多樂趣和選擇的自由，但在親情、友誼和關愛的最核心成分，財富卻是使不上力的。

不只如此，巴菲特更認為，衡量一個人成功的標準，不是看銀行帳戶裡的數字、或擁有多少房產，而是看有多少人在真正關心你、愛你。幸福的關鍵，始終在於能否持續活在愛的關係裡。如果巴菲特說得對，那麼在這個意義下，迷戀或熱中於富裕成功者，不就往往是最貧窮的人嗎？

蓋洛普世界調查（Gallup World Poll）曾經將一項在美國、加拿大和歐洲所做的全國性調查，延伸應用到一百五十多個國家。發現到幸福體驗的兩大關鍵因素，分別是身體健康和社會接觸。基本上，除了身體不舒服外，預測一個人今天心情的第二個好指標，就是有沒有跟親友接觸。康納曼因此像是在為巴菲特註解般地指出，「快樂是花時間與你愛的人和愛你的人在一起，這句話其實一點都沒有誇大。」（Kahneman 著，2012: 508）樂享人生的真諦不就在此嗎？

事實上，上述蓋洛普世界調查中所謂的「社會接觸」，吾人應該更廣義地來理解。除了與親友之間愛的關係外，它也可以是人際中一種被信任、依賴和坦誠的關係。較之被過度推崇的富裕成功，這毋寧是更真實、效用更高的財富。

對此，亞當斯密非常有心得。他曾精闢指出，「貪婪過高估計了貧窮和富裕之間的差別」。財富並沒有許多人所想像的那麼威猛好用。金錢固然「可以遮擋夏天的陣雨，但是擋不住冬天的風暴。」（Smith 著，2003：卷四，章一，228）他寧可相信，「誠實和公正的人不會因得到財富而欣喜，他感到欣喜的是被人信賴和信任。」（ibid.：卷三，章五，203）

很遺憾，一顆扭曲和迷失的心，在乎的經常只是富裕成功，體會不到讓我們能夠擋住冬天風暴的，其實是親朋好友之間的信任、依賴和坦誠的關係。筆者相信，幾乎每一個人，隨著社會閱歷的豐富和年紀的增長，都會愈來愈強烈體悟，這確實才是人生中真正的財富。

生活滿意度不等於幸福的真實體驗

進一步地，針對上述兩種滿腦子只剩下錢的貧窮，在此，倘若吾人要破解其中的迷思，恐怕得先釐清，所謂「生活滿意度」與「幸福的真實體驗」兩者之間的差別。簡單來說，前者是對幸福或快樂的理性化評價，屬於「what I think」的範疇。它完全是一個概念層次的東西。後者則是活生生的感受，屬於「what I live through」的範疇。

很多時候，我們因地位和收入而自我感覺超級良好，並認為在幸福上高人一等，但臉上的快樂表情和喜悅笑聲，卻出現得比別人少。取而代之的是經常性的壓力、忙碌、煩惱和未必自覺的緊張、或深沉焦慮。許多中高層菁英的家庭，不就是如此嗎？

反觀那些原住民或偏鄉的孩子，他們對於自己生活水準的理性化評價通常不高，甚至還帶有若干相對於都市人的自卑，但就幸福的真實體驗而言，他們卻更多流露出燦爛的面容、純真愉快的笑聲。

毫無疑問地，成功富裕可以強化對自己生活的滿意度。因為在這些人腦海中的評價系統，總認為自己握有了實現人生的最理想化工具，可以心想事成。但對於幸福和快樂的真實體驗，是否隨著成功富裕而遞昇呢？答案卻不是肯定的。

蓋洛普另有一項健康福利指數的研究（Gallup-Healthways Well-Being Index），每天調查一千名美國人，並累積蒐集了至少四十五萬人的龐大資料。其中一方面發現到，貧窮確實使人愁眉不展、會放大生活中其他不幸福的經驗效應，譬如是疾病或某些倒楣的遭遇。然而另一方面，財富雖可以強化人對生活的滿意度，但對於幸福的真實體驗，卻在某個高峰——家庭收入七萬五千美金——之後，就再也停滯不前了。

為什麼會如此呢？康納曼的解釋很有趣。他說原因可能在於，「更高的收入使聯結到享受生活中小快樂的能力減少了」。固然「在收入到達滿意水準後，你可以買到更多的享樂經驗，但是你會失去一些享受比較不那麼貴的東西的能力。」（Kahneman 著，2012: 509-510）。譬如，當收入或財富愈多，吃巧克力或冰淇淋時，臉上的快樂表情會相對減少。因為它們太便宜、太容易得到了，無法刺激出有錢人腦袋中的快樂反應。

康納曼的此一講法非常有道理。回想許多人小時候家裡貧窮，想到能吃冰淇淋或蘋果，幾乎口水都快流了出來。然而當生活富裕、習慣過著好日子後，它們都不再稀奇，也就不會再有什麼快樂的反應。

筆者可以形容，這是一種因遞昇的期望而產生的「快樂麻痺」。

而值得注意的，它充分意味著一個很重要的道理，即隨著成功富裕，通常人們對稀有而昂貴的大快樂，在需求上會遠遠超過隨手可及的小確幸；以致總體而言，在日常生活中對幸福的真實體驗反而減少了。

此時，那些最容易實現的快樂，譬如到附近公園悠閒散步、陪孩子們玩耍，午後曬曬太陽、朋友的一句親切問候、三五哥兒們一起抬槓、或是獨處時的一杯咖啡或書本，都再也無法刺激出幸福或快樂的表情。

取而代之的，是對奢華購物、高檔旅遊、美酒大餐、笙歌夜舞、縱情愛慾，乃至於新奇刺激的極限玩樂的需求。當然，這些所謂的大快樂有一個共同特色，就是它們的消費門檻很高，也因此相對稀有。

但最諷刺的是，儘管幸福或快樂的真實體驗明明減少了，富裕成功者對於生活滿意度的自我評價，卻依舊居高不下。因為，整個社會已經被一個根深柢固的印象所蒙蔽和支配。任誰都相信、並不時掛在嘴邊，既已握有了實現人生的最理想化工具——財富，當然快活如神仙。

所以很悲哀地，許多有錢人最大的快樂，竟然是自覺富裕所衍生出來的自得意滿。往往，只要想到這一點，就沾沾自喜和飄飄然。一來，它代表著自己的成功和優越。二來，自己還可以因此心想事成。

然而，除了虛幻的沾沾自喜和飄飄然外，是否真的擁有比別人更多的幸福真實體驗呢？還是更多的壓力、忙碌、煩惱和未必自覺的緊張、或深沉焦慮？這個盲點若始終看不見，吾人內在的真實自我，就會一直處在扭曲和迷失的狀態中。

巴菲特在二〇一九年的一次座談裡，曾經閒聊了一小段非常經典的話。他說：「如果五萬或十萬美金無法讓你快樂，五千萬或一億美金也不會讓你快樂。」接著，他非常明確地指出，自己認識許多有錢人，他們並沒有因為發大財而變得比較快樂。「財富與快樂的關聯性，只到一個程度而已！」相反地，大筆大筆的錢財帶來了更多壓力和煩惱。最後他的結論，又再次強調了與親人相處的快樂（巴菲特，2019）。

小確幸還有賴於清貧或缺乏的條件

基本上，大快樂和小確幸的差別，主要在於前者需要以富足豐裕為條件。它們通常不是一般人負擔得起的，因而具有一種稀少性。許多人更還認為，其中的消費門檻愈高，所帶來的快樂就愈大。至於後者，則不需要以富足豐裕為條件，甚至有賴於某種程度的清貧或缺乏。它們其實就是一些自得其樂的小玩意兒。出現在你我的身邊，只要肯花一些時間和心思，幾乎是轉心即見、隨手可得的。

理論上，無論貧或富，每個人都可以極大量地享有這樣的小確幸。

但問題是，當一個人滿心都在渴求富裕成功時，恐怕更有意願去從事和參與的，會是那些可以促進財利的活動和交際應酬。而一旦握有了錢財如此可以心想事成、呼風喚雨的工具，在遞昇的期望下，喜歡選擇來享受的，也往往是稀少而高消費門檻的超級快樂。許多人甚至有一種想法，不高檔地來花用享受，辛苦賺錢幹嘛？

總括而言，當渴求財富的企圖心愈旺盛、或暴發積累了愈富足豐裕的物資，往往小確幸就不會是日常生活中的主軸，還會逐漸被邊緣化、不看在眼裡。這毋寧是一種巨大的損失。因為小確幸所代表的，正是日常生活中既真實、又最容易擁有的幸福體驗。

或許有些人會覺得奇怪，小確幸無需以富足豐裕為條件，這是可以理解的。但為什麼它們還有賴於某種程度的清貧或缺乏呢？

箇中的理由其實很簡單。當人們沒有錢花天酒地、血拼玩樂時，經常就只能安分地讀讀書、喝喝茶、聊聊天、散散步、聽聽音樂。不是嗎？套句俗話來說，即口袋空空，沒錢好做怪。

消費能力的限制，就像是到處林立的高牆，將囊袋羞澀者關在一個沒有奢華宴樂、缺乏高檔商品誘惑的素樸空間裡。甚至更糟糕地，許多中下層窮人還經常遭逢一種狀況，就是被擋在資本主義所謂的市場之外。因為大部分的企業或商人，都沒有興趣為缺乏消費能力者去廣告促銷或提供服務。

不過想一想，這何嘗是禍不是福呢？有錢人奢華購物，口袋空空的你極簡擁有；有錢人高檔旅遊，沒錢的人公園閒晃；有錢人美酒大餐，你清粥小菜；有錢人笙歌夜舞，你早睡早起；有錢人縱情愛慾，你乖乖地寡慾養身；有錢人搞新奇刺激的極限玩樂，你就讀讀書、喝喝茶、聊聊天、散散步、聽聽音樂。

除了消費能力的限制外，小確幸之所以有賴於某種程度的清貧或缺乏，還有一個緣由，就是在捉襟見肘的生活景況下，根本無從出現富人那種因遞昇的期望而產生的快樂麻痺，以致平易的小確幸就足以刺激出腦袋中的快樂反應了。根本不需要依賴什麼稀少而高門檻的超級享受。

上述的兩個原因或許可以解釋，為什麼當一個人沒有什麼錢財、甚至有所缺乏時，對於那些無需以富足豐裕為條件的快樂和幸福，在胃口上會回歸到正常而自然的狀態。或者換句話來說，就是對於小確幸更有追求的自覺和動力。而很遺憾地，此一自覺和動力，在達於富裕之後，往往又漸漸消逝。

寫到這種，筆者對於這一小節的討論該收尾歸結了。前述所分析的種種，無疑都鋪陳了第二個好理由，何以該對財富不在乎、鬆開緊握而僵硬的手。因為，當一個人滿心都是追求和積累財富的渴望，或是因富足豐裕而自我感覺超級良好、甚至自以為一無所缺時，經常會衍生出在真實自我上的扭曲和迷失。

一來是既看不見、也不在乎自己在其他多方面的卑微、脆弱和貧窮，譬如在內在性靈上的乏善可陳、或親情人際上的欠缺真愛。二來，則是由於在遞昇的期望下所產生的快樂麻痺，以致對那些垂手可得、又無需以富足豐裕為條件的小確幸，不僅失去了胃口，還飄飄然地自以為，所擁有的幸福高人一等。

◆當一個人被財富餵飽時，就再也沒有追求性靈和真愛的胃口了。
◆人該追求的最終目標不是富有，而是富有之後仍是個「人」。
◆富裕所帶來的一個巨變，是對大快樂的需求會遠遠超過小確幸。
◆衡量一個人成功的標準，不是擁有多少資產，而是有多少人關愛你。

C、陶冶性靈並磨練出剛毅勤奮

上述談過了減少真實自我的扭曲和迷失，最後，對於財富的淡泊輕看，可以用來辯護的第三個好理由，是貧窮和匱乏能夠陶冶人的內在性靈，讓它更深邃、強韌、謙卑和自省；還可以磨練出堅忍剛毅、勤勞奮勉，以及儉樸禁慾的精神。

俗話不是常說嗎？吃得苦中苦，方為人上人。對此，孟子的話應該是最為經典的。他一口氣列出好幾個例證，「舜發於畎畝之中，傅說舉於版築之閒，膠鬲舉於魚鹽之中，管夷吾舉於士，孫叔敖舉於海，百里奚舉於市。」而為什麼這些偉大的人物，都出身卑微，並且歷經貧窮、匱乏和許多艱難呢？孟子相信，這就是上天要讓一個人成就大事所必須的磨練過程。

> 故天將降大任於是人也，必先苦其心志，勞其筋骨，餓其體膚，空乏其身，行拂亂其所為，所以動心忍性，曾益其所不能。

相反地，富足豐裕、安逸享樂的環境，則讓人軟弱、頹廢、庸俗和膚淺，也無法養成克服困難、擺脫逆境的堅毅和能力。因此孟子的結論是，人性的一個本質乃「生於憂患而死於安樂」（孟子．告子下）。

當然，在這裡同樣不存在著必然性，但互相關連的機率卻非常高。有太多家境優渥的子弟，因不虞匱乏，確實就是欠缺堅忍剛毅的性格，還經常好逸惡勞、揮霍敗家。所謂富二代或富三代，不經常就是這副德性嗎？

不只是孟子，西方的基督教傳統，毋寧最強烈懷抱著類似觀點，並深刻影響了禁慾主義的發展變遷。當然在若干立論基礎上，因宗教的視角而與孟子有所差異，但同樣深具啟發性，值得我們多花些篇幅來詳加探討。

其中的第一種觀點，就譬如是奧古斯丁所抱持的立場。他對於非修道院的一般信徒，雖不主張清貧，然而，在面對他們遭逢貧窮和匱乏之時，卻聲稱有上帝的美意，因為可以使人陶冶並深化性靈。故而他會說：

> 上帝造了窮人，以考驗他們裡面的人性；……上帝合宜地做了一切，……而我們必須相信那是善的（Gonzalez, 2002: 218）。

那麼，貧窮和匱乏可以怎樣考驗人性呢？其實，儒家在這方面有類似的好答案，歸結起來不外兩個要點。一來，是在困頓中仍堅持了該有的志節情操，不至於「窮斯濫矣」（論語．衛靈公）！或者說，人窮志不窮、「窮不失義」（孟子．盡心上）。二來，則是不怨天尤人，謙卑自省、反求諸己（孟子．離婁上）。

《舊約》中的約伯（Job），是另一個很適合用來說明的例證。上帝將他交給撒旦，來考驗他是否正直和敬虔。而當他失去一切時，仍堅稱「賞賜的是耶和華，收取的也是耶和華。耶和華的名是應當稱頌的！」在整個苦難的過程中，他始終「不以上帝為愚妄」，依舊正直和敬虔。顯然，他守住了志節情操。

另一方面，他雖向上帝爭辯自己的清白，卻歸結於謙卑自省、反求諸己。他「在塵土和爐灰中」懺悔，承認自己對一切的奧祕其實都極其無知。而在他經歷了那麼慘烈的生命考驗之後，其性靈深度的重大突破，則是「我從前風聞有祢，現在親眼看見祢。」（約伯記一1；21-22；四二5-6）

或許約伯是個難得一見的特例，但整個故事卻向所有人類揭示了一個道理，即包括貧窮和匱乏在內的一切苦難和困頓，其意義乃是來自上天的一種磨練，目的在於陶冶並提升人的性靈。

貧窮和匱乏是來自上帝的珍貴禮物

到了第十三世紀初的聖方濟各，貧窮和匱乏在此一方面的意義，驚人地更加深邃、也更廣闊了。它們不僅沒有被當作可悲或困窘的光景，還被視為生命的樂歌，理由是其中含蘊了「無價的寶藏」（范鳳華編，2001: ch. 13）：

第一，貧窮可以讓人看清楚，自己身為受造物，其本來的面目就是卑微、軟弱和一無所有。所以，貧窮有什麼好可悲或困窘呢？不過就是卸妝、恢復原貌而已！反過來，富貴又有什麼好自得意滿的呢？人儘管可以穿金戴銀，但最真實的你我，毋寧還是光溜溜的。

第二，貧窮可以教育我們，因受苦和缺乏而謙卑順服、並更加親近和依靠上帝；同時也學會堅忍耐勞，並超克肉體的慾望，讓我們不淪為罪的奴僕，轉而只作為義的奴僕。

第三，就好像基督承擔了我們的貧窮，我們也當成為貧窮者，而與卑微、軟弱和一無所有的人在一起，並以同情和憐憫之心來服事他們。這就是說，貧窮使我們能夠認同——感同身受——其他窮人，從而與他們互相連結，成為同甘共苦的肢體。

第四，貧窮使人體會到耶穌在十字架上所承擔的軟弱和苦難，也因為自己在貧窮上效法了基督，而享有一種與祂結合的聖潔和喜悅。換言之，藉由貧窮的體驗和實踐，我們不僅與其他窮人互相連結，也與被釘十字架的耶穌連結合一了。

這就是聖方濟各的貧窮神學。其體會之深刻、意涵之廣闊，幾乎已達於巔峰之境。而根據於此，貧窮和匱乏可以完全當作是來自上帝的一個珍貴禮物；並且在其中，就如置身寶庫一般，愈深挖掘，愈獲至寶。至於其價值，整體而言，不正就是陶冶人的性靈，讓它更深邃、強韌和謙卑，更委身於上帝和其他窮人嗎？

此後，發展到了十六、七世紀，即近代資本主義的萌芽時期，許多禁慾主義新教徒，特別擷取了其中部分意涵，同樣聲稱，人性中的良善往往必須備嘗磨練，才能夠激發出上帝選民的光輝。尤其是人們常有的各種剛硬悖逆，總得歷經貧窮和匱乏的管教，才學會謙卑順服，並更加親近和依靠上帝。

而就在這個意義下，貧窮和匱乏經常——不全然，譬如約伯——會表現為一種來自上帝的懲罰和矯治；或者說，是上帝回收了自己曾給予的賜福。在《舊約》裡，就很典型地一再強調，許多統治者因「行了耶和華眼中看為惡的事」，結果失去了所有資產、更讓國家走向衰敗滅亡。

事實上，這也是傳統上一種標準的認知角度。即使是約伯那幾位大有智慧的朋友，面對他的正直和敬虔，也不免很窠臼地以此來解釋為什麼約伯會失去一切。簡單來說，包括貧窮和匱乏在內的一切苦難和困頓，都是上帝讓人「收割」了自己「耕罪孽、種毒害」所致的結果（約伯記四8）。

當然，不可或忘的是，此一失去所有資產的懲罰，其本質始終為帶著期許的矯治，這就是基督教圈中經常說的「管教」，目的是要讓人們在受苦和匱乏之下，經歷一種性靈的磨練和悔改。

貧窮迫使人超越懶惰、散漫和隨性

進一步地，基督教在這方面的第二種觀點，則強調了貧窮和匱乏乃上帝所命定的一種自然律則，其目的是對懶惰、散漫和隨性的懲罰和矯治。

這看起來似乎與前述的第一種觀點很類似，但其實有所不同。在這裡所針對的，並非統治者的為非作歹、或任何人的悖逆邪惡，而只是要磨練那些不勤奮工作、沒有理性紀律、又欠缺禁慾品行的人，讓他們自食惡果，而後從中得到矯治。

因此，它的焦點指向了一種勤儉禁慾的新教倫理，而不再是陶冶並深化性靈或對上帝的謙卑悔罪。扼要來說，財富既是上帝因選民實踐入世禁慾而給予的獎賞和祝福，那麼反過來，貧窮不就是逃避入世禁慾而導致的必然後果嗎？

從十七世紀的禁慾主義新教來看，一來，窮人缺乏對職業勞動的神聖使命感。他們不僅沒有將工作視為天職，還經常好逸惡勞、游手好閒，並蹉跎人生。二來，他們即使在勞動中，也缺乏入世禁慾所要求的理性紀律，也就是謹慎戰兢、有條不紊、一絲不苟的工作性格。取而代之的，往往是散漫馬虎、粗心和隨性。

不僅如此，表現在日常消費上，他們更不知節制慾望。在當時，禁慾主義新教徒經常眼見的是，許多工農民白天掙了一點工錢，晚上就買醉花光了。長此下來，怎麼會不淪為窮人呢？

對於上述的種種，到了十八、九世紀之交，第一位政治經濟學家馬爾薩斯（Thomas Robert Malthus）在反對濟貧法時，表達得更為露骨直白。他毫不猶豫地認定，窮人們在性格上的本質，就是「漫不經心和大手大腳」，並與小商人和小農場主的「謹慎小心、克勤克儉的脾性，形成了鮮明對照。」（Malthus 著，1996: 34）

但馬爾薩斯卻說，值得慶幸的是，上帝下了兩道命令，讓人類永遠面臨食物不足的咒詛。其一，人類必須先在土地上辛勤勞動、並投入理性智慧予以改良，才可享受生活的幸福。其二，人口的增長速度，將遠遠快過於食物的增長。

這兩道命令當然都帶來了「局部的惡」，即貧窮和匱乏。但人類就是如此下賤，沒有貧困和苦難來逼迫，就會被惰性所支配、好逸惡勞。對此，馬爾薩斯生動地描繪，「如果不是飢餓和寒冷把野蠻人從麻木狀態中喚醒，他們會永遠躺在樹下打盹。」

他們不得不盡力獲取食物，為自己建立棲身之所，以免受飢餓和寒冷之苦。……如果不必為此做出努力，他們就會陷入無精打采的懶散狀態。（ibid.: 137-138; 140）

他相信，這一切全然是上帝所安排的偉大過程，目的是為了喚醒人們的活力、創造和形塑人們的內在精神。更具體一點來講，貧窮和匱乏乃上帝的美意，它們可以讓人磨練出堅忍剛毅、勤勞奮勉，以及儉樸禁慾的精神。並且，這樣一種源自於新教入世禁慾的美德，又正是文明進步和生活幸福所必備的前提條件。

當有所匱乏之時，你應該要感到高興

面對基督教上述兩種似有差異的觀點，讀者不需要有孰是孰非的困惑。它們不僅並行不悖、交互為用。並且與孟子的前述主張對照起來，在精神上也是完全一致的。

歸結而言，貧窮和匱乏，既可以是讓人陶冶志節情操並深化性靈的考驗，也可以是對懶惰、散漫和隨性的一種懲罰和矯治，從而磨練出堅忍剛毅、勤勞奮勉，以及儉樸禁慾的精神。而這正就是對財富淡泊輕看在倫理上的第三個好理由。

以此而言，當你在囊袋羞澀或有所匱乏之時，其實該為自己感到慶幸。因為可能是「天將降大任於你」啊！而即使是出於老天的懲罰或管教，都透顯了祂對於你的揀選和厚愛，期待你的堅忍、謙卑、勤儉和自省悔改。或許，在漫長的考驗和磨練後，你會成為一號歷史人物也說不定。

這可不是對貧窮和匱乏的一帖打高空的安慰劑、或讓窮人麻痺的鴉片。

確實來說，經常是會有其影響和效果的。譬如大家所熟知的那位陳水扁先生，暫且撇開各個人對他的不同好惡以及政治立場，其三級貧民的出身背景，磨練出他從小到大什麼都要拼鬥第一名的剛毅和異常勤奮。熟悉他的人常說，其不服輸的意志力幾乎無人能比。而最後將他打垮的，正就是與權力和富貴緊密連結的那「海角七億」。想一想，孟子那番「生於憂患而死於安樂」的話，實在太有道理了。

筆者有一次問女兒，在國外工作之餘有去哪裡休閒度假嗎？她回答說沒有，因為沒錢。我聽了其實有點高興。因為財務上的捉襟見肘，可以很大程度束縛這位年輕女孩喜歡購物享受的習性。至少逼使她在工作上得非常勤勞奮勉。

孩子不是富二代，這毋寧為一種值得慶幸的福氣，不是嗎？

再看看那位撰寫《哈利波特》的羅琳（J. K. Rowling），她曾多年失業，僅能維持基本溫飽。作為一個單親媽媽，除了還有屋子棲身之外，她形容自己「幾乎是現代英國最窮的人」。而在那段時間裡，她格外憂鬱，還覺得自己是所「見過最失敗的人」。然而，寫作成為了她挫折情緒抒發的出口；此外，簡單生活所帶來的規律性，則為她帶來了豐沛的創作能力（張詠晴編譯，2017.04.30）。

固然，富裕帶來了更多生活上的選項。但資源多了、滿足了，超越現狀的動力，往往會隨而減少。反過來，當生活的限制增加，所帶來的困頓和挫折，卻會激發和驅動我們去應變，俾能找到出路。羅琳明顯地是這樣一個例證，說明了貧困和缺乏所帶來的正面意義。相反地，當人在富裕安樂時，反而性靈枯竭，甚至腐化墮落。

◆故天將降大任於是人也，必先苦其心志，勞其筋骨，餓其體膚，空乏其身。
◆上帝造了窮人，以考驗他們裡面的人性。
◆如果不是飢餓和寒冷把野蠻人從麻木狀態中喚醒，他們會永遠躺在樹下打盹。
◆富裕帶來了更多選項、資源和滿足，但超越現狀的動力也跟著減少了。

小結：淡泊輕看財富的雙重啟示

以上，對於財富的淡泊輕看，我們已經整理並討論了三個可以辯護的好理由。雖然它們無法窮盡相關的所有立場和論述，但至少很具有代表性，足以作為此一財富倫理的有力基礎。

整個來說，在人生中，這樣的財富倫理應該有其重要價值。譬如，當你沒有什麼錢財、或在許多方面匱乏時，你大可不必感到自卑、矮人一截、嫉妒，或成天陷入發財夢中；同時也無須去羨慕有錢人。因為你很清楚，他們通常活在虛假的面具中，更可能經常深陷欺騙、壓迫和剝削，以及虛榮和傲慢等敗德的風險。他們還往往沒幾個知心朋友，甚至在親人之間，都摻雜了金錢上的利害關係，以致爾虞我詐。

而在榮華富貴裡，其幸福也未必高人一等。他們臉上的快樂表情和喜悅笑聲，往往出現得比別人少，取而代之的是經常性的壓力、忙碌、煩惱和未必自覺的緊張、或深沉焦慮。至於那些在安樂中成長的富二代、富三代呢？則普遍地欠缺堅忍剛毅、勤勞奮勉，以及儉樸禁慾的精神。許多甚至是好逸惡勞、揮霍敗家。

筆者必須承認，上述的一切都不是必然的。更有不少新一代的富豪，在特質上迴然不同。但類似情況的發生，卻經常歷歷在目。無論如何，這一切負面的富裕效果，對於那些頗有資產、口袋很深的有錢人，絕對是不容忽視、需要自我醒覺的警告。

當然，在此所討論的種種，絕非在鼓吹清貧或禁慾主義，但至少可以提供一種富於教育意涵的心態，即倘若你沒有什麼財富、或面臨錢財的損失，未嘗不是一件可以正面看待的事情。而我們對於致富、利得和報酬的多寡，也無須汲汲營營，寧可淡然處之。

相反地，倘若你是有錢人，則可以直接去實踐某種方式的放空和歸零，來體驗普通小民那種日常生活所具有的正面意義。

對此，比爾蓋茲的妻子梅琳達（Melinda Gates），曾經引用美國知名女作家和社會活躍人士威廉森（Marianne Williamson）的名言——「我們最大的恐懼是，我們強大到超越了所有限制。」而後她感慨說道，「鉅富有時也會令人迷失」。

她非常清楚，富裕帶來了生活選擇的增加，無論是物質或權力。但這可一點都不意味著，我們愈能夠做出更好的選擇。尤其，周圍總冒出很多拍馬屁、或投你所好的扭曲聲音。她坦誠說出了自己的經驗：

> 當生活中有很多物質選擇之後，有時可能會讓人感到迷失。你該如何消遣時間？你如何花費你的資源？因為人們知道你在捐錢，所以人們會接近你並阿諛奉承你、誇獎你的言論精彩、或者稱讚你的穿著是最時髦的。因此可能會出現各種扭曲的論點。

那又該怎麼突破，才能讓自己免於迷失呢？

梅琳達的答案很有價值，就是得放空和歸零，擺脫富豪圈的生活方式和侷限性。一來，要與各個不同「財富階級的人建立真正的關係，並且互相進行深刻、真實、真誠的對談。」二來，「你必須儘可能地保持生活真實近人」。譬如自己去購買生活用的雜貨、放棄私人飛機、名車超跑、住在坪數較小的房子而非豪宅，「過著像個普通人一樣的日常生活」（Luscombe著，劉松宏譯：2019）。

簡單來詮釋梅琳達的意思，就是要主動丟棄，富裕所帶給你的那種高高在上的自得意滿、與普通小民的生活隔離，以及用金錢來支配別人和解決問題的習性，學習歸回素樸平庸、享受無需以富足豐裕為條件的小確幸，以及對人們的親切真誠。讓頭頂上的光暈消失，將手中的金鞭扔掉，來體驗一種真實近人的生活。

一言以蔽之，除非是角色扮演上的必要，否則，當你愈有錢，就愈有一種需要，即去品嘗普通人的生活。這包括了開普通人的車、住普通人的房子、交普通人作好朋友、出入普通人的場合。當然，這樣的改變會帶來若干相對上的不便、甚或是某種委屈的觀感，卻可以很珍貴地，擁有一種不會被財富遮掩和扭曲的生命視野。

比起高人一等的優越感，追求優越中的平凡，毋寧更為難得可貴。

在淡泊輕看與積極進取之間的弔詭

最後，筆者想對整個第一章（包括了第一、二堂課）的論述做出一些平衡和結語。在對財富的積極進取與淡泊輕看之間，其實存在著一種相反相成的關係。也就是說，它們既互相矛盾，又彼此依存。

詩人泰戈爾（Rabindranath Tagore），在他那本《漂鳥集》中說得好，「假如你將所有的錯誤都關在門外，那真理也被關在門外了。」確實，當你將所有的風險都予以排除，同時，機會也跟著全都消失。

面對財富，何嘗不也是如此呢？儘管它有千百個危險和可能傷害，吾人都必須像《少年Pi的奇幻漂流》一樣，認命地與這隻「老虎」同舟共存。這並不只是因為在現實的生活中脫離不了財富，更關鍵地，致富的本身，是一種既在追求善、又在創造惡的力量。我們一方面不能因致富所可能創造的惡，就放棄了藉由致富來追求善的可能。另一方面，當我們藉由致富來追求善時，也無可逃避地會因致富而帶來若干惡。

人生有太多選擇，包括財富在內，並不屬於簡單的線性邏輯，而是一種既相反又相成的辯證邏輯。經常，其中的最大矛盾或糾纏之處，是既做不到「兩全其美」（both and），又無法「非此即彼」（either~or）。

以此而言，任何一個人，無論是選擇對財富的積極進取抑或淡泊輕看，都既面臨了在倫理上的風險，又存在著若干正面的論據，可資辯護為合理和正當。

而進一步地，每個人又該在各自的選擇中，擁抱什麼論據來作為辯護的基礎呢？很遺憾，這並不存在著任何的「道德正確」。也就是說，對於財富的追求動機，每個人都可以有屬於自己的評價和選擇。

筆者必須強調，本章的一切歸納和省思，其本質都是非關道德的倫理範疇。它們都不需要訴諸道德律令的神聖性，也拒絕承擔任何他人的道德控訴。並且，因為每個人都隸屬於不同的時空情境和思潮氛圍，故而在財富倫理上，本來就應該要有各個人不同的評價和選擇。

事實上，這樣一種在評價和選擇上的主觀性，在本章的論述中，始終流露得非常清楚明顯。譬如，財富既可以被咒詛為美德的障礙，也可以被頌揚為美德的條件。財富既可以致使人們淪為奴役，卻也能讓人們擁有自由的權力。再譬如，同樣是為了上帝，聖方濟各選擇貧窮，禁慾主義新教徒卻委身致富。

造成這些差異的原因不一而足，也難以確切探究。但筆者強烈認為，話語是人在講的、故事是人在說的；意義和價值的內涵，同樣也是人在主觀上賦予的。而其中最真實反映出來的，毋寧是不同的人，在各自時空情境和思潮氛圍下，不同的需要和偏好。

以此而言，對於財富是要積極進取呢？抑或是淡泊輕看？並且，各自所抱持的理由又該是什麼呢？當然沒有「正確」答案。讀者當自行斟酌不同的情境和關係來抉擇，甚至可以很有彈性地予以混雜組合。

筆者相信，舉凡倫理之類的課題，如果有所謂「正確」的話，那就是以一顆活潑的心思，來超越各式各樣的準則。經常，倫理課題在經驗世界中適用時，是以條件句的方式來呈現的。抽空式的普遍性論斷，反而是一種盲目。畢竟，倫理之所以讓人困惑和兩難，乃因其本質並非在抽象原則中做出評價或選擇，而是在活生生的情境以及糾結交錯的關係中，所呈現的一種有血有肉有愛有淚的困思和掙扎。

第二章

財富的牟取之道

在前一章，吾人討論過了對財富的追求動機，接下來，財富的牟取之道呢？在此所謂的「道」，當然不是致富的方法或技巧問題，而是針對牟取財富的手段或方式，所衍生出來的倫理爭議。

即你的錢是怎麼賺的？黑不黑心、正不正義？

老早在莊子那裡，就曾經反諷地提問，「盜亦有道乎？」（莊子．胠篋）同樣地，無論你對牟利的評價如何，筆者在此也要提問，牟利亦有道乎？尤其，在自利性經濟行為被高度肯定的今天，合宜的原則是什麼？

相傳，羅馬史中最富裕的人克拉蘇（M. L. Crassvs），他在擔任敘利亞行省總督時，企圖征服帕提亞（Parthia）失敗，死了兩萬名羅馬士兵。他則在遭俘虜後，被滾燙的金子倒入喉嚨而死，為了是嘲笑他惡名昭彰的貪婪和不擇手段的斂財。這下，有著滿口閃亮的金子陪伴，可讓他心滿意足、含笑九泉了。

克拉蘇遭此嘲諷虐殺，其問題不在於他很愛錢，而是他的為富不仁。

對於這樣一個倫理課題，柏拉圖曾藉由格勞孔（Glaukon）這位人物提到，傳說中有一個「古各斯的戒指」（the Ring of Gyges），將上面鑲嵌的寶石朝自己的手心一轉，別人就看不見他；而將寶石朝外一轉，別人又會看見他。格勞孔相信，只要有了這樣一個戒指，

> 要什麼就隨便拿什麼，能隨意穿門越戶，能隨意調戲婦女，能隨意殺人劫獄，總之能像全能的神一樣，隨心所欲行動。

而如此一來，就可以證明這個世上根本沒有正義的人。何以故呢？因為「從不正義那裡比從正義那裡，個人能得到更多的利益。」（Plato 著，1986：卷二，47-48）

對此，蘇格拉底（Socrates）頗不以為然。他堅持，正義的本身，就是其自己存在的理由。並且它是「最有益於靈魂自身的」。換言之，它會帶給靈魂最大的利益。故而，在牟取之際，即使沒有古各斯的戒指所帶來的現實利益，人們還是應當選擇正義（ibid.：卷十，414-415）。

這番論述其實很類似於孔子。他說，「不義而富且貴，於我如浮雲。」「富與貴，是人之所欲也；不以其道得之，不處也。」（論語．述而；里仁）這裡所要求的，同樣是致富手段的正義。誠然，從不正義那裡，個人能得到更多的現實利益，但道德作為最崇高的價值，根本不該如此來衡量。

孟子也曾經為自己辯護，說他的富泰乃得之以道。若「非其道，則一簞食不可受於人；如其道，則舜受堯之天下，不以為泰。」（孟子．滕文公下）事實上，不僅對富泰的追求，即使是窮人為牟求基本的餐宿，儒家也都要求，必須在合乎道德的前提下取得。

但問題並沒有如此簡單。因為正義或道德的本身，是一個充滿主觀的概念，它有輕有重、也有核心或邊緣，更有巨大的爭議成分。

如果錢財的牟取手段，是用偷、用搶、用騙的，這當然會遭到拒斥，少有爭議。但像宗教改革之前的羅馬教廷那樣，有一套冠冕堂皇的理由來出售神職、或者像德意志的富格爾家族（Fugger）那樣，自覺很蒙恩寵地與教皇合作，販售可以進天國的贖罪券，它們是否為「不義」呢？

而如果是放款取息、高利貸呢？或趁著供給不足時漲價、或囤積居奇、或低價傾銷、或聯合哄抬、或壟斷寡佔呢？倘若自利確實是人的本性、又同時可滿足他人的需要，這有錯嗎？而追求利潤的極大化，是貪婪嗎？

再譬如現代社會中，高度包裝的連動債、衍生性金融商品、套利交易、狙擊匯率、以及許多遊走法律邊緣的股市和財務操作等等。試問，這些被視為在商言商、追求最大報酬的牟利手段，是否屬於所謂的「不以其道得之」呢？

很多人以為，奸商是昧著良心在賺大錢。但更貼切的真相，毋寧是將良心合理化來賺大錢。其中的差異在哪裡呢？前者的良心在本質上還是潔白的，依舊在發揮警示責備的作用。只是當事人經常將它擱置一旁而已！後者的良心則是被漂白的。它不僅不再發揮警示責備的作用，還帶著一種自以為是的正義和道德來賺大錢。

這才是邪惡的真正奸巧所在；也是吾人在探討財富的牟取之道上最大的挑戰。

在以下的篇幅中，也就是第三堂課，筆者將首先闡述，對於財富的牟取之道，長久以來一種最主要而經典的倫理，即對商業牟利及其慣常手法的貶抑和反對。接著，說明它在近代如何被效益主義（Utilitarianism）摧毀，進而合理化了在商言商、以及對最大利益的追求。

最後，在第四堂課中，針對資本主義最核心的牟利立場——利益極大化，筆者將提出一種「既肯定又否定」的修正式批判。一方面，自利心作為人性的必然，無可選擇地要被接受，並且承認它是社會邁向繁榮富裕的巨大力量；但另一方面，它在邁向極大化之際，又絕對需要被平衡和規範。

第3堂課

在商言商，有何不可？

攤開這一堂課，讓我們就從亞里斯多德談起吧！你可能很難想像，對於財富的牟取之道，一種最主要而經典的倫理，是認定一切的商業牟利及其慣常的追逐和鑽營手法，一概都是邪惡的，必須予以貶抑和反對。

首先，亞里斯多德區分出了一種「自然的致富之道」（natural chrematistics）。基本上，其手段是取之於大地、得之於自然。它純粹為追求自然需求的滿足，主要經由「遊牧、農耕、劫掠、漁撈和狩獵」等方式來獲取財富。

與此相對的，則是所謂「非自然的致富之道」。其特徵是透過人際之間的貨幣交易為手段，並不斷以無限積累來滿足其貪得。顯然這裡所指的，是純粹以利潤為導向、並無限擴張市場的商業牟利。它當然不是為了追求自然需求的滿足，而是為了滿足經營者的貪婪和慾望（Aristotle 著，1983: book 1, ch. 8）。

對於後者，亞里斯多德極端厭惡。批評它提供了如何獲取最大利潤的方法，並隨而展現出了一個可怕的結果，即永不滿足的無限財富（ibid.: book 1, ch. 9）。

進一步地，它不只對慾望的滿足毫無節制，在滿足的手段上，也同樣毫無節制。其中，亞里斯多德尤其痛恨的，是以錢滾錢的放貸、乃至高利取息。他聲稱，在牟取財富的一切形式中，這是最違反自然的。

歸結來說，此一「非自然的致富之道」，從目的到過程，都是黑心！

除了亞里斯多德，儒家是另一個典型。對於財富的牟取之道，它雖然沒有去區分所謂的自然或不自然，但同樣鄙視在商言商的那種牟利形式。它只是沒有特別針對貨幣交易提出什麼排拒之論而已！

基本上，儒家唯一能接受的商業形式，只有「通鬱滯」（鹽鐵論．本議）。即將自己吃用不完的，拿到市場上去交易。但這只是調節多餘的生產、避免浪費。可想而知地，它必然以民生用品為主要交易項目，而無論在市場規模或貨幣交易量上，都非常有限。

當然，儒家貶抑商業牟利的原因並不單純，涉及多方面的考慮。但最關鍵地，對於唯利是圖的經商手法及其所創造出來的鉅大財富，儒家始終很擔心，顧慮它們會間接促成一個驕暴的社會。屆時，人心在功利心態和物慾橫流的情況下，將難以避免地會淪入腐化驕恣。

對此，董仲舒有一段非常經典的話。所謂「大富則驕，大貧則憂。憂則為盜，驕則為暴。此眾人之情也。」（春秋繁露．度制）從這裡，我們看到儒家一種心理上的掙扎矛盾。他們一方面希望人民能夠富足，至少樂歲終身飽；但另一方面，又顧慮過度的滿足會帶來道德腐敗。

在光譜的一個極端，是饑寒起盜心；另一個極端，則是飽食思淫慾。雖然脫離貧窮有提升道德的效果，但它的邊際效用卻經常是遞減的。甚至，當愈來愈有錢之際，寡廉鮮恥反而增加。尤其是那些短期致富的暴發戶，不總是行事乖張、言語粗俗嗎？儒家因此寧可選擇最小市場規模、又侷限於民生必需品的商業形式；既不至於因饑餓而寡廉鮮恥，也不至於因富足而腐化驕恣。

A、價格手段的邪惡：重利盤剝

只是，隨著時代的發展，貨幣和商業的日漸普及終究無可抗拒。亞里斯多德和儒家的那一套還能支撐嗎？聰明的思想家們於是轉了一個彎。他們發現，若要遏止商業牟利的危害和敗德，似乎更務實的做法，是將焦點固守在一個新防線，即商品該如何符合道德地來合理訂價。

筆者必須提醒，這絲毫不意味著，對在商言商那種牟利形式的退讓，而只是以更務實而具體的方式，來捍衛既有的保守立場而已！阿奎那（Thomas Aquinas）的態度，始終就是如此。但表達最完整的，則應該是馬丁路德。

前者對交易的區分，幾乎完全根據於亞里斯多德。更還進一步要求，得將「利潤導向一個必要的，甚或高貴的目的。」譬如是為了維持家計或公共利益，並因此只能追求「有限度的利潤」。阿奎那還呼籲，要將利潤視為「工作的一種酬勞」，而「不是把利潤作為目的」（Aquinas 著，2008：冊九：339）。

接著，他提出了一個令人吃驚的交易規定，即「高於買價賣出，在原則上是不可以的。」這意味著，公平的交易價格，必須就是賣者當初的買價，一毛錢都不准賺。除非物品經過了改良再售賣（ibid.：冊九：340）。對此，他甚至引用了羅馬城作家卡西奧多羅斯（Cassiodorus）一番很不客氣的話：

> 買賣是什麼？不是以賤價買進，以便高價賣出嗎？……主從聖殿裡驅逐出去的，就是這樣的商人。（ibid.：冊九：338）

在這裡，明顯地，透過商業以價差來牟利的基本手段，被棄之如敝屣了。這無疑是對商業牟利的徹底拒絕，即使之前他自己提過的所謂「有限度的利潤」，也全然被否定。

至於馬丁路德，則主張要以耶穌在登山寶訓中的「金律」——「你們願意人怎樣待你們，你們也要怎樣待人」和「你要愛鄰舍如同自己」——來作為商業交易的最高原則（Luther 著，1959: 73）。他並結論出，售賣的意義不是賺錢，而是服務鄰舍；也就是對愛人如己的一種實踐。

他進一步指謫，商人圈中有個共同法則，來作為他們一切刻薄的主要原則和基礎，即追求「儘可能以高價出賣我的貨物」，並且認為這是他們的權利。但它其實「是對貪婪讓步，又是進入地獄的捷徑。」（ibid.: 38-39）馬丁路德具體要求，商人應當改以只追求合理的利潤為己足。

> 因為你的售賣是對鄰舍的一種服務，它就必須受法律和良心支配，叫你不加害於鄰舍，叫你多關懷鄰舍的損害，少注意你自己的利益（ibid.: 39）。

換言之，有賺就好。如果想儘可能多賺，就下地獄吧！這番話雖然強烈，卻較之阿奎那溫和許多。因為他至少還接受了有限度的、合理的利潤。他主要批評的，毋寧只是利潤極大化的問題。

事實上，在馬丁路德眼中，商人不只追求以高價賣出貨品，還經常利用他人需求的增加來提高物價。對我們現代人而言，此一著眼點似乎很奇怪，正常的市場邏輯不就是如此嗎？需求增加、供給不足，價格自然就變高。

但他卻嚴厲斥責，這根本是趁人之危，已經違背耶穌要求愛鄰舍的教導。因為商人此時，並「不是想解救他人的需求，乃是利用它謀利。」馬丁路德很傳神地形容，商人的貪心，「使物價和鄰舍的需求成正比」。而「這不是反基督教和不人道的行為嗎」？它不是出賣了鄰舍的匱乏嗎（ibid.）？

此一控訴並非全無道理。就譬如，在SARS或新型冠狀病毒流行期間，倘若商人將口罩、酒精、額溫槍等必需品，予以囤積並大漲價，不是很邪惡嗎？而就從這樣的在商言商，表現出了追求利潤極大化的一個最鮮明標誌，就是即使對處在缺乏困境和需要幫助的人，也毫無憐憫地想儘可能多撈一點。

仔細分析馬丁路德的立論，其最核心的，就是要求在所有的買賣中，將對方真正當作鄰舍和朋友，並因此僅以合理利潤為已足。否則，就是對鄰舍和朋友的敲詐與剝削。許多人經常強調，社會是個共同體。而所謂的共同體，不就是將彼此視為鄰舍和朋友嗎？在此情況下，追求利潤的極大化還站得住腳嗎？

利潤極大化下商業牟利的邪惡敗德

為了對抗上述的貪婪和暴利，馬丁路德特別花了一些篇幅，討論商品該如何定價。他提出來的具體原則是，利潤「足夠補償他的操勞和冒險」就夠了。譬如，一雙鞋子總共用了三十小時製作完成，那麼在扣除成本後，這三十個小時的工資，加上賣不掉或製作毀損的風險，就是鞋子的合理售價。

他認定，產品的「買貨和運貨花了多少天，費了多少力，冒了多少險」，即交易價格的決定性因素（ibid.: 40-42）。若在此之外多賺取了利潤，就是貪婪；而貪婪是無可寬恕的罪，因為它破壞了基督徒合一的身體。

他更一口氣洋洋灑灑，剖析了商人在市場定價上各種五花八門的手段，並一概稱之為邪惡的

「重利盤剝」（ibid.: 49-57）。包括貨物以賒帳方式出售來提高價格；趁著供給不足時漲價、或刻意搜購某一貨品以囤積居奇；低價傾銷；聯合壟斷以哄抬價格；套利來賺取差價；趁人急需現金而殺價；經由產業公會定出高價；透過借貸以高槓桿從事買賣，虧賠後逃至修道院躲債；貨品灌水增加重量、或魚目混珠欺騙購買者等等。

對許多人來說，這一切不都只是在商言商的牟利形式嗎？很驚訝，馬丁路德身為一個神職人員，對商人的這些手段細節，竟會如此瞭解和關注！可想而知地，如果他見識到現代社會高度包裝的連動債、衍生性金融商品、套利交易、狙擊匯率、以及許多遊走法律邊緣的股市和財務操作，肯定也會將這一切都歸類為重利盤剝。

馬丁路德的這些批判，當然擋不住商場上極為普遍的詭詐。但藉由對價格手段的規範，或許可以有一個效果，即在無法抗拒貨幣和商業日漸普及之際，至少將其中的危害和敗德降到最低。

當然，馬丁路德有些講法似乎過於極端，恐怕會讓所有的商人搖頭、大嘆無可接受。譬如，他竟然說，在商品的買賣過程中，賺取的利得愈少，「交易便愈聖潔、愈基督化。」（ibid.: 82）不過，這番話應該只是出於他一貫的挖苦口吻，其所真正要求的，毋寧就是合理定價下的利得。

除了商品價格的問題外，馬丁路德還曾指名道姓，要「約束」當時的「富格爾資本家和類似的公司」。他說自己無法想像，以這些人的鑽營取巧，「怎能夠事事合乎法律，又同時合乎上帝的旨意呢？」（Luther 著，1957: 235）

此處所提到的「富格爾資本家」，正是當時德國南部銀行業中首屈一指的大公司。在史學家的記載中，其驚人的商業牟利手段，早已惡名昭彰。其中最狡猾和虛偽的一件，或許是他們如何與教皇合作，販賣贖罪券。

通常的手法是，領主先從富格爾銀行取得貸款，來向教皇購買紅衣主教的職位、以及出售贖罪券的專營權。而所收的款項，則存入富格爾銀行在當地的分行。再進一步，則是將一半款項，交給富格爾銀行在羅馬的代理人，由他轉移給教皇的金庫；另一半則歸富格爾銀行所有，以作為紅衣主教先前貸款的分期還款。至於貸款的利息，由於教會禁止收取利息，故改以投資利潤的形式，償還高於本金的款項（Thompson 著，1996: 582-583）。

此一高明的牟利手段，真讓人大開眼界。雖然事事都合乎法律，卻處處充滿了狡猾和虛偽。無怪乎馬丁路德對於商業牟利會那麼反感，認定它們從骨子裡，就是會讓人腐敗墮落。

- 高於買價賣出，在原則上是不可以的。
- 售賣的意義並非賺錢，而是服務鄰舍。
- 貪心使物價和鄰舍的需求成正比。
- 在買賣中賺取的利得愈少，「交易便愈聖潔、愈基督化。」

B、大轉折：對商業牟利的肯定

回顧上述諸多對商業牟利的排斥，當然是有其時代背景的。一來，社會尚處於農業經濟的格局，工商業並不發達或只在勃興初階。二來，大部分人都還處在僅能溫飽、甚或匱乏的狀態，以致對於那些商人奢華的生活和牟利方式，看來總是十分礙眼。

只是，隨著大航海時代的來臨，大幅帶動了歐洲對東方的海外殖民和貿易，也高度提升了當時人們的生活享受。繼之而起的，是十八世紀中葉以後的英國農業革命、金融革命，以及第一次工業革命。而這正是西方邁向繁榮富強的一個關鍵時代。它們帶動了布爾喬亞和商業的勃興、跨國和自由貿易的繁榮，以及近代資本主義的形成。

很自然地，當歷史走到了一個新的里程碑，倫理和思想是不可能不跟著轉變的。譬如之前提過的大師韋伯，在他筆下的禁慾主義新教，藉由榮耀上帝的聖訓，給予了當時新興布爾喬亞高度的肯定，可以說正是此一轉變的最佳鐵證。

其中最具有時代意義的是，商業資產階級的工作神聖性，以及在職業中追求成功的使命感，第一次被正面肯定了。布爾喬亞前所未見地被張開雙手擁抱，從冰冷的歷史邊緣走到世界的中心，並蔚為一股推動近代資本主義的巨大熱流。這絕對是具有非凡革命性意義的解放和突破。

而後續對工商貿易和布爾喬亞抱以全面肯定的，休謨則無疑是最響亮的一砲了。

他相信，工商貿易愈是發達，市場可交易的物資愈豐富，人們就愈願意加倍勤勞工作，以賺取更多的錢來過好日子。而這就是人們勤勞工作的最強烈理由。並且隨著勤勞的結果，也帶來了勞動技能的提升和土地改良。

傳統上，許多反對商業牟利的論調總是一口咬定，只有從事耕作的農民是誠實、勤奮、儉樸的。至於商人，則因依賴交易而非耕作，所以是取巧、懶惰，並揮霍浪費的。休謨卻反過來，透過上述的論證，申言了其實商業最能促進勤勞、發揚節儉。

並且他和韋伯一樣，都將這些新興布爾喬亞的勤勞節儉，對比了貴族和地主的好逸惡勞、奢華浪費。韋伯描繪他們，為了追求上帝的榮耀而勤勞節儉；休謨則形容，在商人中，守財奴遠超過揮霍者，因為他們「愛利得之心，勝過嗜逸樂之念。」（Hume 著，1984: 46-47）

不只韋伯和休謨，亞當斯密也做了同樣的主張。他在以勞動分工的完善化來鼓吹工商貿易之際，一方面否定了農民比較勤勞的傳統觀念，描述他們常養成「閒蕩、偷懶、隨便」的習慣（Smith 著，2009：篇一，章一，21）。同時，更對比了商人與農業社會下的鄉紳在性格上的差異。他說，商人為經營事業和利潤而成為了「生產性勞動者」，並還養成了「愛秩序、節省、精明審慎（prudence）等各種習慣。」而傳統鄉紳呢？他們通常是有土地的領主，只想滿足最幼稚的虛榮心，「是一向奢侈慣了的」，只會花錢，很少握有流動資本（ibid.：篇三，章四，279; 284）。

在這裡，「prudence」是亞當斯密常用的概念；代表的是一種理性化的紀律。它一方面對於事情該怎麼去做，很精明睿智；另一方面，在處理每一個步驟和細節時，都有條不紊、審慎以對。

整個來說，從十七世紀的禁慾主義新教，到十八世紀的休謨和亞當斯密，他們上述對工商貿易的擁抱、以及辯護布爾喬亞的勤勞節儉，都強而有力地挑戰了長久以來那種鄙視工商及其從業人員的傳統觀念。

爭論的核心：無限積累的手段問題

然而，吾人必須追問，上述諸多之論，僅僅辯說了工商貿易，以及布爾喬亞的節儉，它們有觸及整個對商業牟利的爭論核心嗎？或者換個話來說，它們有效捍衛了商業牟利中的貪婪、詭詐和敗德嗎？

很遺憾，從亞里斯多德、儒家、阿奎那，乃至馬丁路德，他們所最質疑的，毋寧是商人為追求大財大利，而在牟取手段上經常性的邪惡，包括了欺騙和剝削、哄抬和壟斷；也就是黑心和罔顧正義。至於商人的奢侈逸樂，則比較是邊緣性的問題。

這是一個值得深究的課題。事實上，對於商業牟利手段的質疑，在布爾喬亞興起的初期，禁慾主義新教曾做出了若干有效的化解，就是從動機層次去強調「all for the glory of God」。無疑地，此一訴求可以帶來某些成果，即在牟利手段上，排除掉那些不榮耀上帝的行徑，當然包括了欺騙和剝削、哄抬和壟斷。

但這樣一種訴諸動機層次的答案，並沒有被後來的洛克、休謨、亞當斯密、馬爾薩斯、李嘉圖

（David Ricardo）、柏克（Edmund Burke）和邊沁（Jeremy Bentham）等鼓吹商業牟利的大師們所承繼。

先說洛克吧！他直接與亞里斯多德的那一套唱反調，讚揚日漸普及的貨幣交易，解決了在儲藏上腐爛敗壞的問題，以致誘發了更大的財富動機，促使人們更加勤奮勞動、墾殖更多土地，也因而生產了更多可滿足大眾需求的商品，增加了人類的共同積累，並帶來社會的普遍幸福（Locke 著，1996：下五，§46-51）。

這番話是有道理的。在人類以外的其他動物，頂多會儲存食物過冬；至於貨幣交易，則完全不存在。牠們因此得一直按進餐的需要出外獵食，否則就會餓死。反觀人類卻可以有聖誕假期、長時間的停工，以及退休後的養老積蓄，難道這不該歸功於貨幣交易所帶來的財富積累嗎？

洛克上述對亞里斯多德的駁斥，有其形成的時代背景。在十六、七世紀，金銀貨幣的使用，比以前任何一個時期都更普及化。不只麵包師可以用錢幣向磨坊購買麵粉，磨麵人、農夫、肉販、紡織工人、車匠、染匠和馬夫，都開始用錢幣交易。甚至付稅和繳什一教區稅，也都改成錢幣支付而不用農作物（Weatherford 著，1998：122）。

但問題是，貨幣交易的盛行，會讓商業牟利中的投機和詭詐，變得更加容易。而在此一追求無限積累的過程中，肯定出現過一大堆不公平或道德問題。譬如，在牟取手段上經常性的邪惡，包括欺騙和剝削、哄抬和壟斷，而試問，洛克怎麼面對呢？

很令人驚訝地，他不只沒有面對，還閉著眼睛聲稱，上帝是公平的。

洛克一再強調，上帝毫無偏心地，將世界給予了一切「勤勞和有理性的人們」去利用（Locke

著，1996：下五，§34）。任何人都能藉由勤奮和才智，來大幅墾殖、擴增和交易，從而實現無限積累。以此而言，哪有什麼公平與否的道德問題呢？可想而知地，對於牟利手段的正義訴求，洛克的興趣不大。

- ◆商業最能促進勤勞、發揚節儉。在商人中，守財奴大大超過揮霍者。
- ◆商人為經營事業和利潤，總養成了「愛秩序、節省、精明審慎」的習慣。
- ◆貨幣交易的盛行，反而讓商業牟利中的投機和詭詐，變得更容易了。
- ◆任何人只要肯「勤勞和有理性」，就都能積累無限的財富。

C、效益主義：對背德者的辯護

進一步地，在洛克之後，那一群追求無限積累的布爾喬亞，終於針對商業牟利的手段問題，提出了正式的回應和答辯。而效益主義正是他們的新興利器。藉此，一種以自利心為最高原則的牟利之道，在往後的世紀中獨佔鰲頭、引領風騷。

效益主義的萌芽，其實是在十七世紀。誠如吾人在第一章所提過的，禁慾主義新教徒為了「盡其所能地」榮耀上帝，故而在動機上抱持了一種「純粹地實效原則」，來追求分工的專業化，並為最大多數人的福祉而服務。

它體現出來的，就是務實而理性地衡量利弊得失、手段、機會和風險，俾能以最大的成效來增添上帝的榮耀。韋伯還因此形容，這群人像是「一部獲利的機器」(an acquisitive machine)。因為他們對於「效用」，是高度理性化地來講究和精打細算的。甚至到了一個地步，毫無情感上的放鬆和生活樂趣（Weber, 1992: 119; 122; 114）。

然而，將效益主義推上歷史舞台的健將，則是後來的休謨和亞當斯密。

休謨在為奢華享樂辯護時，就提出了一種「以毒攻毒」的論調。他說，縱情享受固然不對，確實是一種「毒」藥，但它卻有一個當事人未預期的「善」果，就是刺激生產、創造就業，帶動工商貿易的發展，讓大家富裕起來。

再譬如一個地方行政官，他不能老是訴諸動機層次的道德教化，「用勸人為善的辦法來處置每件罪惡」。他往往只能「以罪惡來矯正罪惡」，也就是在結果層次上用暴力來矯治罪惡。而既然人們總是處在這樣的弔詭中，最佳的因應之道，就是「擇其中對社會害處最小者而為之」（Hume 著，1984: 28）。

事實上，早在其《人性論》一書裡，休謨就已經指出，人性中唯一具有真正支配力的，就是利己之心。但我們千萬不能因「利己」這個罪名，就加以批評否定。因為個體的每一個單獨行為，其結果對於社會全體的影響，是複雜而弔詭的。

許多時候，個人出於慈善的道德行為，帶給社會全體的結果是傷害的。這當然不是該行為者原先所預期的，卻是一個無可否認的社會事實。反過來，許多敗壞個人私德的行為，帶給社會全體的結果，卻有很正面而可觀的比較利益（Hume 著，1996: 532-533; 537）。

那亞當斯密呢？他也抱持著類似的論調，並用來闡揚其所謂「一隻看不見的手」。他說，人們在做買賣時，從來不是乞求別人的利他之心，而是喚起他們的利己之心。譬如，「我們每天所需的食料和飲料，不是出自屠戶、釀酒家或烙麵師的恩惠，而是出於他們自利的打算。」（Smith 著，2009：篇一，章二，24）

公共利益不就是這樣產生的嗎？他說，「驕傲而冷酷的地主，眺望著自己的大片土地，卻並不想到自己同胞們的需要。」他的腦袋只打算獨享一切的收穫物。但就在他享受的過程中，還是不得不將「自己所消費不了的東西」，分給了為他烹調美食的廚師、分給了替他建築宮殿的工匠、分給了幫他整理家事的僕人，也分給了提供他「各種不同的小玩意兒和小擺設的那些人」。

而最微妙地，這些人之所以能夠分得生活必需品，是因為這位大地主的「生活奢華和具有怪癖」。相反地，「如果他們期待他的友善心和公平待人，是不可能得到這些東西的。」（Smith 著，2003：卷四，章一，229）

儘管富人們的天性是「自私的和貪婪的」，儘管其中的動機是「只圖自己方便」，又儘管「他們雇用千百人來為自己勞動的唯一目的，是滿足自己無聊而又貪得無厭的慾望」，但到底還是將收穫物分配了出去。

亞當斯密形容，這正是「一隻看不見的手」的引導，將大家的生活必需品，一如平均分配給全體居民般地，分配了出去。而就這樣，「不知不覺地增進了社會利益，並為不斷增多的人口提供生活資料。」（ibid.: 229）

從上述這些精彩又傳神的論證，吾人可以發現，經由休謨和亞當斯密，效益主義在此一階段中最大的斬獲是，透過結果層次上的比較效益，將動機層次的宗教、道德、情感或所謂公平正義全都邊緣化了。他們都不在意富人們是如何為牟利而貪婪、又如何自私的奢華享樂。唯一著眼的是，這些行為所帶來的創造就業機會、刺激工商貿易，以及讓生產物向下普及分配的社會效果。

自利性經濟行為的本質：無關道德

很特別地，他們並不認為這樣是不道德或反宗教的。他們強調，自利性經濟行為更屬於社會利益——而非道德或宗教——的評價範疇。或者用另一個話來說，在商言商的那種牟利形式，並非反道德，而只是無關道德。

這可真是布爾喬亞的一個高招妙方。藉此，對於財富的牟取手段，無論人們有多少欺騙和剝削、哄抬和壟斷，都可以將它們擱置一旁。唯一真正要在乎的，只是它們在結果上對社會的比較效益。

難怪！布拉克（Walter Block）這位經濟學者，可以大力為娼妓、皮條客、毒販、賣黃牛票者、敲詐者、放高利貸者、對慈善事業冷漠者、投機者、牟取暴利的奸商、劣等商品製造者，以及為富不仁的資本家辯護。儘管這些傢伙一向都被稱為「背德者」。

他開宗明義地宣告，「市場一定要被視為是無關道德的（amoral）——無所謂道德或不道德。」（Block 著，2003: 43）而後，貫穿其整個論證的核心立場，正就只是對這些「背德者」行為的社會效益分析。

譬如，他說皮條客的功能，就相當於經紀人。一方面，「顧客省下了徒勞無功、或蹉跎光陰的等待和尋覓時間。……而且，當得知妓女是被介紹來的，嫖客也會比較有安全感。」另一方面：

> 妓女亦從其中得利。……她也受到皮條客的保護——過濾掉討人厭的尋歡客和警察……。比起阻街或是流連一家又一家的酒吧拉客，由皮條客所安排的接客任務，將可提供妓女額外的人身安全。（ibid.: 54）

再譬如談到毒販時，布拉克也是根據行為效果來評斷，而不是根據立法者的道德意圖。他說，「海洛英成癮的種種罪惡，實際上都是由『禁用毒品』所引起，而非毒癮本身所致。」因為毒品禁令造成市場缺貨，於是價格高漲。而「規避法律的成本以及避法不成時所支付的罰金」，則會再增加販賣毒品的成本。最後，這將使毒癮者因無力負擔，只得「犯下大量罪行以滿足其毒癮」（ibid.: 73-75）。值得一提的是，很多國家將大麻合法化，正就基於這樣一個訴求。

對高利貸的辯護亦然。布拉克相信，「借錢其實是一項頗具生產性的投資」，而如果立法禁止高利貸，業者將只會借錢給富人，因為他們倒帳的風險最低。首當其衝受害的正是窮人。「雖然法律似乎意在避免窮人支付高利率，但實際上，那只會讓他們完全借不到錢。」（ibid.: 167-169）

布拉克這一套對所謂「背德者」牟利之道的辯護，無疑是效益主義的最佳註腳。據此，何必再理會什麼道德和宗教的控訴呢？

即使是自私自利、存心貪婪，乃至於馬丁路德所指責的一切重利盤剝手法，那又怎樣呢？設賭場、開妓院、販賣菸酒和槍砲，有何不可？再譬如，高度包裝的連動債、衍生性金融商品、套利交易、狙擊匯率，以及許多遊走法律邊緣的股市和財務操作，儘管其中包藏著詭詐和取巧，但有必要搬出敗德來抨擊嗎？

效益主義唯一在乎的，不過是它們在結果上對社會的效益程度。

它們即使是一種「毒」，卻可能帶來一種「善」；並且相對於另一種「毒」，它或許有更好的比較效益。吾人唯一該做的，只是「擇其中對社會害處最小者而為之」。至於從動機層次對道德和宗教的考量，就扔掉吧！

- ◆即使是一種「毒」，卻可能帶來一種「善」。
- ◆人們在做買賣時，從來不是乞求別人的利他心，而是喚起他們的利己心。
- ◆經由「一隻看不見的手」的引導，不知不覺地增進了社會利益。
- ◆市場一定要被視為是無關道德的（amoral）。

D、自利心的極大化：唯一之途

至此，效益主義並沒有停下來。它藉由馬爾薩斯和柏克，來到了另一個高峰，就是謳歌自利心的美好，以及其與公共利益之間的自然調和。

原本在亞當斯密那裡，其申言自利心之際，同時還堅持，要以憐憫或同情來作為社會共善的一個基礎。他甚至拒絕，純粹以效用來解釋人們一切的經濟行為。因此，他沒有做出任何具有涵蓋性的通則，聲稱一切出於自利心的行為，都會帶來對全體社會有利的效果。

但到了馬爾薩斯和柏克，此一兼容並蓄的特質已經完全消失。他們都嘲諷溫情、仁愛和人道主義、也否定英國濟貧法所內含的憐憫或同情。他們要求窮人自力更生，回歸由自利心所支配的競爭和市場法則；否則，就該自然淘汰。

其中以馬爾薩斯最為強烈。他之所以反對當時的濟貧法，關鍵原因，其實並不只是基於所謂的人口原理，而是他堅信，這個世界的運作邏輯，就是由自利心所支配的競爭和市場法則；濟貧的罪惡，在於它根本背道而馳。他明白地說，整個社會和經濟，就好比是一部「龐大機器」，而每個人的利己之心，則是它賴以運作的「主要動力」（Malthus 著，1996: 80）。

在駁斥葛德文（William Godwin）的社會主義理想時，他更高調宣稱，溫情、仁愛和人道主義這些東西，再怎麼熱鬧喧囂，到頭來，還是會被殘酷的現實所打敗。而利己之心，終將恢復「其經常的絕對統治權，得意洋洋地橫行於全世界。」這就是他所謂的「自我保存的強大法則，將驅除人們心靈中一切較溫柔、較高尚的感情。」（ibid.: 74）

馬爾薩斯還有一段話，禮讚利己之心雖然看似狹隘自私，卻創造了人類賴以脫離野蠻狀態的最卓越成就；包括了現行的分配和財產制度，甚至，還反映了人類心靈情感的最極致境界。他說：

> 天才人物的全部卓越努力，人類心靈的所有美好而細膩的感情，實際上文明狀態區別於野蠻狀態的一切東西，……有哪一樣不是仰賴於表面狹隘的自愛心呢？（ibid.: 111）

整個講起來，馬爾薩斯與亞當斯密的區別在於，後者在自利心之外，同時也肯定了憐憫或同情，乃至於稱為「公正的旁觀者」（the Impartial Spectator）的良心機制（Smith 著，2003：卷二，篇二，章一 &二，96; 101），並且還主張，必須以它們來作為社會共善的一個基礎。

但前者呢？卻將憐憫、同情和良心都予以否定排拒。基本上，馬爾薩斯對於自利心的肯定，是全面而支配性的。他高高舉起了雙手，歡迎一個由人生勝利組抱持、並無限擴張的自利心，來佔有對全世界的「絕對統治權」。

私人利益與公共利益的自然調和論

至於柏克則不遑多讓，更鮮明建構了一種自利心與公共利益之間的自然調和論。他說，人會有一些本能，將「私人利益」放進「公共精神」裡面，讓兩者一起作動。也就是說，既是為自己做的，也是為社會做的。

譬如，企業家為了牟利而不斷創新，這同時帶動了社會的進步繁榮。以此而言，牟求私利，誠然是讓人們願意服務社會的好誘因，堪稱為一種「服務國家的手段」。柏克因而申言：

> 貪愛錢財，雖然有時淪為可笑，有時走到邪惡無度，卻對於所有國家，都是鉅大的繁榮因

素。（Burke, 1826: 354）

他相信，私人的牟利行為，對於公眾社會並不是件壞事。仁慈而睿智分配一切的造物主，已經給了人們一個義務、一個「不辯自明」（self-evident）的原理。無論他們願意與否，也無論對他人的富裕是如何地怨恨、歪曲和嫉妒，都不能罔顧此一明顯的真理，即上帝要求人類，「以追求他們一己的自私利益，來將他們自己個人的成功與公共的福祉聯繫起來。」（Burke, 1803: 384-385）

對於牟求私利，社會主義者總極力批評，說那是資產階級的貪婪。但柏克卻反其調聲稱，雇主若是「過份貪婪，何嘗不是更好？」因為，「他愈渴望去增加他的獲利，就愈關心其獲利所主要依賴的勞動者，是否在良好的狀況中。」（ibid.: 385）換句話說，老闆愈是貪婪、愈想牟利，員工愈被照顧得好。

這一切不正是私利與公利的自然調和嗎？

而正基於此，柏克毫不保留地宣稱，資產階級的利益，終究會流向整個社會和中下層階級。所以，勞工們最首要而基本的利益是什麼呢？就是在勞動產品上，讓雇主賺取完整的利益。柏克更還鼓吹，資本愈是由資產階級來獨佔，愈是一件好事。因為它會帶來更大的繁榮，從而可以增加就業機會、養活更多窮人（ibid.: 397）。

從這裡，我們可以清楚看到，在財富的牟取之道上，貪婪自私、追求暴利，已經完全被解放了。因為它們不僅不是罪惡、與公共利益沒有衝突，甚至經由它們，還可以促進公共利益。

道德和宗教的高調說穿了只是私利

效益主義發展至此，實在讓人怵目驚心。然而發展到邊沁，竟又更往前推到了一個最高點。歸納起來，這位最富盛名和代表性的效益主義大師，做出了以下兩項論述，堪稱為巨大、甚至極端的突破。

第一，他向人們疾呼，當談論社會或公共利益時，別再扯什麼抽象的道德或宗教高調了。社會或公共利益，根本是個沒有意義的「虛構體」，如果它存在的話，不過是個體或私人利益的加總（Bentham 著，2000: 58）。

對於這番話，吾人不能誤會，以為邊沁是在鼓吹自私自利。事實上，他始終是個追求社會或公共利益的人。他批判自私、攻擊高官特權，也申言最大多數人的最大幸福。他執著的只是，在對社會或公共利益的認定上，要求立基於個體或私人利益此一概念。並由此拒絕了一切道德和宗教高調，因為它們既抽象、又帶有集體的性質。

但問題是，根據這個原理，若要追求最大程度的社會或公共利益，唯一的必經之路，肯定就是透過個體或私人利益的極大化追求。離開了後者，前者根本不能存在；而後者愈是成功，加總起來，前者就愈豐碩。

進一步地，第二，邊沁還堅稱，對於所謂的「利益」，其唯一的衡量方式，就是快樂和痛苦在總量上的多寡。並且，所有在效益原理之外的「是非標準」，都不過是骨子裡「趨樂避苦」的美麗包裝。講得明白一點，所有的宗教、道德或好惡情緒，以及對善惡的倫理判斷和情操，都只是對快樂一詞的「換姓改名」。人類生活和行為的唯一真相，不過是在追求最多的快樂或最少的痛苦。（ibid.: 58; 66）

這個宣告非常驚人。它充分意味著，效益原理已經驅逐並取代了所有的應當和不應當、對和錯的道德哲學。或者說，最多快樂或最少痛苦，就是唯一的道德。

整個來說，到邊沁以後，在財富的牟取之道上，效益主義已經邁開了大步，並高度形塑了近代資本主義最核心的本質，成為一種為追求美好生活和最大福樂，而將自利心極大化的工具理性。

它的基本邏輯是，每個人都要精打細算、衡量人生中每一個行動在結果上的利弊得失，看它們各自為你增添了多少快樂、又減少了幾分痛苦。而這從來並非罪惡、也無所謂道德或不道德。它不僅是整個社會運作的法則，在追求最大程度的社會或公共利益上，也是唯一的途徑。

當然，每個人如此精打細算所呈現的一己利益，是必須受到約限的；絕非「只要我喜歡，有什麼不可以？」但關鍵是，去約限它的，並非憐憫或同情、慈善或仁愛、宗教或道德，而是其他多數人在福樂上的比較效益。

看看你我的周遭，太多現代人的日常生活，都證明了上述所言不虛。儘管要遷就其他多數人在福樂上的比較效益，但我們仍像一頭野獸般地，用盡了吃奶的力氣，來追求個人福樂的極大化。至於憐憫或同情、慈善和仁愛、宗教或道德，以及所謂的公平正義呢？就睜隻眼閉隻眼吧！因為一來，真正重要的，是在結果層次上對社會的比較效益，而非在動機層次上的高尚純潔。二來，那些空洞抽象的玩意兒，根本是虛無飄渺的高調，它們背後的真相，同樣是在趨樂避苦。

- 溫情、仁愛和人道主義，終究會被現實打敗，由利己心取得絕對統治權。
- 牟求私利，是讓人們願意服務社會的好誘因，堪稱為一種服務國家的手段。
- 僱主愈是貪婪牟利，作為其生財工具的員工，會愈被照顧得好。
- 社會或公共利益根本是虛構體，它不過是個體或私人利益的加總。

第4堂課
利益極大化，有錯嗎？

寫到這裡，讀者可以很深刻理解到，十七世紀以來勃興的近代資本主義，迄今，始終是以效益主義來貫穿的。甚至可以說，它是其中最具有支配力的共識。歸納起來，它在歷史中累積了三項重大成果。

第一，對於自利性的經濟行為，從較早期的休謨和亞當斯密那裡，它就藉由結果層次上的比較效益，將動機層次上的道德和宗教控訴邊緣化了。換言之，重要的並非道不道德、高不高尚，而是在結果上對社會的效益程度。

第二，它還貶抑了溫情、仁愛和人道主義的社會效用和價值，認定由自利心所支配的競爭和市場法則，才是整個世界最真實和巨大的運作邏輯。並且，透過柏克那種私利與公利之間的自然調和論，即使是貪婪自私、追求暴利，都不是罪惡。甚至經由它們，還可以促進公共利益。

第三，藉由後來的邊沁，它更進一步轉變成人們在牟利之際的一種工具理性，即為了追求美好生活和最大福樂，每個人都要精打細算、衡量人生中每一個行動在結果上的利弊得失，看它們各自為你增添了多少快樂、又減少了幾分痛苦。

從現代人普遍的牟利習性來看，吾人不能不承認，效益主義已經大獲全勝。只是，它固然有其道理和價值，卻同時也問題重重、易滋紛擾。它有若干環節，不僅在實踐上需要被提醒，以避免偏差；還存在若干根本立場上的錯誤，需要被批判和修正。

譬如，那些基於宗教、道德、情感或所謂公平正義而產生的是非標準，能夠排除、或應該排除嗎？而自利心的極大化有那麼美好嗎？何以總表現為掠奪、寡占以及排他的特質呢？是否經由利他而來利己，會是另一種更好的選擇？

此外，既然得考慮其他多數人在福樂上的比較效益，那自利心的極大化，何妨直接改以追求有限的、合理的利益為已足？以避免將一己的快樂建立在別人的痛苦上。再者，對於所謂的最大效益，該如何予以認定呢？面對甘苦的交融和人生的弔詭，試問，有誰可以對此做出精準的衡量、明確的判斷？

在以下的篇幅，也就是第四堂課中，將逐一論證上述這些課題，來作為現代人在牟利倫理上的省思。基本上，對於自利心的極大化，筆者企圖提出的是一種「既肯定又否定」的修正式批判。即一方面承認，自利心是推動繁榮富裕的一股巨大力量；另一方面則析論，它該如何被平衡、規範和加以修正。

A、最大效益？道德根本拿不掉

首先，筆者要指出的是，那些基於宗教、道德、情感或所謂公平正義而產生的是非標準，它們作為人生一種「自然又必然」的目的價值，是根本拿不掉的，也不該在社群生活中被拿掉、或被視為不過是「趨樂避苦」的美麗包裝而予以消解。

吾人完全承認，一如效益主義者所批評的，那些「是非標準」經常是人云亦云，只反映了社會傳統和流俗，更充斥了主觀偏見，也難以呈現出一致的共識。

但問題是，它們的湧現，既如吃飯睡覺般地自然又需要；也像是情緒好惡般地必然而無以排除。它們毋寧是一種人性、一種根深柢固的生命事實。任憑你如何將它們消解，還是經常會「不請自來」地敲你的門、撞你的心思，影響你的評價和選擇。

就好像每天都有人在心裡吶喊不公不義，良心之聲已經哇哇叫好幾千年了。豈會因邊沁之論而從此消失？即使你誓志要作一個效益主義者，它們都有可能在你不自覺、也不承認的情況下，影響或支配你的決定和行為。換言之，就在你自以為客觀理性之際，你還是被某種情緒、偏執或意識形態所左右而不自知。

從這個角度來看，效益主義是天真的！或者說，是搞不清楚人性的真實。

譬如，倘若有人跟你說，台灣的政治不必再搞什麼統獨意識，只需要在理性上評估兩岸各項政策的比較效益。或者說，在經濟上無須再講什麼公平正義，只要考慮在競爭力上的實際效益。那麼你完全可以認定，講這個話的人根本與社會脫節。

這絕非立場對錯的問題，而是統獨意識和公平正義的訴求和勢力，就像呼吸一樣，活生生地在那裡作動，會不時地衝撞和企圖支配周遭相關的人們。

緣此，任何一個誠實的人都必須承認，那些基於宗教、道德、情感或所謂公平正義而產生的是非標準，在社會中的支配和影響力，不僅是有意義的實際存在，並且還經常很巨大而驚人。

借用孟子的論述來說，這些是非標準屬於先天的良知良能。它們既不需要外加的功利誘因，也非後天的任何作為所能湮滅否定。即使它們微弱如將殘的燭光，仍在人的心中吶喊呼喚。而它實際的運作情形，就好像我們看見一個小孩即將掉入井裡，會不假思索地衝上前去將他拉住。其中並沒有效益計算的存在空間，純然是一種惻隱之心、一種道德情感的自發。

康德（Immanuel Kant）的看法也是如此。他說，在一般人類的道德行為中，所謂的「應該」（Sollen）是良心的呼聲；隨之而來的則是「願意」（Wollen），即對良心呼聲的自主回應。當人們順從道德命令時，會「使自己內心無比的安寧，或反過來，使自己內心慌亂。」（鄔昆如，1975: 450）而這就是為什麼，人們對於道德再怎麼否認、批評和疏離，是非之感仍在心中此起彼落、不斷地交戰掙扎。

有趣的是，亞當斯密身為一個主張自利心的效益大師，在探索憐憫和同情時，竟也極力駁斥了一種偏見，即總是以「自愛之心來推斷我們全部情感」的論調。他堅決相信，我們對他人的不幸所產生的感情，總發生在瞬息即逝的場合。而它絕不可能是「從任何利己的考慮中產生」的（Smith

著，2003：卷一，篇一，章二，11）。

換言之，憐憫或同情是一種直覺式的情感，就有如戀愛一般，是瞬間觸電的感覺。只有窮極無聊的人才會說，一見鍾情其實不過是自利自戀。同樣的道理，說道德和良知不過是從利己的考慮中所產生的，或只是「趨樂避苦」的美麗包裝，這不也很可笑嗎？

不是害怕損失，而是不公平和腐化

寫到這裡，筆者想到一位朋友的經歷。她經營一家音樂教室，有次自己因開刀休養了幾個星期。而當她再度上班時卻奇怪地發現，好幾位老師都沒來授課，該出席的學生也不見蹤影。後來才知道，這幾位老師已經偷偷在隔壁巷子裡自立門戶了，同時還將學生和許多資料帶走。他們甚至圖謀，要以較高的租金來慫恿房東，將整個空間改租給他們，只是陰謀未果。

整個事件，如果從結果層次的社會效益來看，不過是市場增加了一家競爭對手，並且可能因競爭削價而對學生有利。看起來，符合整體社會的比較效益。

但對筆者的這位朋友來說，她其實不怕競爭，卻為其中的冷血、隱瞞和背叛，而深深受到傷害，久久無法釋懷。她痛心地不斷叩問，為何發生在她生病開刀、最虛弱無力的期間？為何競爭者竟是那些與自己一向有情誼的同事？又為何不能以光明正大、合乎正義的方式來競爭？

筆者舉這樣一個例子是要表達，牟利行為倘若只考慮到結果層次的社會效益，絕對十足地荒謬。許多來自宗教、道德、情感或公平正義等的訴求，是完全真實而自然的，有時還很強烈而震撼。豈能像邊沁那樣，將它們視為虛無飄渺的高調，並「化約」為一切只是效益的問題？

試問，筆者的那位朋友在意的，只是利潤損失嗎？她的痛心和受傷，只是因害怕競爭、擔心學生被挖走嗎？當然不是，而是這一整個過程中的冷血、隱瞞和背叛。

緣此，讓吾人回頭去看之前布拉克為「背德者」所做出的辯護。試問，舉凡自利性的經濟行為，無論採取什麼牟利手段，在本質上都是「amoral」嗎？即無所謂道德或不道德。並且，這就是市場經濟所堅持的邏輯——在商言商嗎？

筆者可以肯定地回答，這是不切實際的天真。社會對於軍火商、娼妓、皮條客、毒販、賣黃牛票的人、放高利貸者、投機者、牟取暴利的奸商、劣等品製造者，以及為富不仁的資本家，自然又必然地會有來自宗教、道德、情感或公平正義的評價，絕不會只在乎結果層次上的社會效益。

更重要地，它們總來勢洶洶，由不得你在決策或評價上不予理會、或容許你只將它們視為比較效益的問題來處理。這充分意味著，聲稱它們為「amoral」，毋寧是效益主義者一廂情願的自欺欺人。而如此導致的結果，不僅會遭到體無完膚的道德批判，還可能因此在現實層面上，出現窒礙難行的困境。

著名的哈佛大學教授桑德爾（Michael J. Sandel），就是一位從道德立場來批判效益主義的典型學者。他在其挑戰市場社會——而非市場經濟——的專書中，首先對現代人的牟利之道列舉出了一大串例證，其中的現實和貪婪，真是讓人瞠目結舌、嘆為觀止。

> 接著，他從歷史中歸納出兩種最主要的質疑論點：一個是「不公平」；另一個是「腐化」。譬如，對嬰兒的領養改變成買賣方式，若是從社會效益上來看，可能更有效率。但一方面，經濟情況較差的人會被市場排除掉，或者，他們只能買到最便宜、最不受歡迎的孩子。這就是不公平。
>
> 另一方面，將嬰兒訂出價位，會使父母無條件的愛遭到破壞。而連帶地，孩子的價值也必然因種族、性別或生理條件而有不同價位，這不就是對「人」的尊嚴和價值，極為醜陋的腐化嗎？
>
> （Sandel 著，2012: 141-142）

明顯地，上述的兩種質疑論點，都是十足從道德出發的訴求，完全無法化約為效益的多寡來比較。並且，它們自然又必然地會引致社會的惱怒，衝撞許多人的立場和評價。這就是筆者在之前所說的，它們是一種人性、一種根深柢固的生命事實。即使是最頑固的效益主義者，也無法拋開腦海中不斷湧現的道德判斷。

歸結桑德爾的整部書，從頭到尾都在說明一個道理，即如果要避免「市場經濟」擴張成「市場社會」，則牟利之道就不能只是關起門來在商言商。自利性的經濟行為，再怎麼擁抱效益主義，都必須面對那些基於宗教、道德、情感或所謂公平正義而產生的是非標準，並予以妥善因應。

道德不能化約為效益，卻增加效益

記得有一次，兒子就曾為此而與我爭論。他認為將停車格劃到最小，以追求經營上的最大效益，這是無可厚非的在商言商。儘管空間狹窄到一個地步，會壓迫體型較胖或有鮪魚肚的人、有時還會碰傷隔壁的車漆，但這並非不道德，而只是無關道德。

聽聞一個才剛畢業的大學生如此地擁抱「amoral」的效益主義，並肯定業主對一己利益的極大化追求，筆者甚感驚訝！但如果哪一天，老爸因此扭傷了腰，不知道他會不會改口，痛罵業主的貪婪自利？

基本上，筆者的一個結論是，對於牟利之道，訴諸宗教、道德、情感或公平正義，看似給自己增加成本和麻煩，其實反而會增加效益。特別是那些具有普遍性的價值。因為它們不僅符合人類在心理上的期待，故而行得通、可以實用；並且，由於會得到普遍的讚賞和肯定，贏取到更多的回饋和支持。

固然，道德不能化約為效益；但依從道德，卻可增加效益。

二〇一七年九月，一位經濟學者魏格那（Alexander Wagner）在TED的演講中就指出，根據統計，美國每七家大型的企業中，每年就有一家詐欺。慶幸的是，還有六家選擇了正直和誠實。然而，讓人們選擇去做「對」的事，其中的真正動機是什麼？是效益主義下自利心的選擇呢？抑或是康德所謂的道德驅迫？

為此，他的研究團隊做了一次擬真的實驗。他們在蘇黎世的某個公眾藝展中，安排了一個封閉的空間，邀請人們個別地，在完全沒有被監視的情況下，擲四次銅板（五元的瑞士法郎），並將銅板反面朝上的次數，鍵入面前的終端機。而最棒的是，這些人將依照自己所鍵入的數字，匿名地獲得五倍的現金報酬。

實驗的結果，有百分之三十到三十五的人回報，在自己的四次丟擲中，銅板的反面都朝上。然而，根據常態機率，應該只有百分之六點二五才是。顯然有人說謊了。但相對而言，有高達百分之六十五的人，選擇了正直和誠實。他們並沒有在利誘下聲稱自己有四次銅板的反面朝上。

魏格那指出，此一實驗的意義在於，它顯示了當面對金錢的利益，即使在完全沒有風險顧慮下，許多人仍願意超越誘惑、選擇正直和誠實這種「protected values」。他們不是根據結果層次上的利弊得失，而是依從了內在的道德良知。

這無疑是對效益主義的一個駁斥。人類行為的動機，並非只是在蘿蔔或棒子下單純考慮現實的利益。緣此，他進一步結論道，企業在聘僱員工之際，應優先選擇那些具有內在道德信念的人，而不要太期待管理制度下的獎懲效果。

經常，當討論到商業牟利的手段時，道德信念會被批評是不切實際的高調，但它作為人性的一種自然又必然的存在，在實用上毋寧比效益主義本身更有效益。此一現象真是十足地弔詭。反觀效益主義，雖口口聲聲說「amoral」、並堅持只問結果層次上的利弊得失，試問，這種不符事實的天真，會不會反而折損了效益？

◆即使是最頑固的效益主義者，也無法拋開不斷湧現的道德判斷。
◆只有窮極無聊的人才會說，一見鍾情其實不過是自利自戀。
◆「amoral」是一種不符事實的天真，它反而會折損效益。
◆道德不能化約為效益，但依從它，卻可以增加效益。

B、最大效益？互利共生的啟示

談過了道德根本拿不掉，其次，對於將自利心極大化的工具理性，筆者要提出來的第二個批判檢討是，競爭對立者之間的互利、共生（symbiosis）或雙贏，比較起純粹的自利，經常會帶來更大效益的或公共利益。

以此而言，即使撇開道德不談，自利心絕不能狹隘地發展為掠奪的、寡占的、排他的。它必須為互利、共生、雙贏或公共利益而有所約縮和犧牲。或者換個話來表達，它得學習經由利他而來實現利己。

這說起來很弔詭，它其實還是一種效益主義，不是嗎？

沒錯！但筆者可以稱此為深謀遠慮、寬容廣包的效益主義，以對比膚淺短見的效益主義。很遺憾，當前的商業牟利之道所盛行的正是後者，以致呈現出的社會樣貌，總是對他人利益的漠視、甚至壓榨和欺騙。而在急功近利的渴望下，對於透過利他而來利己，當然也興致缺缺。

回顧在人類歷史中，對此的相關論述並不少。很多學者立刻聯想到的，恐怕是博弈理論（game theory）中的「囚徒困境」（Prisoner's Dilemma）。經常，它被視為已經推翻了效益主義中對自利心極大化的肯定。

所謂的囚徒困境，是假設在某個案件中有兩個嫌疑犯被隔離審訊，警察分別告訴他們，如果你招供而對方不招供，你將立即釋放；至於對方，將會被判刑十年。但如果兩人都招供，則從輕發落，都只判刑兩年。而若是兩人都不招供，因罪證不足，就都只能判刑半年。

在一般正常的情況下，這兩個嫌疑犯由於彼此無法溝通合作，往往就從各自的最大利益來考量。可想而知地，他們都會選擇招供，因為彼此都擔心會出現一種最糟的狀況，即對方招供而自己不招供。

此時可以稱之為「納許均衡」（Nash equilibrium）。它意味著彼此在利益上一種停滯不前的狀態。策略中對雙方最有利的立即釋放，由於都盤算著各自的最大利益，反而無法出現。這不正是追求一己利益極大化的盲點嗎？

經常，在充滿競爭的牟利場合中，當牽涉的各方都從各自的最大利益來考量時，就會淪入這樣一種納許均衡的狀態，以致無法出現對各方都最有利的結果。值此之際，任憑單方面怎樣努力或改變策略，都無法增加自己的利益；只有透過互相合作，才能帶來各方的最大利益。

很明顯地，這樣一個囚徒困境的推理論證，強調了共謀合作比單純地自利，更能實現最大的利益。就譬如在博弈理論中經常被談到的一個例子：美國曾風靡很久的影集《六人行》（*Friends*, 1994-2004；迄今仍在串流平台熱播），其片商每集總報酬約八百萬美元，但支付這六個主角的片酬，卻高達每人每集一百萬美元。

試問，這六個人為什麼能爭取到如此高比例的報酬呢？關鍵原因在於，他們彼此之間簽有密約，講好了要同進同退。這就是典型地透過合作來實現更大程度的自利，而不是每個人各自去追求一己的最大利益。

無庸置疑地，囚徒困境的推理論證，對於追求一己利益的極大化，是很有價值的提醒。它告訴了追逐利益者，放聰明一點！要學會合作，不要關著門、狹隘地只顧自己的最大利益。

但問題是，筆者要質疑，這已經推翻了效益主義對自利心極大化的肯定嗎？

別忘了，整個囚徒困境的推理論證，始終是以自利心為其基本預設的，也還是以追求最大利益為最終目標。更重要地，在《六人行》的例子中，他們彼此之間是夥伴，而非薪酬談判上遭逢的對手。在整個過程，完全不存在著利他的動機，也沒有做出任何對一己利益的約縮或犧牲。他們只是更聰明，會透過共謀合作，來將一己利益的極大化更往前推進而已！

以此而言，許多學者聲稱，它推翻了效益主義對一己利益的極大化，這毋寧是誇大不實的說法。筆者膽敢講一句話，在資產階級聰明的腦袋裡，囚徒困境已經成為他們追求一己利益極大化時的好教材。與夥伴們共謀合作，聯手大撈一筆，自己又無需做出任何利益的犧牲，何樂不為呢？

墨子的兼愛：透過利他來實現利己

囚徒困境的推理論證，既然不是我們真正的朋友，那麼，究竟是哪一種論述才對於自利心的極大化，提出了實實在在的有力批判呢？第一個答案恐怕是墨家。原本他們就處在一個互相兼併、敵對、戰爭頻仍的時代，所標榜的「兼相愛、交相利」，很典型地即是透過利他來實現利己。

從一開始，墨子在論證之際，就斷然拒絕像孟子那樣，將「愛」視為內在於心的道德情感、或當作一種對人的不忍同情和惻隱。基本上，他訴諸了兩利互惠來辯護「兼愛」的合理性。

墨子先引用《詩經．大雅》的話「投我以桃，報之以李。」然後指出，這就是「愛人者必見愛也。而惡人者必見惡也。」（墨子．兼愛下）此外，在談到「非攻」時，其中的理由也同樣是功利計算的，即無論攻守雙方，都面臨「農夫不得耕、婦人不得織」（墨子．耕柱）的社會經濟惡果。

這就是為什麼「兼相愛、交相利」這兩句話經常地一起出現。正確來說，它們其實是帶有因果關係的一整句話，而不是分開來的兩句話。兼相愛的真正理由、以及所期待的最後結果，就是交相利；並且，兼相愛的具體實踐，也是交相利。

墨子的論述主旨，一言以蔽之，就是在敵對衝突的關係中，建構一種兩利互惠的共同體。他雖然大量使用了「愛」這樣的道德字眼，卻根本不是像孟子那樣的道德主義者，而是訴諸理性計算的一種效益主義。

但儘管如此，墨子仍與邊沁的效益主義有著極大的不同。

這一點充分表現在他對於社會或公共利益的理解上。對邊沁來說，那不過是個體或私人利益的加總。並且，若要追求最大程度的社會或公共利益，唯一的必經之路，就是透過個體或私人利益的極大化追求。因為，離開了後者，前者根本不能存在；而後者愈是成功，加總起來，前者就愈豐碩。

然而墨子卻主張，一種可以稱為「眾利」的天下之大利，它必然地是「從愛人利人生」的（墨子．兼愛中）。這根本是大唱反調。一來，「眾利」並不是個體或私人利益的加總，而是一己利益之外的天下之大利。這明顯是一種屬於集體的、超越個人的利益。

二來，此一「天下之大利」的最高實現，也遠非經由個體或私人利益的極大化。相反地，它得透過利他來達成。這當然包括了對別人利益的付出或讓步、以及對一己利益的約縮或犧牲。

坦白說，邊沁將社會或公共利益視為個體或私人利益的加總，這種論調是片面而失真的。譬如，不少農民習慣於將田野的雜草放火燒掉，固然因此省下了處理雜草的成本，卻造成了空氣污染。試問，當每一個農民都如此作為時，加總起來，不是公害多於公利嗎？怎麼會是社會的最大利益呢？

再譬如，不少人因恐懼新型冠狀病毒而囤積口罩，試問，當每一個人都如此，加總起來，對國家整體會有更好的防疫效果嗎？這顯然很荒唐。歸結來說，邊沁對個體或私人利益極大化的鞏固，恐怕只有在很狹隘的範圍內才站得住腳。絕對不能放大為一種普遍性的通則。

反觀墨子，他則清楚地申言，「仁人之所以為事者，必務求興天下之利，除天下之害。」（墨子．兼愛中）這裡所指涉的，當然是諸如空氣品質、防疫之類的公共利益。它們絕非個體或私人利益的加總。

事實上，從墨子「兼以易別」（墨子．兼愛下）的整個主張，吾人可以很輕易地理解，他對於只知道自私地愛自家人、而不為其他人著想，根本是深惡痛絕的。

相較於邊沁，墨子的效益主義可以說是一種突破。他揭示了利益追求的新途徑，即透過利他來實現利己。並且更重要地，這絕非夥伴之間的合作或結盟，而是對敵人或競爭衝突者利益的付出或讓步，以及對一己乃至自家人利益的約縮或犧牲。這毋寧是一種真正挑戰了一己利益極大化的效益主義。

互利共生：在敵對關係中追求共榮

進一步地，除了墨子，曾經流行一時的共生思想，也是這樣一種對邊沁予以超越的另類效益主義。它比較特別的是，援引了來自生物界的革命性呼聲，即要求以互利共生（mutualism）來取代達爾文式的優勝劣敗。從不是你死、就是我亡（win-lose）的競爭邏輯，轉變成追求雙贏（win-win）的邏輯。

許多晚近的生物學家相信，比起優勝劣敗式的淘汰，互利共生毋寧更是生物演化的機制。相關的例證很多，典型的譬如是寄居蟹，經常揹負著一兩隻海葵。前者可利用後者的有毒觸手免於被獵食；後者則可藉前者來移動，並攝取浮游生物。

再譬如螞蟻與蚜蟲之間，後者會分泌出前者可食用的甜蜜露，前者則為此而幫助後者趕走某些天敵（維基百科編者，2019，共生）。

還有又名領航魚的舟鰤，牠們在幼魚時期會與水母、海藻共生；成魚後則與鯊魚、魟魚、海龜等共生。牠們會吃這些生物身上的寄生蟲、或留在齒縫的殘渣肉屑。可想而知地，牠們很受到歡迎，也因此得到食物和安全保護。

相對於這樣的互利共生，資本主義的實際運作，在利益極大化的追求下，總表現為掠奪的、寡占的、排他的樣貌。資產階級所聲稱的一種私利與公利之間的自然調和，往往未能真正出現。究實而言，資本主義的本質，已十足發展為私利儘可能地擴張和積累，而非追求眾多私利之間、或私利與公利之間的共生均衡。

日本的建築大師黑川紀章（Kisho Kurokawa），是倡導共生思想的代表人物之一。他有一個很突破性的觀點，十分類似於墨子的主張。他相信，真正的共生，並非夥伴之間的共謀合作或兩利互惠，而是「異質者的共存」。

這就是說，相關的各方原本是彼此殊異、不搭軋、甚至矛盾對立的，卻體認到一種互相需要的彼此依存關係。用黑川紀章自己的話來表達：

> 對於關係很好而且沒有競爭與對立的朋友來說，「共生」是沒有必要的。「共生」存在於激烈的對立、互不相融的要素之中。（Kurokawa 著，2012：52）

此處所講的非常有道理。夥伴之間的共謀合作或兩利互惠，通常都建立在雷同的價值體系、類似的規範或共同的利益目標上。而在這種情況下，共生是沒有必要的。因為他們本來就是一夥一幫的、屬於一個同溫層。

這就譬如在民進黨與台獨聯盟之間，或是在國民黨與新黨之間，談共生或雙贏是多餘的。同樣的道理，在商業牟利上，夥伴關係的各方，譬如關係企業之間，再怎麼搞共謀合作或兩利互惠，都不具有共生或雙贏的真正意義。相反地，那恐怕還是利益極大化的一種高明策略。

正確來說，譬如美中兩國的貿易對抗，乃至於同行之間的競爭對立，才具有共生的必要。而必要在哪裡呢？

最重要的在於，競爭是改造自我和成長的最佳動力。經常，愈激烈的競爭關係，造就了愈有競爭力的公司或個體，同時也競爭出了愈具革命性的產品。相反地，當競爭對手軟弱不堪或根本被消滅時，自己也將會變弱和衰老。

甚至，主動地選擇高競爭和矛盾對立的環境，是讓自己不斷高成長的秘訣。以此而言，相對於雙贏或互利共生，「零和」競爭有一種悲哀，就是它無法實現共榮所帶來的長遠利益。

歸結而言，無論是墨子或共生思想，都已經超越邊沁，揭櫫了一種更可取的、深謀遠慮、寬容廣包的效益主義。一來，他們都聚焦於衝突對立關係中的雙贏或互利共生，而非一群貪婪的夥伴之間，為擴張各自利益所做出的合作或結盟。

二來，他們為此都否定了一己利益的極大化，改由利他來實現利己。在其中，不僅不是以消滅競爭對立者、或盡情地壓榨剝削為滿足，還很有智慧地，願意藉由一己利益的約縮或犧牲、甚至讓對方因獲益而壯大，來追求共榮所帶來的長遠利益。

- 聰明的利己之道，是互利共生，即經由利他而來實現利己。
- 天下之大利，必然地是「從愛人利人生」出來的。
- 對於關係很好而且沒有競爭與對立的朋友來說，「共生」並沒有必要。
- 主動地選擇高競爭和矛盾對立的環境，是讓自己不斷高成長的秘訣。

C、最大效益？帕雷托最優原則

談過了道德根本拿不掉以及互利共生的啟示，進一步地，對於將自利心極大化的工具理性，筆者的第三個批判檢討是，它還應當以「帕雷托最優」（Pareto optimality）為上限，也就是不以傷害其他人群的利益為代價，來遂行一己利益的擴張。

這看起來是互利共生的一種實踐，卻同時也是一種道德情感的表現。

「帕雷托最優」的概念，來自於社會學家帕雷托（Vilfredo Pareto）。它指的是一種狀態，無法在不至使其他人群境況變壞的情況下，來讓自己的境況變得更好。換言之，它是一個臨界點，當你往前再多擴張一些利益時，會使得其他人群的利益開始受損。

譬如，某些投機客不斷透過買賣房產來牟利，但由於景氣、稅制或其他因素，市場價格並無大幅波動。故而其他大部分人的利益尚未受損。這就是還沒有達到所謂的「帕雷托最優」。從投機客來看，它確實很「優」，因為自己可以繼續獲利，少有別人會因受害而發出抵制或抗議。當然，投機客還可以甚感寬慰，因為自己既無不法或不道德，也沒有傷害到任何人。

然而，倘若炒房蔚成風氣，以致價格飆漲，害得許多人只能望屋興嘆、大罵社會不公，或被沉重的房貸壓得喘不過氣，這時就已經打破了「帕雷托最優」的均衡狀態。它意味著，投機客已經將自己的快樂建立在別人的痛苦上。

客觀來說，「帕雷托最優」其實帶有兩面性，有好有壞。如果從福利分配的角度來看，當社會還沒有達到「帕雷托最優」時，表示還有改善空間，應當讓有需要的人再多分配一些福利，因為其他人的景況，並不會因此而變壞。

譬如，筆者就經常認為，台灣對窮人和弱勢者的補貼和救助，其實可以再增加。因為經費總額實在不多、國家財政狀況又相當不錯。整體而言，並不會因此排擠到其他公共支出預算，導致多數人受害。但倘若是歐「豬」五國呢？恐怕福利分配早已超過了「帕雷托最優」。二〇〇九年底的歐債風暴，就是最佳明證。

只是，撇開福利分配不談，如果從自利心極大化的角度來看，當還沒有達到「帕雷托最優」時，意味著還可以再擴張個人的利益，因為集體中其他人群的利益並未受損。而這反過來說，不正就是對自利心極大化的一種限制嗎？

簡單而言，你儘可以去追逐和擴張自己的利益，只是，一旦開始造成其他人群的利益受到損失時，你就該停止了，並以有限的、合理的收益為已足。自利心無論再怎麼被辯護、甚至聲稱可以帶來公利，都不能在傷害其他人群利益的情況下還站得住腳。

帕雷托就曾經從這樣一個立足點，批判了當時歐洲盛行的金權民主。他對比出兩種菁英的類型，非常難得可見地，讓吾人認識到了兩種迥異的利益極大化。

第一種是獅子型的菁英。他們滿腔熱血地追求「屬於集體的最大效益」（maximum utitlity of a collectivity）。這非常類似於大我或集體主義的概念，一般人常說的公共利益或國家福祉即屬之。

它的特徵是，其利益不屬於任何私人，而只屬於大我或集體。

另一種是狐狸型的菁英。他們斤斤計較地追求「集體所容許的最大效益」（maximum utitlity of acollectivity）。這指的是一個臨界點，如果超過了它，集體中某一個人效益的增加，就不可能不使集體中其他人的效益減少（Aron 著，1986: 161-168）。

簡單來說，此時，你的快樂會建立在別人的痛苦上。值得注意地，帕雷托在這裡並沒有否定掉自利心的擴張，只是為它蓋上了一個天花板。你儘可以去追逐自己的利益，但不能企求極大化，越過「帕雷托最優」的那個臨界點。

對於這樣的主張，其實在邊沁那裡，也有類似的意涵。始終，他都不是一個鼓吹自私自利的思想家，更也曾經指出，必須顧及其他多數人的比較效益。但遺憾的是，他並未能體會到，如此一來，自利心的極大化就站不住腳了，只能主張追求有限的、合理的利益。

合理利潤的臨界點：現實機會主義

有趣的是，馬丁路德如果了解到「帕雷托最優」，應該會很喜歡。

就誠如吾人在前文中所探討過的，他批評商人圈中有個共同的法則，就是追求「儘可能以高價出賣我的貨物」。但馬丁路德卻聲稱，售賣應當「多關懷鄰舍的損害，少注意你自己的利益。」因為售賣的本質是「對鄰舍的一種服務」。

很顯然地，對他來說，當自利心在追求極大化時，經常會呈現出一種邪惡，即傷及其他人群的利益。而這種將一己利益建築在他人損失上的行為，不僅悖離了良心，更破壞了上帝兒女之間合一的肢體關係，它因而是「進入地獄的捷徑」。

緣此，吾人可以毫不含糊地斷定，交易的價格及其中的利得，根據「帕雷托最優」，毋寧正是馬丁路德所鼓吹的那一種有限度的、合理的收益。當一己利益的擴張開始造成其他人群的損失或傷害時，極大化就不再具有正當性。

很遺憾，人類歷史中的真相是，那些狐狸型的菁英、投機客、牟取暴利的奸商、劣等品製造者、黑心油業者、股市金融炒客，以及為富不仁的資本家等，他們總不斷地將一己利益的臨界點往前推進，試探社會或集體中的其他人群所能容許的最大限度。

如果其他人群保持沉默，他們就會當作尚未達到「最優」而得寸進尺，再往前跨一步來擴張一己的利益。此時，倘若其他人群依舊不察或沈默、睜隻眼閉隻眼，他們就不客氣地繼續推進、再多貪吃一口，直到其他人群在憤怒中出來有效阻擋為止。

商品的漲價不就是這樣嗎？理論上童叟無欺、顧客至上；事實上，為了擴大獲利，總不斷將價格推升，直到消費者無法忍受為止。

只不過，商人們通常很虛偽，很少承認自己貪婪。他們心裡的語言非常詭譎，總是說「只要再多一點點」就夠了。但問題是，這經常表現為一種遞昇的期望。一而再、再而三地「只要再多一點點」，不就是自利心極大化的典型表現嗎？

而就在這裡，吾人可以清楚地看到，對於「帕雷托最優」，售賣者從未將之視為一種道德尺度，來約束一己利益極大化。這就是說，牟利者要不要越過那個臨界點，不是靠良心來制約的，而是取決於其他人群的憤怒程度，以及有多少對抗的能耐。在這種情況下，所謂的「帕雷托最優」已經淪為了現實機會主義者的牟利策略。

簡單一句話，你們不抗議、或奈何不了我，我就得寸進尺。

美國民眾的醫療費用，就是一個鮮明例證。在人類歷史中，醫療一向有其崇高的使命。當醫生為人治病時，原本最應符合馬丁路德所申言的——服務鄰舍。醫生、乃至於製藥商，固然該有其合理的報酬或利潤，孰知在美國，因高度市場化的結果，民眾若未購買足額的保險，則就醫看診所需負擔的費用，簡直是天價。

根據調查，美國醫院的住院費用，平均每天一萬兩千元台幣。若無醫療保險，看一次家庭醫生的自付診療費，平均是六千元台幣；這當然不包括任何手術或藥物的費用。美國人每年的醫療花費，平均將近三十萬元台幣。此外，有五八％的破產申請人表示，導致破產的主因是無力負擔醫藥花費。至於醫療保險費用，美國人每月平均支付將近一萬元台幣，倘若有配偶或子女，則高達兩萬五千元台幣（大紀元，2016-12-10；林宏翰，2019-09-03）。

這一切看在大部分讀者的眼裡，根本是令人咋舌的數字。而探究其主要成因，就是強大的美國醫學會、製藥業和保險業，近乎支配的優勢地位所致。他們不斷地將醫療、藥品和保險的價格往上推升，來擴張一己的利益。而病患作為絕對依賴者和相對的弱勢，儘管忿忿不平，也無力對抗。

在資本主義社會中，具龍頭地位的大企業就經常幹這種醜陋的事。譬如美國的亞馬遜公司（Amazon），就曾以其優勢地位，要求進駐平台的所有零售商，都必須免費授權技術、商標以及產品資料等內容。這根本已經構成了壟斷，以遂其快速壯大。後來在零售商的抗議和政府出手下，才取消此一條款。

在社會上不同的角落裡，類似的情況太多了。所謂合理利潤的那個臨界點，經常不斷地被強而有力者所踐踏。在此一情況下，「帕雷托最優」明顯地不具有任何的道德制約力，而淪為只是牟利者的現實機會主義。

這毋寧是個令人傷心的話題！理論上，基於人性中普遍存在的心理，當看到集體中某一群人的利益，不斷擴張而傷其及其他人群，甚至蠶食鯨吞時，即使自己不是受害者，我們都無法忍受。但問題是，正義的一方經常沒有多少對抗的實力。

然而別忘了，再怎麼殘酷的現實，都淹沒不了良心的呼聲。誠如吾人在前文中所曾申言的，良心的湧現，既如吃飯睡覺般地自然又需要，也像是情緒好惡般地必然而無以排除。它們是一種根深柢固的生命事實。儘管經驗上的現實非常冷酷無情，良心還是會經常來敲你的門、撞你的心思，影響你的評價和選擇。

人就是這樣一種存在，即使無力對抗，其道德情感仍盤踞心頭，難以自抑！

以此而言，「帕雷托最優」同樣必須有其道德高度，並作為一種自律性的牟利倫理來展現其力量，不能淪為只是牟利者的現實機會主義。不僅如此，經由對集體中其他人群利益的維護，它同時也是對互利共生的另一種實踐。對於將自利心極大化的工具理性，這就是筆者所提出來的第三個批判檢討。

◆自利心再怎麼被辯護，都無法將自己的快樂建築在別人的痛苦上。
◆利益的擴張是人之常情，卻需要為它蓋上一個天花板。
◆牟利者的普遍心理是，你們不抗議、或奈何不了我，我就得寸進尺。
◆帕雷托最優原則，必須有其道德高度，不能淪為只是牟利者的現實機會主義。

D、最大效益？承認我們的無知

最後，對於將自利心極大化的工具理性，吾人來到了第四個批判檢討。簡單來說，它存在一個巨大盲點，就是未能理解到，其實，沒有人真正知道什麼是對自己的「最大效益」，除非你是上帝。

許多主張利益極大化的人經常忽略，效益主義的最大難題，正就是「效益」此一概念本身的高度歧異，以及它在比較和計算上幾乎不可能。

讓我們先來想一想，邊沁所謂的「最大幸福或最大福樂」是什麼？熟悉哲學史的人幾乎都會告訴你，這絕對是一個千古懸疑。但邊沁的答案卻很簡單明瞭，認定它就是最大程度的趨樂避苦。當然，這個講法是非常廣義的「苦」。舉凡那些「帶來實惠、好處、快樂、利益或幸福」的，都屬於「樂」的範疇。反過來，舉凡「遭受損害、痛苦、禍患或不幸」的「苦」，則都要從效益中予以扣除。然後得出一個最大程度的趨樂避苦。

然而，審視我們多數人的生活，那些可以產生趨樂避苦的欲求和渴望，往往有其眾多面向。它們林林總總，包括了財富和成就、權力和地位、愛情和友誼、休閒和娛樂、知識和品味、美感和善行，以及宗教和性靈等等。

邊沁非常天真，竟然要我們去一個個比較和計算，看其中有多少苦、又有多少樂，從而得出最大程度的趨樂避苦。這根本毫無可能；並且不是經驗上的不可能，而是邏輯上的不可能。也就是說，它並非欠缺超級電腦，而是根本矛盾荒謬。

因為一來，人生的許多欲求和渴望是互相矛盾的，在取捨中充滿了兩難和掙扎。譬如，學生渴望可以取得讓自己驕傲的好成績，卻苦於K書的枯燥和考試壓力，以致經常想放棄或及格就好。上班族不也是如此嗎？企盼有高人一等的成就、收入和榮銜，卻因業績的挫折、加班熬夜，而經常慨嘆不如歸去。

這充分顯示出，對於許多欲求和渴望的追逐，在過程中經常是五味雜陳、甘苦交融的。以此而言，人生固然是趨樂避苦，但到底要選擇什麼慾求和渴望，才符合最大程度的趨樂避苦、最大幸福或最大福樂呢？對此，恐怕絕大部分的人，都在矛盾中充滿了兩難和掙扎。

試問，五味雜陳、甘苦交融，是要歸屬於苦、抑或歸屬於樂呢？而倘若這都難以辨別，還談什麼苦樂的比較和計算？再者，比起及時行樂，苦盡甘來更值得選擇嗎？兩者比較起來，哪一個更符合最大程度的趨樂避苦、最大幸福或最大福樂呢？天知道！這毋寧是價值偏好、而非理性比較和計算的問題。

二來，人生即使確定了要選擇什麼欲求和渴望，它們還往往各自屬於不同的性質、差異的估算標準。甚至有許多欲求和渴望，根本無從得知該如何估算。譬如，財富可以根據數量、地位可以根據階層，那愛情和友誼、美感和善行、宗教和性靈呢？要根據什麼來估算其中有多少苦和樂？

在此一情況下，試問，要如何秤斤論兩、加減扣抵，而後得出一個最大程度的趨樂避苦、最大幸福或最大福樂呢？這其中的荒謬，就有如某個人將十秒鐘加上三公斤，然後減去八度C，再減去五塊錢，最後告訴你等於零。

難怪！邊沁要堅稱，所有的苦和樂都是同質的。因為他很清楚，若非如此，就無法計算出什麼是最大效益，而他自己的效益主義也就跟著土崩瓦解了。

對邊沁來說，週日上教堂所獲得的滿足，與在 Outlet 血拼購物的快樂比較起來，是沒有高尚或鄙俗之別的。陪女友去看畫展，或是帶她上床，其中的差別只在於快樂的強度和持續性。那麼，泡在股市裡炒作賺錢，和幫助窮困小孩就學呢？邊沁會同樣堅稱，其中的苦和樂，都是可以比較和計算的。

這種難有說服力的荒謬和假科學，導致後來的彌爾（J. S. Mill）不得不對效益主義提出修正。他將快樂區分為高低級性質，並且宣稱，寧可要做一個不快樂的蘇格拉底，也不願意當一頭快樂的豬。

只是彌爾這樣的修正，無異於宣告了最大幸福或最大福樂此一概念的崩潰。因為他已經完全承認，各種效益有各自不同的屬性、差異的評價標準。既然如此，怎麼還可能透過比較和計算，來得出所謂的最大效益呢？

而這正提醒了每一個追求利益極大化的人，你人生的最大效益，未必就是擁有最多的財富、或最有權力和地位、或交往了最多情婦、或吃喝了最高檔美食、或得到了最高等的學位。並且，對於什麼是自己人生最大程度的趨樂避苦、最大幸福或最大福樂，不只邊沁無法幫助你找到答案，我們自己終其一生，也注定充滿了困惑。

塞翁失馬，焉知非福？苦樂的弔詭

甚至，在苦與樂、得與失、福與禍、成與敗之間，還存在著一種悖論式的弔詭。所謂「塞翁失馬，焉知非福？」是否經常會有一種狀況，當我們不汲汲營營去追求自己的最大利益時，反而是人生的最大利益？

譬如，在人際互動或生意往來中，選擇了讓你看似吃虧的正直誠實，反而得到預期之外的最大好處。耶穌不是也說過一句很有智慧的話嗎？「你若賺得了全世界」，毋寧正是你人生的最大損失——喪失了一己的靈性生命。

對於這樣的道理，莊子有非常深刻的體會。他告訴庸庸碌碌追逐世俗價值的人們，天地不算大，毫末不為小。真正的智者觀察事物時，會有「道」的高度和超越，從不將自己侷限於一隅，既能正面觀之，也能反向思考。

故而，這樣的人不會將小東西看作寡少、而將大物件視為盈多，所謂「小而不寡、大而不多。」因為他們知道，物體的度量是變化無窮的。對於長命或短壽，他們也不會在乎或計較，所謂「遙而不悶，掇而不跂。」因為知道時間的推移是沒有止境的。

至於生命中的得失，他們更是超然豁達——「得而不喜，失而不憂。」因為知道在得失之間並無常規可以判準。他們還認識到終點或起點並非一成不變，所以不會因活著而高興、而將死亡當作不幸，這就是所謂的「生而不悅，死而不禍。」（莊子．秋水）

解析莊子箇中的意涵，他其實表達了一個很簡單的哲理，即苦與樂、得與失、福與禍、成與敗、多與寡、強與弱、剛與柔，都只是評價的角度和立場不同而已！它們的尺度毋寧是模糊的、相對的，甚至是多餘的。

從這樣的義理來看，邊沁要人們去比較和計算最大程度的趨樂避苦、最大幸福或最大福樂，可以說是全然荒謬、甚至無聊至極。

不只是莊子，老子對此一悖論式的弔詭，也表達得非常強烈。他再三強調，天下的事物都具有正反兩面性，並且，兩者之間相反相成。苦與樂、得與失、福與禍、成與敗、多與寡、強與弱、剛與柔，都是如此。

故而他會說，「堅強處下，柔弱處上。」「慈故能勇；儉故能廣；不敢為天下先，故能成器長。」「聖人終不為大，故能成其大。」（老子．76；67；63章）他更還申言，「曲則全，枉則直，窪則盈，敝則新，少則得，多則惑。……夫唯不爭，故天下莫能與之爭。」（老子．22章）

在這裡，最後那兩句話，應該是最經典的。它等於在說，當我們不求自己的最大利益時，反而是人生的最大利益。這番哲理固然未必人人都會同意，也未必在各種情況下都正確，但它至少表露出，某種對人生最大利益的反向思考。

無論如何，當自利心在追求極大化時，其實存在著這樣一種悖論式的弔詭。以此而言，如何才是人生的最大效益呢？天知道！誰可以斷言，比起平凡忠實的老公，嫁入豪門會讓你的人生更加美好？而年薪千萬，與從事一己志趣的工作相較，哪一個才是你人生最大程度的趨樂避苦、最大幸福或最大福樂？

◆人生總是五味雜陳、甘苦交融，經常既不屬於苦，也不屬於樂。
◆十秒鐘加上三公斤，然後減去八度C，再減去五塊錢，答案會不會等於零？
◆苦與樂、得與失、福與禍、成與敗，不過是在評價的角度和立場上有所不同。
◆誰可以斷言，比起平凡忠實的老公，嫁入豪門會是你人生更大的效益？

小結：自利心必須被規約和修正

寫到這裡，整個第二章（包括第三和第四堂課）的討論該收尾歸結了。細心的讀者應該會發現，筆者對自利心極大化的批判檢討，從未全盤予以否定、或完全站在傳統主義陣營的那一邊。而只是在肯定自利心之際，提出若干平衡、規範和修正，來作為現代人在牟利倫理上的省思。

誠如筆者在前文中提過的，休謨曾慨嘆地指出，人性中唯一具有真正支配力的，就只是利己之心而已！此一道理基本上沒有錯。但問題是，人之所以為人的可貴，在於現實歸現實，人的意志卻會挑戰現實。

這就是說，自利心的擴張一方面要被接受，並承認它是推動繁榮富裕的一股巨大力量。但另一方面，則因為它是如此強大又重要，故而必須被平衡、規範和修正。以下，在最後的篇幅裡，就讓筆者歸納出四個要點，來為本章畫下句點吧！

第一，在追求自利心極大化的過程中，不能但問結果層次的利弊得失，必須顧及來自宗教、道德、情感以及公平正義等是非標準的評價，並予以妥善因應。因為它們根本在人性中拿不掉，也因此不應該在社群生活中被拿掉。倘若輕忽或違逆了它們，許多時候反而會折損效益。

第二，即使撇開道德不談，自利心也絕不能狹隘地發展為掠奪的、寡占的，以及排他的。它應當自我理解為一種寬容廣包、經由利他而來利己的效益主義；即為了互利、共生、雙贏或公共利益而有所約縮和犧牲，甚至，讓對方因獲益而壯大，來追求共榮所帶來的長遠利益。

第三，你儘可以去追逐和擴張自己的利益，然而，一旦開始造成其他人群的利益受損時，你就該停止了，並以有限的、合理的收益為已足。自利心無論再怎麼被辯護，甚至聲稱可以帶來公利，都不能將自己的快樂建築在別人的痛苦上。這既是道德情感的一種表現，同時也是互利共生的一種實踐。

第四，對於什麼是自己人生的最大效益，我們其實並不確知。它未必就是擁有最多的財富、或最有權力和地位、或交往了最多情婦、或吃喝了最高檔美食、或得到最高等的學位。有時，它甚至呈現為一種「少則得，多則惑」的悖論式弔詭。結果，最大的自利竟變成最大的不利。

第三章

財富該如何使用

在前兩章，談過了財富追求的動機以及財富的牟取之道，接下來要探討的第三個核心課題，是財富該如何使用。或許有不少人認為，花錢還不簡單。事實上，它的問題可大了。一方面有人吝嗇小氣、一毛不拔，徒留大筆的遺產。對於財富的使用之道，這樣的人正是只有零分的蠢蛋。

另一方面，則有人一擲千金、奢華浪費。在商品不斷的廣告和促銷下，如無底洞的購物慾，已成為現代文化中的通病。所謂財富的野獸，何嘗只呈現在牟利的衝動和不擇手段上？它也十足表露在對財富的花用之際。

前面提過的社會學大師齊美爾，就曾感慨指出，倘若你一頭熱去賺錢、甚至以財富為人生最高價值，那當你要花用財富時，很難不陷入一種迷惘：什麼是有價值的目標？錢要花到哪裡才值得呢？因為，財富雖可以帶給你自由，卻不會告訴你，在此一自由裡，該填充些什麼實質性的內容。

這就是說，財富的自由並不會提供給你絲毫的線索，指引你該怎麼花錢。如此的結果，經常衍生出來的，就是空虛的生命感、以及真實自我的萎縮（Simmel著，2007: 320）。時下，許多人也熱切地在追求財富自由，而即使你成功了，然後呢？就隨而擁抱幸福和滿足嗎？顯然不是。

對此，鋼鐵大王卡內基（Andrew Carnegie）表達得非常強烈。他說，當一個人死的時候，若擁有巨額財富，那就是一種恥辱，因為沒有在還活著時善用財富。這番話提醒了我們，舉凡追求和積累財富，毋寧都只是過程。更重要的是，怎樣在有生之年，發揮所擁有財富的最大效用。

無論你是小康、中產或有錢人，都該提醒自己，在追求財富之外，還面臨一個需要認真思考的課題，即該如何以手中的錢財去換取其他價值，人生會因而更有價值？這恐怕才是衡量成功的真正有意義尺度，而不是只在乎積累了多少財富。

以此而言，如何使用錢財，較之賺錢，毋寧更值得重視。

筆者很欣賞郭台銘的一句話。他說，錢財的價值「不在賺進來的價值，而在花出去的價值。」（劉寶傑，2019-05-24）這應該是很深刻地有感而發。媒體總愛強調，他是台灣首富；但他自己更關切的，卻是這些財富經由花用所創造的價值。譬如，你賺進了五億，但經由捐贈用來研發尖端的癌症治療。如此所創造的價值，將遠遠超過五億、甚至是「無價」，不是嗎？

緣此，筆者可以確切地說，這就是一個人所擁有財富的真實價值。它的衡量方式以及組合成分，並不在於你的財富數量、或口袋有多飽滿，而是你將它們拿去交換了什麼樣的效用、幸福和滿足。

財富的使用既然這麼重要，那吾人該如何來進行研究呢？

粗略地區分，在日常生活中，儘可能地儉樸節約，是錢財在使用上的一種普遍方式；而慷慨大方地消費，則是另一種常有的選擇。但各自的訴求是什麼呢？又在哪些具體的事項上該儉樸節約、哪些支出消費上該慷慨大方呢？

當然，對於這樣一個基本心態上的選擇，沒有什麼標準答案可言。但筆者要強調，它們並不存在著真正的矛盾衝突。一方面，吾人既可以為了倫理上的理由而節省，另一方面，也同時能出於倫理上的理由而大方。在以下的篇幅裡，筆者將分別予以析論、並引申應用和省思各自所內含的現代意義。

第5堂課

儉樸節約是為了什麼？

首先，在第五堂課，讓我們來討論其中的第一種基本心態，即在花用上選擇儉樸節約。從古至今，這無疑是許多人掛在嘴邊的老生常談，但若加以深思，它卻頗為複雜。譬如，節省的尺度是什麼？何為奢侈品？它與必需品的區別在哪裡？而更必須搞清楚的是，儉樸節約的理由為何？

這裡面其實存在著深刻而微妙的心理。它可能只是出於吝嗇小氣的性格，怎麼樣都捨不得花錢的習慣。或者是缺乏安全感的個人特質，想要以儲蓄更多錢財來當作自己的堡壘。此外還有一種可能，即個人在經濟條件上的匱乏。面對食指浩繁的景況，而口袋就那麼一丁點錢財，能不儉樸節約嗎？

雖然這些都是常見的心理，但筆者在本堂課中所期待要分析的，卻是屬於倫理上的理由，即節省的「哲學」。它既非出於性格使然或心理缺陷，也不是因匱乏而被迫儉樸節約。其中最大的特色是，在節省的背後，經歷有一番價值哲學的思辨和選擇過程。這毋寧才是筆者所真正關心、並企圖要鋪陳論述的內容。

當然，從一個最簡單的想法來看，儉樸節約的理由是可以省下很多錢財，因而更有能力來支應較為昂貴的必要開銷，譬如結婚、買房、買車、旅遊、留學、醫療以及老年的長照等等。此外，也可以作為資本的積累，進一步投入事業或金融商品來創造新利潤。但問題是，這一切都基於現實上的需要或牟利求富的動機，同樣並非出於各個人內在的哲學思辨或倫理選擇。

那為什麼筆者要如此的堅持呢？因為，一個人若出於經濟的理由而節省，那麼當他有經濟能力時，恐怕就不再有節省的動機了。筆者期待探討的，毋寧是即使富裕、都想要力求節省的那種在倫理上的理由。

這個課題看似新鮮，其實卻非常古老。當吾人回顧財富倫理的歷史，在其豐富的資源中，早就處處可見相關的論述，只是少有人予以妥善歸納和闡揚。在此，筆者打算提出以下三個子題來析論節省的哲學，也就是儉樸節約在倫理上的不同訴求。

其一，節省是為了回歸真我和自由；

其二，節省是為了清心寡慾的快樂；

其三，節省是為了更能夠施捨捐助。

A、為了回歸真我和自由而節省

第一個訴求，節省是為了回歸真我和自由。扼要來說，它主張儉樸節約能夠讓人回歸自然之道，也就是原初空無狀態下最真實的自我，從而擁有不為物役的自由自主。相對而言，若花了很多錢財去消費享受，或隨從社會的俗成和潮流來滿足物質慾望，換來的毋寧是自我的迷失和牢籠。

早在泛希臘主義時期，德勒斯（Teles of Megara）這位犬儒主義（Cynicism）者就已經鼓吹，期待人們在消費上成為一個以大自然為家的流浪者。需要食物時，路邊充滿了植物和水泉；烹煮時，也不需要有自己的廚房，可以向冶金的人借火。衣服一件長袖的也就夠了，夏天將袖子摺起，冬天放下來。對於許多身外之物，他強調，一個「自由人何必讓自己失去獨立自主呢」？他還相信，許多窮人在他們的城市裡，比起任何富人，都來得更為尊榮（Bury et.al., 1923: 84）。

那試問，尊榮在哪裡呢？其中一個很核心的答案是，在消費上愈儉樸節約，就愈不仰賴他人提供滿足，從而享有充分自主的自由。

在這一點上最令人羨慕的，或許就是第歐根尼（Diogenes of Sinope）這位響叮噹的人物。他完全懶得理睬來訪的亞歷山大大帝，自顧著躺在大甕裡、光溜溜地曬太陽，還要對方閃邊站，別遮擋到陽光。還有著名的奴隸哲學家愛比克泰德（Epictetus），也曾經很瀟脫地聲稱，「一種聰明的滿足所需要的東西多麼簡單」，

> 新鮮的空氣、最便宜的食物、一間適中的房屋、一張床、幾卷書和一個朋友。一切自然的物品都容易得到，惟有無用的東西才價格高昂。（Durant, 1939: 648）

這就是說，人生所真正需要的東西，都是屬於大自然的，隨手可得。許多無用之物，則因為要滿足的是不自然的世俗慾望，所以才會那麼昂貴。

當然，對於回歸自然之道，我們大可不必像犬儒主義自詡的「dogman」那樣，憤世嫉俗、邋遢度日。譬如隨意吃喝、寒冬赤腳、乞討為食，或睡在埋喪死人用的大甕裡。這些行徑，毋寧已經接近精神病學家所謂的「第歐根尼症候群」（Diogenes）。不僅不正常，甚至有點病態。

但犬儒主義對於社會「俗成」（convention）的批判，卻很有道理、值得深思。他們指陳，世俗的那一套消費態度，根本因為缺乏理性自覺，而充滿了愚蠢、虛偽和自以為是。它矇騙了人們，老是要去填補缺乏，買這個、要那個，卻無知於所謂的缺乏，不過是由社會俗成來定義的。

譬如，我們華人羨慕有寬敞氣派的豪宅；印度人迷戀黃金來抬高身價；而名媛淑女呢？總覺得自己需要搭配大顆鑽石。其實，這一切不過是社會的制約和文化影響。以此而言，批評這些人愚蠢、虛偽和自以為是，實不為過！對於一個充滿理性自覺者，多了豪宅、黃金或大顆鑽石，從來不會增加任何真實自我的尊貴。

奇怪的是，為什麼少有人覺得，因追逐欲望而失去自由自主，毋寧才是真正的缺乏呢？箇中的原因很簡單，就是由於從小到大、耳濡目染的社會俗成，從來沒有這樣教導和制約過。

相反地，人們被灌輸了對某些昂貴物品的不可或缺。譬如，缺了高檔手機、缺了名牌包包、缺了時尚精品、缺了豪華汽車，而這就成為了他們的牢籠。於是，在庸庸碌碌的追逐中，與自然之道下的自由自主愈離愈遠了。

羅馬的哲君奧里略（Marcus Aurelius）說得好，「不怕早晚有一天要死，怕的是不曾開始按照自然之道去活。」（Aurelius 著，1985: 134）這番話就是在表達，與其長命百歲而活在世俗價值裡，不如只有一天的性命，卻活在自然之道中。因為在其中，你擁有的是真實自我下的自由自主。

世俗價值對人們的羈絆程度，超過一般人的自覺和想像。它尤其表現在日常生活中對商品的追求。許多人天真地以為，自己對商品的追求是自由自主的、更還自詡為理性的消費者。事實上，往往不過是一隻學話的鸚鵡。而又是誰在教這隻鸚鵡呢？正就是耳濡目染、日積月累下的社會俗成。

自由的內涵：不為物役的自足自給

那進一步地，要如何擁有不為物役的自由自主呢？

犬儒主義的答案就在於「自足」兩字。這指的是一種無需向外他求、而純然建立在真實自我上的滿足。一來，最起碼地，它僅僅獲取生存所需要的最稀少物資；尤其要丟掉的，是社會俗成下所認為需要的那些東西。二來，更重要地，它所追求的，是一種符合最真實自我的滿足。

經常，人生出現的一種悲哀是，當外在的肉體吃喝得愈「飽」，真實的自我就愈「餓」。擁有了各式各樣的物質，心靈卻愈來愈空虛。或者換一句話來說，當你的日子愈是依賴物質來提供滿足，你的真實自我就愈空洞貧乏，甚至感覺到一種讓你釋放不開來的拘束。

以此而言，要享有不為物役的天然自由，其中的秘訣就在於，杜絕從外在物質來填充自我的習性，改從真實的自我來篩選並追求物質。而如此實踐的結果將會發現，原來真正需要的東西，其實並不多！

這不正是近代「極簡主義」（Minimalism）的道理和訴求嗎？他們對生活的理念，同樣是要求儘可能地回歸自然原始的空無，從而擁有不為物役的自由自主。

譬如，他們常藉由東方的茶道和禪學來詮釋，所謂讓一個空間完整，並不是堆滿了物品。相反地，物品刻意不堆滿，是為了讓人們以其想像力來讓空間實現真正的完整。因為堆滿了物品，就沒有想像空間了，不是嗎？

此一論調確實非常有禪境，所指的就是藉由物品的極簡化，讓人從空無的留白來提升，進而填入屬於真實自我的富足。

再譬如，他們會強調，奉行極簡主義的生活方式，目的是為了讓自己真正喜愛的東西，浮現在日常生活裡。這番話也有其道理。經常，繁雜所帶來的是分神失焦，以及輕重緩急的錯亂。而在極簡化以後，留下的只會是對自己最有意義也最愛的東西。如此一來，內心所獲得的，當然是更高一等的滿足（Peter, 2016）。

就在台灣，同樣也有一群極簡主義的追隨者。其中最具代表性的，或許是區紀復這位住在鹽寮、曾經留學瑞士六年的高科技人。據稱，這群人每個月的生活費，可以節省到只需要新台幣一兩千元。當然，得經常到市場裡去撿拾地上的菜葉。他們鼓吹「愈少愈自由」，並聲稱自己所居處的老破房屋和田野，正是得以抗拒消費主義，並追求真實自我的靈修淨土。

此外，還有之前提過的那位全世界最窮的總統——烏拉圭的穆希卡。二〇〇九年，他以七十四歲的高齡當選總統，隔年就任時卻拒絕搬進官邸，而與妻子住在殘破農舍裡；更捐出九成薪資用於救助遊民。他還每天開著車齡二十五年的福斯金龜車上下班。

他說自己曾經有一陣子，只有一張床墊卻覺得非常快樂。他始終致力於批評消費主義對社會的污染，並表示自己並不貧窮。相反地，「只有那些想一直保持昂貴生活方式的人，才是真窮人，因為他們總是要求愈來愈多，也從來沒覺得滿足過。」（蔡東杰，2015: 103）

他更關鍵地指出，「在不同的人們之間，過日子的主要差異在於，我們是否有意識地去引導自己的生活。」（Ibid.: 129）這番話看似平常，卻隱含一個重要的意義，極簡或清貧毋寧都只是手段，目的是為了從物役的羈絆中解放，回歸由真實自我所引導的生活。也因此，穆希卡會說，「自由就是將自己一生大部分的時間，用在自己真心喜歡的事物上。」（Ibid.: 154）

上述這些例證，都指向了「less is more」、而非「more is more」的信念。很特別地，這非常接近我們老子所謂的「少則得，多則惑。」（老子．章22）簡單來說，即擁有得愈少，其實獲得的愈多。那試問，到底「多」在哪裡呢？當然，就多在屬於真實自我的滿足。

使用而非享用的實效主義消費原則

對此，極簡主義還有個重要觀點值得一提。他們堅稱，自己的目標並不只是東西的清理和丟棄而已，還要讓人們重新看待「擁有」（possessions）的真諦。扼要來說，即擁有一項物品，不是以它本身為目的。物品不過是一個工具或媒介，藉以得到其他更高等層次的滿足。

他們因此極力要抗拒的，是任何對物品所能提供滿足的過度期待。想一想，這不正是現代人的普遍問題嗎？有太多人著迷於許多東西，期待著在擁有它們後可以如何快活似神仙。但這終究是一種過度期待。

因為，物質本身所帶來的喜悅和滿足，總會隨時間而遞減，甚至淪為麻木乏味。極簡主義故而要求，對於物品的擁有，要從虛妄的期待中醒覺，回歸到一個務實的層次，聚焦於其真實的效用。譬如一棟新房、一部新車、一件新衣，買的時候會充滿夢幻，但總隨著時間，美好逐漸變淡，最後只是一項平常的工具。

值得玩味地，這樣一種講法很類似於奧古斯丁之論。他就曾將人們所擁有的物品，區分為「使用」（use）和「享用」（enjoy）兩種。並且強調，絕不允許去享用那些應該拿來使用的東西。否則將致使人們走向歧途，淪入低俗的滿足而無以自拔。

他說，那些可以享用之物，是直接與快樂連結的；而被拿來使用的東西，則只是獲得快樂和安心無憂的工具（Augustine, NPNF1-02: Book I-3）。譬如，我們買了一輛國民車來接送小孩，這就是使用。因為藉由此一工具，我們安心無憂。但如果開一部名貴高檔車，那就是在享用了。它帶給駕駛的，主要就是一種虛妄的爽感。

更精準來講，使用意味著一種理性化的工具或媒介心態，它將所擁有的物品用來達成更高等層次的滿足。而享用呢？則是一種欲望導向的著迷，直接以所擁有的物品為目的價值，用來樂享和滿足其中的虛妄。

歸結而言，奧古斯丁與極簡主義相同的是，他們都告訴你，東西不是要讓你享受、滿足欲望的；任何對物品的著迷，都是一種病態。

緣此，他們都倡導了一種類似於墨子主張的實效精神。其中，最高的原則是「凡費財勞力，不加利者，不為也。」（墨子．辭過；節用中）這就是說，任何支出，如果增加了費用卻沒有增加實質效益，絕對不去做！

譬如飲食，只要「足以增氣充虛，強體適腹而已矣。」（墨子．辭過）何必要追求什麼米其林幾星級的料理呢？美食主義者已經過頭、誤入歧途了。飲食到底只是一個工具或媒介，為了換取健康好氣色。同樣地，衣服能夠「適身體和肌膚而足矣」（墨子．辭過）。如果還要講究什麼Gucci、LV或Prada之類的時尚品牌、追求經典流行，那就是在享用而非使用了。

還有居住，標準也非常務實，只要「高足以辟潤濕，邊足以圉風寒，上足以待雪霜雨露」就夠了。何必要追求用來炫耀的氣派豪宅呢？至於舟車，同樣以耐用、安全和經濟為訴求，所謂「完固輕利，可以任重致遠，其為用財少，而為利多。」（墨子．辭過）大可不必以開賓士或寶馬為人生的一大夢想。

究實來說，這樣一種對於實效的訴求和主張，正就是為了反映真實自我的需要。相反地，許多對物品的追求和擁有，尤其是炫耀性消費，則往往出於自我裡面虛假、脆弱或高傲的成分。

說一句不誇張的話，如果你的心靈是素樸而真誠的，並因內在的豐富而充滿自信，那你是不會需要什麼高檔汽車、名牌精品和氣派豪宅來增艷的。相反地，若你需要這些東西來贏得肯定和讚佩，那不過是反映了你生命中虛假、脆弱或高傲的成分。

炫耀性消費的真相，其實是在詔告天下：可憐我，給點掌聲吧！

寫到這裡，筆者聯想起，曾經在電視上看過一個汽車廣告，說「成功的男人，一輩子都要有一部凱迪拉克。」當時就覺得十分噁心，並且認為，抱持著此一心態的所謂「成功」男人一定很可憐！當他開著昂貴的凱迪拉克、拉風逛街時，倘若沒有什麼人在注目垂涎，豈不錐心泣血、心靈受創？

但想一想，這句話太寫實了！透過社會的制約和文化影響，它說出了許多人潛藏的心聲。開著高檔名車，哪怕是二手車或陽春入門的「乞丐版」，怎麼會不飄飄然、自覺是成功人士呢？

難怪！奢華商品的銷售幾乎每年都大幅度成長。簡單來解釋此一暢銷現象，說穿了，就是今天在商品經濟的洪流下，人們享用的心態，徹底凌駕於使用的觀念之上，財貨已經從工具或媒介的地位，異化為一種目的價值。

消費的最真實成本：你的生命歲月

然而，對奉行極簡生活的人來說，東西是買來使用的；接著會發現，真正需要的東西其實不多。節省因此成為了理所當然的邏輯。反觀許多現代人，卻強烈地期待，東西是要買來享受、滿足欲望的；並且樂趣這玩意兒，還可以花招百出、不斷推陳出新。試問，其結果不正是欲望的無底洞嗎？

最令人擔心的是，對許多現代人而言，欲望的無底洞從來不是什麼問題。因為，它已經被普遍視為人的天性；唯一該考慮的，只是你必須消費得起而已！換言之，僅僅是大爺有錢，就足以合理化一切了。

然而，懷抱這樣心態的人恐怕忽略了一個重點。即使你有經濟能力、消費得起，但在消費的背後，你所給付的並非金錢，而是生命歲月以及其中的辛勞和血汗。譬如，你買一個名牌包花了二十萬台幣，但你所付出的最真實成本，除了金錢之外，還包括賺那二十萬所需要的時間和心力。對一個年輕上班族，它可能是半年的青春。

以此而言，倘若你花掉了愈多金錢去購買東西，不就意味著你消費掉了愈多寶貴的歲月光陰嗎？這真是讓人驚醒的一個觀念。

不少人常說，錢是辛苦賺來的，所以要好好享受。但轉個彎來想，既然錢是辛苦賺來的，不就該節省花用嗎？因為當你拚命花錢來滿足欲望時，你不僅耗費了許多錢財，為掙那些錢財所付出的一切代價，也同時被耗費掉了。

對此，每個人都該好好想一想，既然消費最真實的成本，包括了生命歲月以及其中的辛勞和血汗，你還敢說自己消費得起嗎？

許多人總以為，大爺有錢可以合理化一切的消費。這絕對是一種認知上的短淺。消費並非只是一個經濟能力的問題，它還牽涉到人生哲學上的一個抉擇，就是你付出許多時間和心力所掙得的財富，該花用在哪裡、換取什麼價值，你的人生才更有價值？

筆者曾經有一位學生，畢業後在中國大陸異常辛苦地掙錢、並積累了一小筆財富。而後為了老婆衣錦還鄉的光耀，買了一部昂貴的進口名牌汽車，結果將一整年的報酬全耗掉了。在此一例證中，固然他買得起，但一整年青春歲月的付出也跟著泡湯。其實，衣錦還鄉的光耀，是華人性格上的一種弱點，不是嗎？

進一步地，整個消費的過程，還有後續的維護保養，也得耗費掉你寶貴的人生。並且，通常愈貴重的物品，此一時間和心力的成本就愈高。君不見一大票男人對於新購的愛車，不就經常讓老婆吃味，嘲諷說那是正牌的小三嗎？從長時間的比價選購、加裝或改裝多種配備，到殷勤的擦拭、打蠟和美容保養，幾乎可以說是標準的車奴。

這無疑正是對人生的一種羈絆。許多更有意義、更值得去做的事，往往就如此被邊緣化、甚至排擠掉了。以此而言，一個人若僅僅去消費和擁有那些絕對必要的物品，確實可以讓他有更自由的時間、心力和財力，去滋養和拓展真實的自我。

以上所述的種種，都鋪陳論證了節省哲學的第一個訴求，即為了讓人從社會俗成中解放，使生活回歸最原始本然的真實自我，從而擁有不為物役的自由自主。它抱持著使用而非享用的實效精神，並充分認知消費的最真實成本，除了金錢，還包括了生命歲月以及其中的辛勞和血汗。故而，它寧可選擇只消費生活所需的最稀少物資，好將更多自由的時間、心力和財力留給真實的自我，傾聽它的聲音，回應它的需要。

- 所謂的「缺乏」，經常是由社會俗成來定義的。
- 要杜絕從外在物質來填充自我的習性，改從真實的自我來篩選並追求物質。
- 消費的最真實成本不是金錢，而是生命歲月。
- 炫耀性消費的真相，其實是在昭告天下：可憐我，給點掌聲吧！

B、為了清心寡慾的快樂而節省

談過了節省哲學的第一個訴求，接下來的第二個呢？扼要來說，就是主張儉樸節約可以帶給人們一種清心寡慾、恬適安靜的快樂，從而最適合讓人結交真誠的朋友、拓展知性的交流激盪，以及享受簡單淡雅的生活品味。

這種訴求並不刻意去區分所謂的「自然」抑或「俗成」，唯一在乎的只是如何樂享人生。它更也拒絕接受什麼「使用而非享用」的實效精神。對此，伊比鳩魯曾經做出最典型的表述。他將快樂視為人生最高目標，並且要極大化快樂、極小化痛苦。他甚至認為，快樂是唯一的善，痛苦是唯一的惡。

乍看之下，這樣一種徹底的快樂主義，與前述犬儒主義、奧古斯丁、極簡主義和墨子對享樂的排斥，似乎是完全相反的，怎麼也會主張儉樸節約呢？關鍵在於，它所追求的乃一種清心寡慾的快樂、而非酒足飯飽的滿足。

更精準來講，其所謂的快樂，是從消極角度來界定的。只要無干擾和沒有痛苦就是快樂了，並不需要什麼積極的滿足或興奮快感。因此，它將快樂侷限在清心寡慾、簡單淡雅式的「平靜之樂」（katastematic），而不是擁有很多消費品、佳餚或美色享受的「動感之樂」（kinetic）（Wolfsdorf, 2013: 153-167）。

此一境界其實非常接近中國的黃老之學，強調養生必得「恬靜寡欲」（新唐書．陸象先傳）、或是「淡泊無欲，清靜自守。」（東觀漢記．鄭均傳）它當然需要以儉樸節約為前提，所謂「恬靜養神，弗役於物」就是這個意思（東觀漢記．閔貢傳）。至於動感之樂，則想當然地，需要以富足豐裕為條件。

那這兩種快樂在本質上又有什麼不同呢？很簡單，照著字面去理解就對了。平靜之樂，必須讓感官處於停歇狀態下才能擁有；愈是淡泊而寡欲、甚至無味，感官就愈少受到刺激。而動感之樂呢？則是讓感官處於活躍狀態下所獲得的享受；它當然是刺激愈強烈、感覺愈亢奮。

緣此，伊比鳩魯相信，真正的幸福、乃至於最圓滿的享受，必然表現為一種恬適安靜，其中不會再有任何的悸動、欲望和渴求。它既不受驚動、也無法被誘惑，因它已全然滿足。更重要地，它不會有痛苦的後果、或干擾之類的其他不良副作用。它就只會是它自己的滿足狀態。

譬如，酒足飯飽就被視為動感之樂。它的結果總讓人腦袋昏沉，因為血液都流到胃裡去了。而反過來，飢餓就是平靜之樂嗎？不，它會帶來痛苦，對感官的恬靜同樣是一種過度刺激。平靜之樂所肯定的，毋寧是以最簡單的麵包和水，來達到一種不飽也不餓的狀態；它既無負擔、也不會空乏。它最可以讓感官趨向於緩慢、平和，甚至接近停歇，從而最有利於從事精神活動。

再譬如肉體上的性愛，當然也被視為動感之樂。它充滿了激情和亢奮，全身的肌肉和神經也高度緊繃。只不過它通常短暫就會宣洩，事後還可能伴有虛空或其他負面的情緒。更糟糕的是，它未必讓人滿足，甚或更覺飢渴。

平靜之樂所嚮往的，毋寧是沒有性事、恬淡如水的相知相惜。其中典型的是基於分享的友誼之樂，以及知性上的激盪和交流。它們緩慢溫和、卻如涓滴細水可以一直湧流。它們源自於內在心靈的深處；雖然平靜，卻有一種扎實的溫暖和狂喜。

難怪！伊比鳩魯主義者所最崇尚的，是與一群相知相惜的朋友隱世共居。每天在田裡共耕、圍爐共食，陪孩子們玩耍，午後曬曬太陽、喝杯咖啡，並一起解決人生哲思、互相抬槓、辯論到深夜。這真是多麼享受、愜意的生活啊！

而最可貴地，它們完全不需要以富足豐裕的消費為條件。它們就在你我的身邊，只要肯花一些時間和心思，幾乎是轉心即見、隨手可得的。譬如，伊比鳩魯就曾說道，只需要一塊乳酪，就可以讓他和一群好友開一場知性派對了。

讓滿足被延宕：快樂要有理性自制

這樣一種恬適安靜的快樂，就是真正的幸福嗎？從伊比鳩魯來看，答案當然是肯定的。他們特別強調，要對各種快樂所帶來的後果或副作用加以比較衡量，絕不能只看當下的滿足程度。譬如，美酒會帶來第二天的宿醉；豐盛的佳餚會導致腸胃不適。何苦呢！粗茶淡飯、白開水和恬靜的心情，可以讓人健康好眠。

十六世紀初期的摩爾，在他筆下的烏托邦人，就是基於同樣的思維而拒絕了奢侈宴樂，因為那會讓自己變得腦滿腸肥、遲鈍老化。結果，非常難得地，竟然在當時已經出現了追求「美觀、矯健、輕捷」的身材和運動美學（More, 1949: 80）。

想一想，現代人對此不也極端重視嗎？除了勤快上健身房外，或許，伊比鳩魯和摩爾所標榜的，透過清心寡慾來追求恬適安靜的快樂，會是一個不錯的答案。

然而必須提醒，他們雖訴求於清心寡慾，卻絕非任何一種形式的禁慾主義。

後者要求攻克己身、拒斥情感的享受和欲求的滿足，並備嘗生活的艱苦和辛勞。而伊比鳩魯和摩爾，則都明白地追求康樂幸福的好日子，只不過那是一種沒有不良後果或副作用的享受。這充分意味著，清心寡慾被他們當成一種康樂和享受，其中並不存在著一般人所認為的委屈和痛苦。

就以那些烏托邦人為例，摩爾指出，他們熱中於追求知識交流、清香、美味，以及好聽的旋律。每天黎明前，有一批學術工作者會舉辦公共演講，讓大家參與、彼此激盪。晚餐後，先享受音樂和甜點，還要燃香、噴灑精油，並盡一切努力讓所有人心情愉快。接著，則舉辦文學性質的高尚娛樂，歡喜聯誼。

在這些方面，烏托邦人所堅持的是，一切無害的享受都不該禁止。換言之，只要無刺激干擾或痛苦的副作用，「享受」從來沒有被他們當成罪惡、或某種壞事。

如此愜意的生活享受，對於我們之前所談的犬儒主義、奧古斯丁、極簡主義和墨子而言，肯定是無法接受的。他們都明白地揭櫫，物品不是要讓你去享受或帶來愉悅的，並強烈抱持著一種理性化的工具心態，要求去衡量每一項支出到底增加了多少實效。

整個來說，對於快樂，伊比鳩魯和摩爾都是張開雙手去擁抱的。唯一的但書是，在享受之餘必須堅持著一項限制，即「不因小快樂而妨礙大快樂，不因快樂而引起痛苦後果。」

摩爾甚至還明確訂出了三不原則——「未通過不正當的手段，未喪失更為愉快的事物，未招致痛苦的後果。」（ibid.: 81; 75）如此一來，最佳的選擇，當然就是清心寡慾、簡單淡雅的平靜之樂。

在此，筆者不能不佩服這些古人的智慧和先見。試問，這種對於快樂的後果予以比較衡量的要求，不正與心理學中著名的「延宕滿足」（delay gratification）有許多類似之處嗎？

一九九〇年代，美國史丹福大學進行了一項實驗，給一群年約四歲的幼兒每人一顆棉花糖，告訴他們有兩種選擇：其一是立刻把糖吃掉；其二是在研究人員離開房間回來後再吃，如此則可以得到另一顆棉花糖。後續的追蹤研究發現，那些得到第二顆糖的孩子，無論是學業或社會能力皆較同儕為佳。

當然，吾人在這裡的重點，不在於比較學業或社會能力，並且，這些孩子也不懂得去區分什麼動感之樂或平靜之樂。但那些得到第二顆糖的孩子，與伊比鳩魯和摩爾相同的是，他們都展現了一種理性化的自制力，都因比較了快樂的後果而拒絕眼前的滿足，也同樣都堅持，不因小快樂而妨礙大快樂。

或許筆者可以這樣來說，對伊比鳩魯和摩爾而言，比較起酒足飯飽或宴樂轟趴，恬靜淡雅的快樂所意涵的，毋寧是額外的一顆「另類棉花糖」。而你只要堅持理性化的自制力，透過儉樸節約來棄絕動感之樂，就可以輕易得到它。

清明恬靜下一種淡如水的真摯友誼

值得附帶一提的是，老子在這方面的論調非常相似。他有一段經典的名言，就在告誡人們，不該去追求那種刺激感官的聲色美食，以致失去了最真實而自然的美好。所謂：

> 五色令人目盲；五音令人耳聾；五味令人口爽；馳騁畋獵，令人心發狂；難得之貨，令人行妨。（老子．章12）

箇中的意思，即追求五顏六色的視覺滿足，會讓人眼花撩亂，以致看不見真正的大美；追求各種聽覺的享受，會讓人耳朵疲乏，以致聽不到天籟之音；追求山珍海味的美食饗宴，會讓人味覺麻木，以致失去原始自然的口感；那縱情於騎馬、奔逐和打獵呢？會讓人心神狂野；而追求金銀珍寶，則會讓人敗德墮落。

緣此，老子的結論是「聖人為腹不為目」（老子．章12），即身體溫飽就足矣！根本別去追求什麼刺激感官的聲色美食。顯然地，其中的原因在於，動感之樂的不良副作用太大了，它們直接扼殺了清明恬靜的本心；而就在如此的刺激干擾下，真正的滿足當然再也找不到。

這不正就是所謂的平靜之樂嗎？

無怪乎，老子一再強調「見素抱樸、少私寡欲」（老子・章19）。他更也清楚地主張，要人們「致虛極，守靜篤。」（老子・章16）其中一個訴求，就是要以退為進、以虛為實、以靜制動，過著清心寡慾、簡單淡雅的生活。

對此，老子還有一個很特別又傳神的形容。他說，人們最好是變成「如嬰孩之未孩」（老子・章19），即像剛出生才兩三個月的小嬰孩那樣，毫無欲望可言，只要滿足於吃喝拉撒睡等基本需求。

或許對很多人來說，這種生活方式平淡無味。但老子卻相信，倘若吾人學會了「味無味」（老子・章63），就可以體驗到其中的無上甘甜。它完全不會去挑動你的感官刺激，卻在淡泊無欲，清靜自守中，湧現出一次又一次的滿足。

比較起來，伊比鳩魯之論，並沒有老子那一套抽象的玄學論述以及孤獨的況味。但卻一再提到類似的境界，就是總處在平淡無味的清明恬靜中，同時又享有一種扎實的溫暖和狂喜。

而伊比鳩魯最經常指稱和嚮往的，除了知性上的激盪和交流外，就是好友之間恬淡如水的相知相惜。對於這一點，他曾發人深省地叮嚀：

你在進飲食之前，先好好想一想要與誰同進，而不是吃什麼、喝什麼；因為沒有朋友共

餐，生活無異於獅子或野狼。（De Botton 著，2012: 66）

這番話就是在告訴我們，聚餐中讓人最滿足的，不是大魚大肉或美味佳餚，而是至交老友彼此在心靈上的契合。獅子和野狼的悲哀在於，牠們不懂得友誼這樣的平靜之樂，只停留在大吃大喝的動感之樂。

不只是進餐，恬淡知心的友誼，也比住在豪宅或別墅裡更快樂。他屢次提到，沒有朋友或摯愛的親人，豪宅會變成孤寂的冰宮。一己獨享的別墅生活，肯定極為愁悶無聊。相反地，在帳篷裡卻可能很快樂，假如是和至交好友在一起的話（ibid.: 75）。

確切來說，豪宅和別墅從來不是用來讓心靈溫暖的。它們只適合用來炫耀和虛榮，從而讓擁有者狂傲自大。就在這樣一個意義上，它們作為巨大的消費享受，真相其實是在平靜之樂上的巨大貧窮。反過來，野居的帳篷作為巨大的寒酸，但只要與至交好友同住，呈現出的卻是在平靜之樂上的巨大富足。

對於這樣的對比，或許有不少人會搖頭。又不是假日休閒露營，以帳篷為住所，哪有什麼幸福可言呢？但伊比鳩魯的重點，毋寧不在豪宅、別墅或帳篷，而是在強調知心友誼的無上價值，並將之視為最大程度、又最高等的平靜之樂。

物質的滿足終究會回到平靜的狀態

以上所述的種種，都鋪陳了儉樸節約在倫理上的第二個理由，即它可以讓動感之樂沒有存在的空間，並導向清明恬靜的本心，從而最適合讓人結交真誠的朋友、拓展知性的交流激盪，以及享受簡單淡雅的生活品味。

對於這樣的平靜之樂，亞當斯密曾提出一個很有價值的講法，可資互相呼應。他勸告人們，別對消費所帶來的快樂期待過高。因為，在享用和愉悅一段時間之後，每個人的心情，「都會重新回到它那自然和通常的平靜狀態」。

值得注意的是，這裡所謂的「自然和通常」，意味著平靜狀態正是生命最真實的常態。它無需刻意追求興奮快感，就會很自然地出現在日常生活中。相對而言，由消費所刺激出來的快樂，毋寧只有短暫的幸福效果。並且在滿足之後，由於會歸回平靜的常態，故而需要持續地消費，來創造新的滿足。

既然如此，亞當斯密進一步指出，與其無止境地消費下去，人們只要學會去享受平靜淡然，就可以擁有一種最真實常態的幸福（Smith 著，2003：卷三，章三，180）。並且，只要把握住這一點，所有不同階層的人，都可以處於同一水平的幸福。

譬如，在經常陰霾的英國，一個在大路旁曬太陽的乞丐，固然窮酸、邋遢，卻處在對平靜淡然的享受之中。反觀位高權重的君王，儘管不停地開宴會派對來狂歡，其通常的心靈狀態，毋寧處在壓力和戰鬥之中，沒有平安（ibid.：卷四，章一，230）。

試問，這兩者最大的差別在哪裡呢？就在於你要去追求享受的，是自然常態的平靜淡然呢？抑或是刻意刺激出來的興奮快感？前者當然會選擇儉樸節約；後者卻必須依賴不斷的消費。

整個來說，比起我們之前所談的犬儒主義、奧古斯丁、極簡主義和墨子，平靜之樂的訴求，對於現代人應該是相對容易接受的。因為，它在本質上並不反對享受和快樂，並且還張開雙手予以擁抱。它要求的只是沒有悲苦副作用的恬靜寡欲；尤其指向的是，友誼、自由，以及知性這些高等的滿足。

不過，儘管它在現代社會裡有上述的優勢，但與犬儒主義、奧古斯丁、極簡主義和墨子的訴求之間，毋寧還是異曲同工的。它們都直接挑戰了現代人一個課題，即在滿足與消費之間的關係到底為何？為什麼現代人的滿足並沒有隨著物質豐富而增加？

第一個可能的答案，是來自於犬儒主義、奧古斯丁、極簡主義和墨子的啟發。即我們缺乏理性的自覺，來從社會俗成的價值觀中解放，以致我們耽溺於物質消費的潮流和享受的風尚，從而使真實的自我愈來愈萎縮、扭曲和疏離。如此一來，怎麼會有真正的滿足呢？

第二個可能的答案，則來自於伊比鳩魯、摩爾和老子的啟發。試問，空前富裕的物質和消費主義，不也正提供了空前發達的動感之樂嗎？可想而知地，平靜之樂被嚴重邊緣化了。以此而言，富足豐裕的今天，未必就是幸福快活的美好年代。因為其中充斥著，對清明恬靜的本心最多的刺激干擾以及悲苦副作用。

◆真正的幸福和最圓滿的享受，必然表現為一種恬適安靜。
◆只要一塊乳酪，就可以讓一群好友開一場知性派對。
◆五色令人目盲；五音令人耳聾；五味令人口爽。
◆發財或消費所帶來的愉悅，一段時間後，都會回到自然和通常的平靜狀態。

C、為了更多施捨和捐助而節省

上述談過了節省哲學的第二個訴求，接下來最後一個，則是主張為了更多施捨和捐助而儉樸節約。扼要來說，節省的理由，既不是為了回歸真我和自由，也不是為了追求清心寡慾的快樂，而是為了濟助匱乏者或其他有需要的人。

對此，最直接的表述，應該是墨子的「兼愛」學說了。就誠如我們在之前所討論過的，他基於強烈的實效精神而要求「節用」，即在食衣住行上力求儉樸節約。甚至還提出了令許多人質疑批評的「節葬」和「非樂」之論，反對儒家的厚葬久喪，以及王公貴族一切的音樂、舞蹈、藝術和休閒娛樂。

但許多人在質疑批評之際，卻忽略了墨子所訴求的最終目的。一來，他不是為了追求個人某種性靈的境界而節省。二來，他也並非不懂得生活需要休閒娛樂，而是面對當時普遍的貧窮和民生凋敝，他急切地要拯救低下階層的平民百姓。

他故而揭櫫了一種強調先後次序的濟世主張，要求「食必常飽，然後求美；衣必常暖，然後求麗；居必常安，然後求樂。」（劉向．說苑．反質）這正是先質而後文的精神。既然百姓的溫飽都大有問題了，社會還搞什麼厚葬久喪、音樂、舞蹈、藝術和休閒娛樂呢？

墨子非常清楚，王公貴族所有的排場、享受和講究，到頭來都會轉嫁到基層百姓身上，即人民必須繳更重的稅、出更多的勞役。事實上，人類學家也告訴了我們，那些高尚的品味和享受，無論是王公貴族的炫耀性消費，或是儒家的錦繡文采、刻鏤、禮樂以及厚葬久喪等文化性消費，都得建立在「剩餘財富」和「剩餘勞力」上。

簡單來說，要有高尚的品味和享受，前提是要有閒錢和閒暇。但試問，閒錢和閒暇可否有其他的用法，能展現出更大的價值呢？

墨子的答案是，將社會的剩餘財富和剩餘勞力都節省下來，然後進行向下重分配。當然，這裡所謂的重分配絕非強制性的，而是自願的捐助和付出。用他自己的話來說，即「有餘力以相勞，有餘財以相分。」（墨子．尚同上）「有力者疾以助人，有財者勉以分人。」（墨子．尚賢下）

他相信，一個社會在消費和分配上的最大危機，就是某一部分人為了高尚的品味和享受，而將社會的剩餘財富和剩餘勞力揮霍殆盡。如此一來，所謂的「交相利」必然無法實現，而「兼相愛」也因此淪為空談。

整個來說，墨子的策略是兩階段的。首先，透過節用、節葬和非樂，也就是全面性的儉樸節約，來為社會留存更多的剩餘財富和剩餘勞力。接著，透過將它們自願性地向下重分配，也就是對「兼相愛、交相利」（墨子．兼愛中）的真正落實，來讓萬民能夠保有常飽、常暖和常安的基本生活條件。

這無疑是很典型的主張，為了更多施捨和捐助而節省。想一想，對於我們現代人頗有啟發。倘若你有一筆不小的閒錢，會怎麼花用呢？除了高檔的消費享受外，或許可以效法墨子，將它們節省下來，去濟助匱乏者或其他有需要的人。而倘若你有一段較長時間的餘暇，又會怎麼打發呢？投入公共服務、擔任社區或醫院的義工，或去輔導偏鄉孩子的學業，應該也是不錯的選擇。

基督教的傳統遺緒：愛的分享使命

除了墨子，在這方面更有代表性的，無疑是基督宗教的整個傳統。早在耶穌的教誨中，就曾與某位猶太的少年官對話，指出一個人「承受永生」的條件，除了得遵守摩西的十誡之外，還「要變賣你一切所有的，分給窮人。」如此，才能算是真正的跟隨耶穌（路加十八18-25）。

至於使徒們的相關論述，最直接的是雅各（James, son of Zebedee）所說的，「那清潔沒有玷污的虔誠，就是看顧在患難中的孤兒寡婦。」（雅各書一27）顯然，照顧弱勢被當作宗教性靈最真實的表現，否則，虔誠是虛有其表的。

此外，年邁時的使徒約翰（John the Apostle）也指出，「凡有世上財物的，看見弟兄窮乏，卻塞住憐恤的心，愛神的心怎能存在他裡面呢？」（約翰壹書三17）在這裡，濟貧已經被視為愛不愛上帝的一個指標。倘若你有經濟能力，卻不憐恤弟兄的窮乏，那麼你說自己愛上帝，就是虛偽的。

而最富盛名的保羅，則少見地表達了一種歡迎富足的觀點。其中的理由，竟然是富足可以增加賙濟窮人的財務能力。此即所謂的「叫你們凡事富足，可以多多施捨。」（哥林多後書九11）

接著，從第二世紀之後，幾乎每一個教父都毫不遲疑地，將此一愛的分享使命，當作是基督徒最基本的信仰責任，甚至視為基督教一個與眾不同的鮮明標誌。對比而言，即使是亞里斯多德所主張的慷慨分享，其本質毋寧為一種自我的美德成就，為了是實踐倫理上的善，而非出於情感上對窮人悲苦的憐憫。

至於希臘化文明下那些傳奇哲人所標榜的儉樸節約，譬如犬儒主義、伊比鳩魯和斯多噶主義（Stocism），他們或是為了回歸真我和自由，或是為了追求清心寡慾的快樂，也都不是為了哀憐孤兒寡婦，或表現出對匱乏者處境的同情。

而他們之所以會如此，其實很容易理解。財產既然是拋之唯恐不及的東西，並且如窮人般地一無所有，又正是自己所追求的目標，怎麼可能會想要將這些「垃圾」送給其他人呢？試問，如果某樣東西被你視為罪惡或累贅，你會將它當作禮物和祝福，送給別人去「享」用嗎？

緣此，早期的教父作家拉克坦提烏斯（L. C. Firmianus Lactantius）就曾抱怨道，那些追求清貧的傳奇哲人，根本罔顧對窮人憐憫或仁慈的情感。他明白地挑戰他們：「如果你對錢財有這麼大的輕蔑，使用它在仁慈和人道的行動裡，將它給予窮人。」因為「你打算要丟棄的這些錢財，可以援救許多人，使他們在經歷飢荒、或乾渴、或赤身露體時不必死亡。」（Lactantius, ANF07: book 3, ch. 23）

拉克坦提烏斯堅信，一個人之所以應當要儉樸節約，就是為了多留下一些資財，來實踐耶穌所教導的「愛鄰舍如同自己」（路加十27）。

故而，他進一步批評，那些人雖然自命清高地丟棄了一切財產，但其實他們所真正丟棄的，是可以讓自己獲得慷慨美譽的好東西。而如此的作為，就導致了他們在窮人中既沒有好名聲，對社會的友愛情誼和正義，也毫無貢獻可言。

財富的社會責任是為了群體的正義

不只如此，這位被形容為「基督徒的西塞羅」（Christian Cicero）的教父作家，還發展了一套挑戰傳統正義觀的論證。他直接而明白地聲稱：

財富最主要而真實的好處：不是為了某一個體的個別快樂去使用財富，而是為了眾人的福

祉；不是為了人自己的即刻享受，而是為了正義。（ibid.: book 6, Ch. 12）

這無疑是對財富的社會責任所發出的最經典宣言。它明白揭示，財富不是給你個人享受的，而是為了眾人的福祉、為了正義的實踐。

那麼，正義又是什麼呢？首要的是與上帝聯合，其次是與人聯合。前者稱為宗教或敬虔，後者則名為憐憫或仁慈。當然，後者是從前者而來的；沒有與上帝聯合，就不會有真正的憐憫或仁慈。但反過來，沒有後者，則前者是虛假的。

拉克坦提烏斯強調，與其他生物比較起來，上帝給予人類最特別的禮物，正是憐憫或仁慈的情感，目的是為了讓「人們會保護、愛、疼惜人們，並且彼此接納」，也互相提供援助，來對抗人生所有的困境和危險。

由此，他高調宣稱，「仁慈是人類社會最偉大的紐帶」。並且，就基於此一「友愛情誼」（brotherhood），上帝教導我們要去惡行善；更也囑咐我們，行善包括了提供幫助給受欺壓和困頓的人，還有，施予食物給那些赤貧者（ibid.: book 6, Ch.10）。當然，這一切是富有經濟能力者所該承擔的正義責任。

理解了上述對於正義的論證，我們就可以理解，為什麼拉克坦提烏斯會說：「沒有人是貧窮的，除非他需要正義。」（Nobody is poor unless he stands in need of justice.）這句話簡單來詮釋，即如果一個人對其他匱乏者沒有憐憫或仁慈，那麼，他對上帝的敬虔是虛假的。這樣的人當然沒有正義可言的，也因而在上帝眼中，是個一無所有的真正窮人。

換言之，貧窮的真諦，是沒有正義，不是缺錢。

更糟糕地，當這樣一個沒有正義的人遭遇危險、深陷困境時，也失去了得到別人救援和幫助的正當性。對此，拉克坦提烏斯說得好：

如果我們不能援救別人脫離不幸困境，那脫離我們自己的危險，就不是我們該得的；如果我們拒絕提供幫助，我們就不該得到幫助（ibid.）。

所謂冷漠換來冷漠、愛換來愛。可想而知地，其結果是雖家財萬貫、口袋盈滿，卻經常落到孤立脆弱、乏人關愛的處境中。

反過來，施捨和捐助者會得到什麼回報呢？除了會贏得匱乏困頓者的感謝、關心和祝福外，更重要地，會得到上帝的憐憫或仁慈，以及隨之而來的救贖。一言以蔽之，濟貧可以讓富人的靈魂之途返轉，從踏向滅亡彎到祝福之路。或者換個話來說，藉由財富的施捨分享，已經化解了財富所帶來的墮落風險。

在真實人生中，這種情形應該是很明顯的。想像一下，倘若某個人總是為了幫助別人而寧可自己省吃儉用，則愈多的財富，對於他只會是愈多可以帶來祝福的工具，怎麼會是靈性和美德的障礙呢？這樣的人生當然綻放光輝、贏得愛戴。

不餵飽窮人，就會餓到自己的靈魂

除了拉克坦提烏斯，第四世紀被譽為「金口」的另一位教父屈梭多模，則精彩詮釋了耶穌所講的那段有關拉撒路（Lazarus）與財主的故事（路加十六19-31）。拉撒路是一個討飯的人，他渾身生瘡，被人放在財主的門口。而財主卻天天奢華宴樂，對於門口這個乞丐，完全視若無睹。

這正是屈梭多模所要控訴的。財主的罪惡與財富本身無關，而在於對窮人的冷血。他傳神地形容，這位財主因拒絕餵飽窮人，以致讓自己的靈魂挨餓了。其實，拉撒路每天到財主的家門口，正是上帝每天給財主的一個機會，讓他學習施捨的美德、並彰顯對窮人的憐憫心。但他卻漠視了此一可以得到上帝寬恕和救贖的方式。

屈梭多模以文學的口吻描繪了這樣一幅場景：

> 他（指拉撒路）就在你的入口，泥濘裡的珍珠，而你沒看到他？醫生就在你門口，而你沒接受治療？領航員就在港口，而你遭受海難？你餵飽寄生的食客，而不餵飽窮人？
>
> （Chrysostom, 1984: 107）

這就是不肯分享的富人所面臨的悲哀！沒有被醫治、被死神淹沒。

拉撒路窮歸窮，好歹有個名字！這位財主在耶穌的口中卻始終無名無姓。對此，屈梭多模嘲諷

道，「財富值多少？他連個名字都沒有。這是什麼樣的財富啊？」（ibid.: 105）

這番話說得真好。一個無名無姓的人是誰呢？不就是我們俗話所說的「nobody」嗎？即無足輕重的人。傲慢自私的富裕者，總以為自己是「VIP」，孰料在耶穌的眼中，其實是個 nobody。

屈梭多模要我們記得，施比受更有福。甚至分享得愈多，會獲得更多！

他一方面勸有錢人要利用上帝所託管的世俗財富，來換取屬於自己的永恆財富，即美德和永生（ibid.:116）。他相信，這才是真正的精打細算。另一方面，他同樣也搬出了財富的社會責任，為什麼上帝讓你擁有得比別人更多呢？答案就是祂給了你一項使命，要將錢財分給那些有需要的人（ibid.:50）。財富的增加，意味著濟貧責任的增加。

富人若不肯分享，就是偷竊了窮人

不僅如此，屈梭多模更援引了「當納的十分之一」（瑪拉基書三10；申命記十四22-29）此一《舊約》傳統，來指摘不肯施捨分享者根本是偷竊了窮人。他明白控訴，「當我們不能顯出憐憫時，我們將一如那些偷竊者被懲罰。」（ibid.: 49-50）

事實上，這種扣上偷竊罪名的強烈立場，始終出現在許多教父的著作中。譬如該撒利亞的巴西流（Basil of Caesarea）也同樣聲稱，不肯分享財貨的人是竊賊。他很特別地指出，如果拿走別人衣服的是竊賊，那有餘力卻不將衣服給裸露者穿，為何不也是竊賊呢？富人扣留了應該屬於窮人的麵包，在衣櫥裡私藏了應該給窮人的外衣，又任憑將應該給赤腳者的鞋子，放在家裡陳舊腐壞，這算不算是竊賊呢？

之後，不只是奧古斯丁、聖方濟各、阿奎那，即使來到了十六世紀的馬丁路德，此一觀念仍屹立不搖。他就曾清楚地指出，「一個人多餘的財物若不用來幫助鄰舍，就是不法的、偷來的財物。」而「最大的賊」是誰呢？就是那些「剩餘得最多，付出的卻最少」的人（Althaus 著，2007: 178-179）。

考究一下，這些大人物之所以有這種說法，箇中的理由應該有兩方面：一來，許多財貨原本就是窮人的，卻被權貴在法律的包裝下巧取豪奪了。二來，在上帝所賜予的財貨中，原本就有一部分是為窮人預備的，富人只是受託付管理而已！

巴西流甚至認為，世上之所以出現飢餓和匱乏，主要原因就是富人沒有實踐其社會責任，不願與窮人分享財貨（Gonzalez 著，2000: 224-226）。奧古斯丁則更明白地期待，能透過富人的施捨來解決貧窮問題。其中的《聖經》根據，應該就是保羅的這段話：

> 乃要均平。就是要你們的富餘，現在可以補他們的不足。使他們的富餘，將來也可以補你們的不足……多收的也沒有餘，少收的也沒有缺。（林後八14-15）

換言之，窮人之所以受苦，都是富人的揮霍自私所害。如果我們延伸其中的意義，或許可以這樣說，富人本來就擔負有消除貧窮、實踐均平的社會責任。而一旦他們怠忽了這個責任，就會創造出更多窮人。

歸結而言，基督宗教的主流傳統，對於濟助匱乏者的論述，絕對是非常強有力的。它並不像許多華人的思緒傳統，只是將濟貧當作行善積德。而較之墨子將餘財和餘力拿來分享，以實現兼愛互利的主張，它也更周全而完整。

它楬櫫了有經濟能力者應該承擔一種消滅貧窮、實踐均平的社會責任，並將之與正義連結，而非只關乎愛心。它更還聲稱，這考驗著一個人的宗教和對上帝的敬虔，到底是真實抑或虛假的？不只如此，它也挑戰了那些冷漠的富人在自己遭逢困難時，得到別人援救和幫助的正當性；更直指富人的冷漠，根本是偷竊了該屬於窮人的東西。

甚至，阿奎那還提出了一種激進的論調：既然富人拒絕分享就是竊盜，那麼，當窮人已經無以維生，則可以有一種自然權利，就是自行拿回富人所竊盜、該分享而未分享的食物和衣服。這就是說，窮人可以從富人那裡，正當地竊取生活必需品。

當然，這種無罪的竊盜之論，已經是正義的一環，不再屬於施捨救濟了。而既然是正義的一環，則不只窮人自己可以這樣做，其他的人也應該為此而幫助窮人。阿奎那毫不猶豫地肯定，這是出於「愛德」的一種拯救窮人的義舉，其中完全不需要有得罪上帝的顧慮（Aquinas 著，2008：冊九：243）。

整個來說，基督宗教在施捨分享上所楬櫫的財富倫理，對西方社會產生了非常巨大的影響。尤其使得許多中上階層的善男信女，經常會將財富用來投入慈善和公益事業。相對之下，華人的富豪們對於財富的使用，最普遍地，大概就是節省下一大堆資產，而後留給子孫繼承。

基本上，華人的省吃儉用、甚至對外人的吝嗇小氣，都是名聞遐邇的。並且，將這些支出節省下來的目的，從來不是為了哀憐孤兒寡婦、或表現出對匱乏者處境的同情，而是為了家大業大、光宗耀祖。

這很典型地是屬於「家族主義的積蓄動機」，即為了在死後得以延續家族的榮耀和產業。以此而言，儉樸節約毋寧成為了一種對家族的責任。至於基督教那種將財富連結正義、並賦予消滅貧窮的社會責任，在華人傳統中基本上是陌生的。

無論如何，以上所述的種種，應該已經很有說服力地，鋪陳了儉樸節約在倫理上的第三個理由，即為了更多施捨和捐助而節省。相較於之前的兩個理由，它完全不是為了實踐自己的某種性靈境界，而是為了匱乏者的需要。

- 有餘力以相勞，有餘財以相分。
- 叫你們凡事富足，可以多多施捨。
- 那清潔沒有玷污的虔誠，就是看顧在患難中的孤兒寡婦。
- 貧窮的真諦，是沒有正義，不是缺錢。

第6堂課
錢該花在哪裡最值得？

上述談過了節省的哲學，接著，在第六堂課中，讓我們繼續來探索「財富該如何使用」的第二個部分，即花錢的哲學。或許有不少人認為，花錢還不簡單？需要什麼哲學嗎？當然，花錢每天都在發生。但如何透過花錢來豐富人生的意義感？或者說，錢該花在哪些目標或事物上，人生會因而更有價值呢？這樣的課題可一點都不簡單。

筆者首先要澄清一點，之前雖然談論節省的哲學，但千萬不能被理解為，就只是要人們盡量少花錢。事實上，若不是為了節省哲學所提出來的那些理由，你反而應該慷慨大方地花錢。除非有其他現實上的考量，譬如收入有限或當下手頭拮据；或者，是為了支應將來較為昂貴的必要開銷。

以此而言，本堂課所要討論的花錢哲學，並未全然與節省哲學矛盾。一個人既可以為了回歸真我和自由而節省、為了追求清心寡慾的快樂而節省、或為了更多施捨和捐助而節省，同時也能抱持花錢的哲學而慷慨大方。

這就是整個第三章所堅持追求的——省所當省、花所該花。無論是儉樸節約或慷慨大方，筆者在乎的，從來不是省了多少或花了多少，而是各自的背後有沒有在倫理上可資辯護的理由。

誠如之前所曾說過的，倘若節省只是一種捨不得花錢的儉樸習慣，那未必是好事。同樣地，如果花錢只是因為你喜歡或想要，並且買得起，這也未必是好事。筆者始終一貫的期待是，無論儉樸節約或慷慨大方，都應該是出於深思熟慮後的一種哲學選擇。

坦白說，許多人在花錢之際，幾乎不存在著這樣的考慮和思維。花錢不過就是到商店、餐廳或超市消費。有時則是出外旅遊、或支付孩子的相關費用。花錢如果有什麼考慮和思維，大概就是你喜歡或想要，並且負擔得起。

但這樣太狹隘了，甚至是一種人性的物化。因為你怎麼花錢，代表了你是一個怎樣的人，其中內含了你的價值觀和感覺偏好。消費忠實反映了每個人一部分的自我。它理所當然地應當被賦予意義，並且在花錢的背後，歷經一番價值哲學的思辨和選擇過程。

那麼，花錢的哲學又該有怎樣的內涵呢？

對此，最常見的是一個不相干的答案。許多人喜歡強調，花錢的好理由，是它可以促進經濟增長。並且愈是放縱無度地花錢，所產生的經濟效益愈大。反過來，儉樸節約則會導致百工各業只去生產民生必需品，推動不了繁榮。並且不肯花錢，也無異於是將貨幣禁錮在手裡，阻礙了貨幣的擴散和流通。

或許不少人聽過，法王路易十四（Louis XIV）曾經為自己的鋪張奢華辯護，說「當一個國王大筆支出時，他是在施捨。」（When a king makes great outlay, he gives alm.）。孟德斯鳩也很類似地聲

稱，「當富人減少開銷，窮人就餓死了。」（Moran, 1901: 832）

上述之論當然有道理。帶動商品生產、促進就業和經濟成長，確實是人們該多花錢的一個好理由。花錢因而可以說是身為社會一份子的經濟責任。但問題在於，箇中的出發點純然是基於社會的經濟利益，而筆者在本堂課中所要探討的，卻只侷限於花錢在倫理上可資辯護的理由。

這就是為什麼筆者在之前會說，促進經濟增長是一個不相干的答案；也就是與本書的主旨有所落差。故而在以下的篇幅中，對於慷慨大方的花錢在活絡經濟上的效用，將完全予以排除，不再多加討論。

進入正題，錢該花在哪裡最值得呢？什麼是花所當花的合宜目標？而其在倫理上又有哪些可資辯護的理由呢？對此，筆者可先行提出以下三個答案：

其一，為了角色扮演的必要而花錢；

其二，為了邁向自我完善化而花錢；

其三，為了實踐超越性價值而花錢。

對於這三個理由，讀過本書第一堂課的朋友應該不陌生。在那裡，筆者曾探討了為什麼該對財富積極進取，當時也訴諸了類似的立論。但兩者在主旨上卻有所不同，之前談的是對財富的追求動機，而此處談的是財富的花用哲學。

事實上，這兩者始終是高度關聯、甚至是二位一體的。因為，任何一項內在倫理的選擇，既然成為了致富的動機，很自然地，會將財富優先並積極地，使用在該內在倫理的實踐上。

具體來說，既然致富的動機之一，是為了安過適合自己階層、職務和身分的生活，那麼理所當然地，應該將財富花用在角色扮演的必要開銷上。

而如果致富的動機之二，是為了排除支配、擁有選擇的自由，以追求實現自我的完善化，可想而知地，應該將財富花用在自我完善化所需要的支出上。

再者，若致富的動機之三，是為了實踐超越性的價值，則將財富花用在其實踐上，無疑是必然的邏輯。就譬如禁慾主義新教徒，他們既然主張為上帝賺錢，也同樣會要求為上帝而花錢。以下就讓我們一一展開探討吧！

A、為了角色扮演的必要而花錢

首先是為角色扮演的必要而花錢。簡單來說，即為了扮演好一個符合自己階層、職務和身分的角色而來使用財富。明顯地，它不能從儉樸節約來出發、或僅僅追求生理上基本需求的滿足。通常，它會需要比較昂貴精緻的消費支出、體面高檔的生活品味，甚至有點闊綽的低調華美。但這一切都不是為了滿足自己的私慾和虛榮，而是為了將自己的角色功能扮演好。

當然，從主張儉樸節約的人來看，那根本是奢侈和浪費。但在此浮現了一個有趣的課題，吾人必須先行處理。即什麼是奢侈品呢？又該如何定義浪費？

有人說，每一件多餘的東西都是奢侈品。另有人則將標準提高一點，主張那些既多餘又昂貴的東西才是奢侈品。還有人則定義說，任何東西若不是為了基本需求，而它得耗費很多的錢財和勞動量，卻只有極少數人能取得，這就是奢侈品。此外，也有學者從人際的角度來看待奢侈品，認為它是那些用來滿足人們喜歡炫耀、浮華和自私慾望的東西，目的是為了高抬自己凌駕於別人之上（Moran, 1901: 833）。

上述這些定義應該都經常聽說，但箇中的問題在於，它們都忽略了所謂浪不浪費、奢侈品或基本需求，其實都是相對的。譬如「一輛馬車，對於一個時尚的婦女是體面的，對於一個得外出看診的醫生是必需品，但對於一個店員則是奢侈品。」（ibid.）而到了今天呢？馬車對多數人是落伍的東西，但對收藏家卻可能是珍貴的古董。

筆者記得，幾十年前，在剛結婚時，還曾經掙扎是否該買一台錄放影機。因為在當時，它被視為非必要的娛樂浪費。今日想起來，覺得自己很可笑！然而，其中的是非對錯，不過只是反映了時空環境以及文化觀念的變遷。

對於這種相對性，休謨早就曾明確指出，什麼是奢侈的享受，會隨著時代、國家以及各人身分地位的不同而有不同的評價。他相信，它該「取決於比較和經歷」。譬如，一個看門人會將錢花在「鹹豬肉和白蘭地上」，而一個朝廷命官，則會將錢花在「買香檳和蒿雀」（Hume 著，1984: 17; 24）。當比較的基準不同、或者經歷不同，則對不同的享受有怎樣的評價，就會跟著有所不同。

後來的亞當斯密也呼應了這種看法。他說，所謂的生活必需品，不僅包括維持生命所必需的東西，還要考慮社會習俗。譬如一件亞麻襯衫，希臘和羅馬人不會覺得必要，但在當時大部分的歐洲，若「沒有亞麻襯衫，一個講究體面的臨時工，都會羞於在公共場合露面。」同樣地，在英格蘭，竟難以想像地，許多人會將皮鞋視為不可或缺的生活必需品（Sen著，2001b: 28; 31）。

那麼在今天呢？試問，某個人不用手機，會不會被視為怪胎？

不只休謨和亞當斯密，即使站在社會主義立場的馬克思，在批判商品經濟之際也同樣表示，勞動者所必須的最低生活標準，絕非純粹只是生理層面的需要，還應該考慮到每個國家不同的歷史和道德背景。這番話與前面所謂的社會習俗，其實差不了多少，更也都強調了它們會表現出評價上的相對性。

歸結而言，某一消費是否屬於奢侈品或浪費，並不單純在於它是否為多餘之物、有多昂貴、又如何耗時費工。甚至，它也無法取決於是否為了滿足人們喜歡炫耀、浮華或自私慾望的心理。基本上，它一方面有賴於不同角色之間比較和經歷。另一方面，還得考慮到社會習俗、歷史和道德背景。

將角色功能扮演好，絕對不是奢侈

而對筆者來說，其中一個最重要的衡量依據，就是必須斟酌每個人因階層、職務和身分而在角色扮演上的不同需要。它既反映了是否為奢侈品或浪費的相對性，同時也是社會習俗、歷史和道德背景中的一個核心因素。

事實上，在人類的消費史中早已顯示出這一點，僅僅是衣著服飾，都是一個人所屬階層、職務和身分最顯而易見的標記。譬如，歐洲從十四以迄十七世紀，貴族、教會領袖以及備受敬重的職業人士，就喜歡搭配著絲綢、毛皮和珍珠；而騎士和法律學者，則習慣穿戴黃金衣飾（Trentmann 著，2019: 74）。

無庸置疑地，各個人由於階層、職務和身分不同，會導致在角色扮演上有不同的所謂基本需求。就譬如對郭台銘之類的董事長來說，私人飛機以及安全保鑣和隨扈，絕對是不可或缺的。而對從事時尚設計或行銷的經理來說，則經常性地旅行紐約、巴黎或米蘭，並大量購買服飾精品，同樣是屬於基本需求。

再譬如大學教授，或許最不可或缺的龐大開銷，是必須經常購買國外極為昂貴的原文書籍。而如果是專業的音樂工作者呢？當然得耗資蒐集購買許多音樂歌曲和影片，甚至打造一間配備有高檔設備的音樂工作室。

對於這些開銷，筆者的立場是，無論金額多少，舉凡各個人為了將角色功能扮演好而必要的支出，都不是奢侈浪費。這就是所謂的花所當花。因為，它們既然屬於不可或缺的基本需求，倘若被節省了下來，可能會導致角色扮演的某些缺憾或障礙。

這是每一個主張或習慣於儉樸節約的人，必須認真面對和思考的課題，是否為了節省，以致角色功能的扮演受到負面影響，從而犧牲了某些價值的實現、或損失了某些潛在的利益？

很遺憾，在筆者的周遭，有不少人一味地講求節省，毫不顧及是否影響到了一己或家人在某些角色功能上的扮演，還得意洋洋地自稱是「省」主席。然而，在自我感覺良好之餘，請切記，無論你想怎麼節省，都應當將角色功能扮演好，並視之為生命職責和意義上的相對優先。比較起來，多節省下一點錢，其實是小事，不是嗎？

筆者就曾經聽聞一位牧師娘的見證。她因為上了年紀，兩腳漸趨無力，行動不便。但她在經濟並不豐裕的情況下，卻堅持每週好幾次搭計程車，去探訪需要關懷的會友。明顯地，對她來說，關心軟弱者的需要，是生命職責和意義上的優先，而在此前提下，儘管經常搭計程車很傷荷包，卻從不是奢侈浪費。

以這樣的角度來看，儉樸節約或盡量節省，很多時候並非美德。

筆者經常形容，那些得意洋洋的「省」主席，就好像是為了節省電池的消耗，而三不五時將手機的許多功能關閉一樣。這已經是將工具異化、凌駕在目的之上了。如此本末倒置，對嗎？金錢其實是身外之物，將角色功能扮演好，關係著生命的職責和意義的實踐，當然更為重要。

進一步地，「個人」與「角色」是截然不同的兩個東西。你個人儘可以鍾情於清心寡慾的生活方式。但問題是，你還有基於階層、職務和身分而需要扮演的角色。經常，你得超越或放棄個人的偏好，轉而去符合角色的期待。

曾有一位會計師朋友告訴筆者，雖然他個人始終崇尚極簡主義，卻選擇以賓士汽車代步，因為在其社交圈中，這樣比較容易爭取到客戶。持平而言，此一論調不無道理。寬敞闊綽的辦公室、出入高檔的汽車、品味典雅的穿戴、擺飾和衣著，可以強烈傳達一種成功人士和專業菁英的暗示。這對於業務的進展和開拓，固然不是非要不可，卻經常可以有加分的效果。

還有一位女性朋友，曾經長時間在國際時尚品牌擔任執行長，她就向筆者透露，當時她全身的穿著打扮，經常至少是幾十萬的價碼。對她來說，這一切同樣並非出於自己的私慾或虛榮，而是以其階層、職務和身分在領導和公關上的需要。講得明白一點，她那身裝扮所代表的，是自己在該職圈中的專業以及說話的份量。這種開銷無疑在角色扮演上是必要的，絕非奢侈浪費。

為何逾越角色扮演需要？兩種心理

當然，所謂角色扮演的必要，也不能無限上綱和擴張，它是有其限度的。而如果從心理動機來分析，則有兩種不同的類型。第一種是出於炫耀心理。它藉由各種高檔闊綽的品味和講究，來凸顯自己那高人一等的階層、職務和身分。它的樂趣主要在於，能夠擁有別人所無法擁有、卻引頸企盼的滿足，從而享受一種位居頂端的帝王感。

對此，最明顯的例證，或許就是在第一堂課所討論過的許多中世紀教皇。他們基於自己是上帝代表人的特殊地位和身分，要求頭戴三重皇冠；配屬三千個秘書；出外時，有四千人騎驢子的隨從隊伍，並且堅持自己要被拱抬上豪華的座轎。

這一切顯然已經超過了其角色扮演的必要，並帶來許多負面的觀感、嚴厲的批判。因為箇中的真相，毋寧是腐化和驕傲。那些教皇們的真正用心，不過是要享受一種高高在上的優越感。其他類似的例證，從古代到現今，可以說比比皆是。為了節省篇幅，無需在此多加贅述。然而，對筆者來說，最重要的是，既然其所有的排場和尊榮，都不是出於角色扮演上的必要，則無論金額多少，這種炫耀性消費一概是奢侈浪費。

進一步地，除了出於炫耀，第二種類型則是補償心理。當事人明明欠缺高人一等的階層、職務和身分，卻在某些方面刻意展現出高檔闊綽的品味和講究。而其主要的效用，是創造一個虛幻誇大、讓自我感覺超級良好的階層、身分和地位。

譬如，身為一名教授或科長，總不能說開雙B高檔車是自己在階層、職務和身分上所必要的吧？然而，這樣的狀況卻屢見不鮮。有趣的是，如果買不起豪華等級的車型，購買其二手貨或外匯車，常是一個變通的方法；或者改以高額貸款、花光積蓄，來選擇陽春入門的「乞丐版」也行。反正，重要的從來不是其配備和性能，而只是那個品牌所代表的階層、身分和地位。

記得女兒在讀大學時，男友送給她一個價值約七、八萬元的名牌薄皮夾。她也相對饋贈給男友一份價值相當的禮物。我不知道他們的錢財是怎麼來的。但我告訴女兒，以他們學生的身分，持用這麼昂貴的東西並不合宜，帶給別人的觀感和評價也未必良好。她雖然同意我的話，卻撒嬌似地說，就彼此寵愛一下自己嘛！

好熟悉的一句廣告詞——寵愛自己。很多人都沒看透徹，這句話的真正意涵是，藉由購用高檔的汽車或名牌精品，來晉升自己所欠缺的那高人一等的階層、身分和地位。所以，寵愛自己是什麼呢？就是在心理上補償自己。

這種心理上的補償不僅不健康，是自己騙自己，還經常會引致周遭那些瞭解你真實階層、身分和地位的人，對你產生負面的觀感和評價，從而不利於將角色功能扮演好。這樣一種方式的寵愛自己，最後的結果其實是加害自己。

歸結而言，無論是炫耀性消費或補償性消費，它們都逾越並違逆了角色扮演上的必要。前者是為了凸顯自己所屬的階層、職務和身分，享受一種高高在上的帝王感。後者則是購買了一個虛幻誇大、可以自爽自嗨的階層、身分和地位。

它們毫無疑問都是奢侈浪費。更糟糕地，它們都可能帶來一個結果，即不利於將角色功能扮演好。高高在上的帝王感，總會帶來隔閡、疏離和嫉妒；至於虛幻誇大的自爽自嗨，則經常引致輕蔑、嘲諷和不信任。

吾人不能否認，對於某一個角色的行為期待，通常會有一定程度的社會共識，並因此讓人們在觀察之際，產生某些情緒上的好惡以及是非上的評價。這肯定會影響當事人在角色扮演上的優劣成敗。

想像一下，就譬如「妙天」之類的高僧或師父，若全身穿戴時尚精品、又開好幾部稀有的高級房車出入，即使追隨者願意供養，都不僅惹來議論、產生隔閡，更會折損其道德說服力。畢竟，社會對於高僧或師父的角色期待，總是超脫世俗、棄絕名利的。如此一來，當然不利於其角色稱職地扮演。

整個來說，節省不一定是對的！經常，即使所費不貲，但若為角色扮演上的必要，其開銷在倫理上是站得住腳的，也因此不是奢侈浪費。當然，它必須滿足一個條件，即為了能將角色功能扮演好，而在「過或不及」之間取得平衡和中庸。一方面，它極力避免因為追求儉樸節約，以致角色扮演出現不利的影響；另一方面，它則知所節制，拒絕將角色扮演的需要無限上綱和擴張。

◆高檔闊綽未必是個人的虛榮或慾望，而是為了將角色功能扮演好。
◆為了節省電池的消耗，而經常將手機的許多功能關閉。這樣對嗎？
◆名牌精品的效用，是給你一個虛幻誇大、可以自爽自嗨的階層、身分和地位。
◆品味和講究的「過或不及」，對於角色扮演都是不利的。

B、為了邁向自我完善化而花錢

進一步地，對於花錢的哲學，第二個在倫理上可資辯護的好理由，或者說在使用上的合宜目標，是為了讓自己或家人邁向生命的完善化。同樣地，在此一方面的開銷，無論金額多少，都不是奢侈浪費。

話說之前在第一堂課時，談到為什麼要對財富積極進取，其中的第二個理由，是排除支配、擁有選擇的自由。扼要來說，即透過擁有財富來獲得支配的權力，從而也能抗拒他人的權力，讓自己得以拒絕不公平、剝削和支配，脫免於風險、不確定性和隱藏成本，並因此得以擁有尊嚴和自由自主。

只是，當一個人因財富而擁有了尊嚴和自由自主後，下一步呢？

很遺憾，許多人經常不假思索地以為，當獲得了財務自由，就該去過有錢人那種幸福快樂的好日子，包括豪宅、別墅、名車、度假、美食、美酒和美女等等。然而，這一類物化的享受，其實是財富在使用上的最大扭曲。

筆者主張，當一個人因財富而擁有了權力和自由，其最大的意義，應該是用來擺脫束縛、突破障礙，以邁向自我和家人在生命上的完善化。具體而言，它可以有三個主要內涵：包括了增進多方面的能力和見識；塑造優雅的美德氣質、談吐舉止和儀容美感；以及追求擁有全人的身心安康。

相反地，若只是用來滿足前述的物化享受，則難以避免地，會導致生命在某些方面出現迷失或腐化。現代社會的一大悲哀，毋寧就在這裡。人類受惠於大步伐的民主化和經濟成長，從而獲得了空前的解放和物質豐裕，但許多人卻將所得到的自由、權力和財富，毫無節制地消耗——濫用——在物化的享受上。

這樣的人其實承受著一種風險。因為與窮人比較起來，原本自己的最大優勢在於，當支付完生活費用後，還有能力投資於自我和家人在生命上的完善化。窮人的家庭當然沒這個福氣，他們在支付完生活費用後就口袋空空了，以致很容易出現一代又一代的貧窮循環。

以此而言，將自由、權力和財富大量地消耗在物化的享受上，正是扔掉了自己和家人相對於窮人的最大優勢，也因此在未來或隔代，很有可能會出現缺乏競爭力、甚或被淘汰的風險。

這絕非危言聳聽。畢竟，大部分人所擁有的資源是有限的。若愈多消耗在物化的享受上，則剩餘下來可自由支配的比例就愈少。進一步地，當在邁向生命的完善化上投資得愈少，很自然地，在激烈的競爭中就愈容易遭到淘汰，從而陷入向下流動的風險。

讓自己更有能力、見識和出類拔萃

那麼，所謂自我的完善化，此一概念指涉的是什麼呢？

這其實並不是什麼新穎的東西。早在十八世紀，盧梭（Jean-Jacques Rousseau）就將它當作是區別人類與動物的關鍵所在。他說，人類的身上有一種非常鮮明、又無可爭辯的特質，即「自我完善化的能力」。動物則通常在出生「幾個月後，就長成它終身不變的那個樣子。」即使過了一千年，也仍是那個「種類」（Rousseau 著，1962: 49）。相反地，人類卻能因應環境的變化和需要，持續不斷地適應、發展技藝、工具和制度，藉以增進自身的能力。

確實，這就是人類最可貴的地方，也是人之所以為人的特質。

不過，筆者在這裡擴張了此一概念的意涵，將它泛指對自我和家人一切在悟性、德性、靈性和身體上的滋養、操練、紀律和裝飾，從而帶來生命整全的光輝和實現。具體來說，它包括了三大內涵：增進多方面的能力和見識；塑造優雅的美德氣質、談吐舉止和儀容美感；以及追求擁有全人的身心安康。

首先，在增進多方面的能力和見識上，譬如，對工藝器械、特殊技能以及知識專業的學習和訓練，乃至於對國際政經情勢和風土人情的理解和視野。將錢財花費在這些目標和事物上，來讓自己一天比一天更有能力、見識和出類拔萃。這無疑是最有價值的自我投資。對此，所有的支出當然都不是奢侈浪費。

遺憾的是，許多人在吃喝玩樂、名車精品等物化的享受上願意花大錢，卻吝嗇於投資在前述的自我成長上。最直接而明顯的一項證據，或許是國人對學習和閱讀求知，在消費上的驚人低迷。

根據聯合報系願景工程「一〇七年民眾閱讀行為」的調查，超過四成的受訪者，一整年沒看過書；而他們上一次看書，平均已是將近八年前的事。此外，如果不包括漫畫和教科書，有高達六成五的受訪者，整年沒買過一本書（馮士齡等，2019）。至於購書的金額，依照遠見雜誌的長期調查，如果不包括漫畫和教科書，大概每年每人平均約新台幣一千四百元，數量則差不多四本書（王美珍，2014: 196-197）。

並且，隨著網路娛樂的日趨發達和盛行，對書籍的閱讀和購買，有愈來愈萎縮的趨勢。雖然網路閱讀的比例相對增加了，但問題是，它通常為片面而短淺式的瀏覽，並非系統化而有深度的學習和閱讀求知。

相較於德國、英國、日本和新加坡等先進國家，如果閱讀求知、終身學習，意味的是競爭力的基礎，那麼毫不誇張地說，台灣恐怕是蠻嚴重的營養不良。說來真是諷刺！從台灣的誠品到大陸的鍾書閣，儘管它們屢屢被譽為全世界最美的書店，卻只是美學的設計包裝，華人的骨子裡向來並非那麼愛書、喜歡學習和研究。

讓閱讀求知成為一種對自我的砥礪

有趣的是，華人雖然不喜歡深度而有系統的學習和閱讀求知，但成為父母後，卻會嚴厲要求兒女要好好讀書、苦讀、甚或是有如虎媽般地「鞭」讀，並且很樂意負擔龐大的補習費用。緣此，華人幾乎可以說創造了全球最龐大、也最賺錢的補教王國。不過非常可惜，其背後全然是升學和文憑主義作祟，以致在通過考試或取得文憑之後，就失去了經由學習和閱讀求知來成長的動力。

記得兩個孩子在國、高中階段時，筆者曾在客廳規畫了一個「博雅書櫃」，放上許多好書，並告訴孩子只要閱讀完畢其中任何一本，就可以得到五百元的獎勵金；而如果願意向老爸報告閱讀心得，則獎勵金增加到一千元。結果，幾年下來一毛錢也沒發出去。

對此，筆者深感無奈，因為升學主義已經完全佔滿了青年學子的時間和心力，也扼殺了他們對學習和閱讀求知的真正興趣。從大部分華人的成長經驗來說，無論是上課、讀書或補習，從來不是一件讓人享受的樂事。相反地，它們總意味著辛苦、壓力、無趣和不快。在如此的情況下，整個社會怎麼會有學習和閱讀求知的風氣呢？

然而，當我們注意那些成功人士的生活習慣，會發現其中一項，就是極其殷勤地閱讀求知、終身學習。事實上，對他們來說，這已經不只是興趣，更是當作一種邁向自我完善化的紀律，來自我要求、並互相砥礪。

譬如股神巴菲特就鼓吹，人們應該將多數時間用於閱讀和思考。他自己每天花五至六小時，來閱讀五份報紙和五百頁的公司報告。比爾蓋茲（Bill Gats）更厲害，他每年讀約五十本書，還會在自己的部落格「Gates Notes」公開分享書單和評介。他還曾於二〇一八年，將自己所推薦的其中一本好書，贈送給全美國大學當年度的畢業生。他更明白地證言，閱讀是鞭策自己學習新事物、並測試自己理解力的好方式。

除了巴菲特和比爾蓋茲，臉書的創辦人祖克柏（Mark Zuckerberg），則從二〇一五年起，許下每兩週至少閱讀一本書的願望，並建立了臉書專頁「A Year of Books」，希望透過閱讀將世界上的人群聯結起來。此外，推出特斯拉電動車的馬斯克（Elon Musk），同樣也有類似的好習慣，他每天都會花上一小時在閱讀上。

還有，運動鞋王耐吉的創辦人菲爾奈特（Phil Knight），他除了公司以外，最常流連忘返的地方竟然是圖書館，幾乎每天都會報到。可以說，學習和閱讀求知就是他持之以恆的生活方式。知名的脫口秀主持人歐普拉（Oprah Winfrey），更將自己的成就直接歸功於閱讀。她很經典地宣稱，「書籍是我前往個人自由的通行證。」（Books were my pass to personal freedom.）（以上參見魯皓平，2017；創新拿鐵，2017-01-23）

除了上述這些成功的大咖外，其實，在西方先進社會中有良好閱讀求知習慣、終身學習的人比比皆是。相對而言，華人可以說是遠遠落後。然而，幾乎所有相關的研究都充分顯示出，廣泛而深入的閱讀求知、終身學習，是突破個人框架、偏見和習慣，並帶來不斷成長、豐富視野的最有效途徑之一。

這毋寧才是個人、乃至於國家是否有競爭力的核心關鍵。當然，不只是閱讀求知，還有聆聽演講，參加各種證照的訓練、專業的研討學習，乃至於花大錢出國進修，也都是增進自身多方面能力和見識所必要的投資。

可以確定的是，這一切所帶來的自我成長和生命突破，是巨大而驚人的，並絕對物超所值。但很遺憾地，人們的藉口很多，既忙碌又捨不得花錢。只是很奇怪，當要吃喝玩樂、追劇、電玩，或交際應酬時，則毫不猶豫地既有時間、又捨得花錢。

培養美德氣質、談吐、儀表和儀態

其次，除了增進自身多方面能力和見識外，塑造優雅的美德氣質、談吐舉止和儀容美感，也是在邁向生命的完善化上，一種具有高度回饋性的自我投資。

譬如公正、負責、信實、和平、感恩、忍耐、節制、仁慈、良善、慷慨、勇敢、豁達這些美德氣質，以及談吐舉止的真摯誠懇、尊重謙讓、從容自信，還有在儀容美感上的整齊清潔、神采煥發、清新有朝氣等等，都是眾所周知的主要內涵。

它們固然並非一種知識，而是屬於實踐性的表現。但除了在儀容美感會有金錢上的直接開銷外，全都也需要透過閱讀、課程和研討之類的間接開銷，來給予教育、探索、養成和學習。

典型的譬如是品格教育，其相關的書籍、課程和研討都已經十分豐富；而它的學習模式也開發得很多元。再譬如，對於談吐和語言的表達、乃至於在公眾或職場中的儀容美感，同樣有許多專業的書籍、訓練和課程，值得你投資金錢、時間和心力去學習。

只是非常虛偽地，這些學習往往都只發生在中小學生及幼兒身上。至於大人們，則好像都已經達標似地，少有人願意為此投入持續成長的成本。事實上，要塑造優雅的美德氣質、談吐舉止和儀容美感，毋寧最需要終身學習。

因為大部分的人，總隨著年齡和社會習性，而愈來愈丟失或漠視它們。常見的情況是，以現實的功利取代了美德氣質；或因權力和財富而流露傲慢粗野；還有許多人，特別是我們這些有點年紀的華人男性，則經常儀表邋遢、儀態隨性。

對於這些方面的學習和培養，筆者要特別強調一點，就是美德氣質、談吐舉止和儀容美感，這些素質是不應該分開的。固然，談吐粗俗、儀容邋遢、儀態隨性的人，可能也有高尚的美德；而反過來，談吐不凡、儀容體面、儀態優雅的人，可能極其卑鄙缺德。但若能將它們都整合為一體，互相輝映、相得益彰，不是更好嗎？

讀者們或許很難想像，在這方面最典型的例證，竟然是孔老夫子。曾幾何時，他被當作滿口仁義道德、古板迂腐的冬烘先生，甚至好像是整天穿制服、因循守舊的糟老頭。事實上，他在倡導仁義道德之際，同時，對於談吐舉止和儀容美感都十分講究。

譬如，按照《論語．鄉黨》篇的記載，孔子在乘車之際，必定站得直挺挺的，同時還很規矩地握著扶手。他不轉頭四處張望，言語神色不粗魯急躁，也不用手去指東指西。此外他還堅持，在用餐時不說話，並且若肉割得不合常度、歪七扭八，就拒絕進食；座蓆若沒有鋪放端正，則不坐。這一切看似龜毛，但箇中的理由，就是為了讓自己保有優雅的舉止和儀態，不至於讓別人覺得輕浮隨便。

不是追求時尚，而是為了文質相稱

最有趣的莫過於孔子的穿著打扮。他要求自己的衣服不用深青透紅或黑中透紅的布鑲邊，居家時也絕不穿紅色和紫色的衣服。除了祭祀的禮服之外，其餘的衣服一律加以裁剪。他也幾乎每天都佩戴象徵君子的玉器。這就是所謂謙謙君子，溫潤如玉；既有質地上的細密，又在外顯上光澤柔和。此外，孔子若穿黑色的羔羊皮袍，要配黑色的罩衣。穿白色的鹿皮袍，要配白色的罩衣。穿黃色的狐皮袍，則配黃色的罩衣。

試問，孔子上述的一切講究，到底是為了什麼呢？當然不是出於追求時尚、炫耀、或與他人競逐比較，而是視之為一個有品德的君子，在談吐舉止和儀容美感上應有的外顯——禮。

值得注意地，這樣的「禮」可不只是封建秩序，它有一個出於情和理的人性訴求，就是要讓那些與你互動相處的人們，感受到和善、愉悅及美好，從而贏得他們的親近、信任和尊重。對此，曾子有一則非常精準的詮釋。他指出，君子必須要有三種修養：

> 動容貌，斯遠暴慢矣；正顏色，斯近信矣；出辭氣，斯遠鄙倍矣（論語・泰伯）。

簡單來說，就是你要有動人的儀容，這樣可以避免別人的粗蠻放肆；此外，你的神色還要端莊正派，以展現出你的誠信可靠；還有，你的談吐表達、口氣語詞，要文雅得體，別人那些俗氣乖謬的話自然會遠離你。

此一番話的核心原則非常明顯，即你若在「容貌」、「顏色」和「辭氣」上愈是表現出自愛自重，別人就會用同樣的態度來回報你。相反地，若是你自己很邋遢、隨性、談吐舉止粗俗，則會誘發出別人對你的不尊重、無信任，甚至是粗蠻放肆。

對於這種將內在與外顯互相搭配、彼此輝映的精神，吾人還可以在一則很特別的對話裡看出來。有一次，子夏（即卜商）引用了《詩經》而問道，美女啊！巧笑倩兮，美目盼兮，這是天生麗質，再加上裝飾打扮，才如此動人的嗎？孔子回答說，是啊！那就好像在做畫之前，得有一塊乾淨潔白的畫布，才能畫上美麗的顏色。

子夏很快答覆，這不就是人要先有仁義的美德，然後再加上禮的裝飾打扮嗎？對於子夏這樣的回應，孔子非常滿意，表示以後能跟子夏好好談論《詩經》了。（論語．八佾）

討論至此，孔子的立場已經非常清楚。質樸勝過文飾就會粗野，文飾勝過質樸就會虛浮。質樸和文飾必須比例恰當、互相對稱，然後才可以成為彬彬君子。（論語．雍也）很明顯地，孔子始終在追求一種生命典範，在其中，美德氣質、談吐舉止和儀容美感都整合為一體；讓它們在彼此之間，既互相輝映、又相得益彰。

當然，如此的內外整合，肯定會讓彬彬君子們（當然也包括了窈窕淑女們）增加不少直接或間接開銷，但在金額上應該是相當有限的。因為它們的本質是文化性消費，而非沒完沒了地追求時尚、炫耀，或與他人競逐比較。

尤其，它們所指向的目標很單純，就只是讓那些與你互動相處的人們，從你的美德氣質、談吐舉止和儀容美感的整體呈現中，感受到和善、愉悅及美好，從而贏得他們的親近、信任和尊重。毫無疑問地，為此而支出的必要開銷，不僅不是奢侈浪費，還是一種可以邁向生命的完善化、並具有高度回饋性的自我投資。

身體層次的開銷：追求安全和健康

最後，對於邁向生命完善化的花錢哲學，除了增進自身多方面的能力和見識、以及塑造優雅的美德氣質、談吐舉止和儀容美感外，顯然，還該加上為了擁有身心安康而付出的開銷。甚至，較之前面兩者，它毋寧更為重要、不可或缺。

先從身體的層次來說。從表面上看，應該少有人不願意花錢讓自己和家人在身體上更安康。時下常見的是，許多人會花大把鈔票，持之以恆地購買一堆昂貴的健康食品。不少人則樂於繳付不便宜的費用，成為某些運動課程或健身俱樂部的會員。

但難以相信地，就在筆者的周圍，許多人明明有經濟能力，卻仍為了省錢而盡量摳減這方面的支出。譬如，在菜市場或攤街裡，輕忽品質和衛生、一味地以低價來選購食物和食材。或者，就診時因不願自費而選擇較差的處方或治療。出門時，為省車資或停車費而寧可忍受奔波的勞累。還有不少年輕人，則是三餐不顧營養均衡地隨便吃，好多存點錢去購買可炫耀的時尚精品。

這其中最讓筆者無法認同的是，台灣有如世界奇觀地大街小巷充斥著機車。甚至還不時驚悚地目睹，座位前站立著一個小孩、或在兩個大人中間擠壓著一個小孩的嚇人畫面。毫不誇張地說，這些機車族在馬路上鑽竄奔馳，萬一發生碰撞，絕對是超級高風險的。即使未發生碰撞，至少直接承受了高污染和高噪音。若是遭逢烈陽、寒風或下雨，其悶熱、刺骨或將褲鞋淋濕，也都是很不好受的苦楚。

正因為如此的高風險以及低乘坐品質，機車很少在先進國家成為主要的代步工具。但在台灣這麼一個算是富裕的國家裡，其密度卻高居全球第一。根據二〇一八年的統計，台灣兩千三百萬人口，機車數量竟達一千三百七十萬輛。扣除十八歲以下不得擁有駕照的人口，擁有機車的比例之高，絕對可以算是世界奇觀。

探索其中的成因，主要理由就在於方便和省錢。先就方便來檢討，事實上，這經常只是習慣的問題，更有替代的工具可供選擇。譬如，至少在台北或某些都會區，大眾運輸系統都已達一定程度的便捷。即使有時需要稍微走走路，也不是一件壞事。機車的方便性固然是事實，卻不應無限上綱來合理化對安全和健康的威脅。

至於省錢，同樣地，難道安全和健康不是更重要、更優先嗎？你很難想像，許多機車族打的如意算盤是，騎機車比搭捷運和公車更便宜。根據調查，機車族一個月的油錢不會超過四百元，一年的保養費用約一千兩百元，一百五十ＣＣ以下的稅負，則只有四百五十元。然而這種如意算盤，其實是對安全和健康的奢華豪賭。你固然省了荷包，卻可能輸掉生命、重創未來。

台灣很奇怪，即使並非低薪族群，都經常欠缺自覺地為省錢而罔顧安全和健康。似乎對許多人來說，節省打著美德的藉口，再加上普遍存在的便宜心理，已經成為一種根深柢固的習慣。如果口袋實在不寬裕，這當然可以理解；但若有經濟能力卻還如此，節省就不再是美德。

筆者還可以再舉一個經驗中的實例來強調，為了安全和健康而不吝於花錢，毋寧才是真正的美德。記得在二〇一八年，蘋果公司推出了 iPhone XS。當時，筆者正好面臨換機的需要。但 XS 太貴了，筆者打定了主意，準備購買另一款 XR。它性能稍差，卻便宜將近九千元。但後來發現，XS 因配搭 OLED 面板，基於自發光的原理，可以使最傷害眼睛的藍光減少百分之五十到七十。在確認這一點後，筆者毫不猶豫地改為購買 XS。

事實上，在此之前，筆者早就因使用筆電時過強的藍光，而罹患了頗為嚴重的飛蚊症，還因此導致了視網膜出現過裂孔。九千元的差價不是一筆小數目，但試問，省掉它或花掉它，哪一樣才是真正的美德呢？

筆者深知，許多人在購買 3C、家電、汽車、乃至在支出其他各種日常開銷時，往往會很在乎價格。這絕對沒有錯。但請切記，安全和健康毋寧更為重要和優先。現代人喜歡談性價比或物超所值。然而其中所謂的性能或價值，有沒有將安全和健康放進去、並且儘可能列為第一順位呢？這絕對是吾人在使用錢財上，必須先確立、並經常自我提醒的原則。

心靈層次的開銷：追求休閒和享受

談過了身體層次的安康，進一步地，心靈層次的安康，這同樣是自我和家人在邁向生命的完善化上必要的開銷。簡單來說，即為了紓壓解悶、調劑疲憊，而在消遣和休閒享受上的支出。它們同樣未必是奢侈浪費，更還可以在審慎自制的情況下，成為一種在花錢上的美德。

有點困擾地，這似乎與前一堂課所談過的節省哲學，在某些論調上發生了衝突。譬如對犬儒主義、奧古斯丁、極簡主義和墨子來說，任何消費都必須以實用為導向，絕不允許是為了消遣、享受、滿足欲望或感官上的愉悅；除非，它們能夠回饋以實質的效益。

這真是一個麻煩！在人類長遠的歷史中，對於將錢花在消遣和休閒享受上，經常抱以負面的評價，甚至視為一種罪惡和墮落。這當然有其時代背景和形成原因，但也未嘗不是一種偏見。事實上，消遣和休閒享受不僅可以很健康而陽光，同時，也能夠回饋以若干實質的效益。

對此，休謨回答得很好。他說，幸福表現在三個方面：勞動或工作、精神生活的消遣，以及悠閒或休息。它們不僅缺一不可，還必須以不同比例結合為一體，並彼此平衡。否則，不只會因操勞而疲憊不堪，還會由於無法滿足「正當欲望」而孳生出「邪惡欲念」（Hume 著，1984: 19）。

換言之，藉由消遣和休閒享受，讓正當欲望有了疏通的管道，勞動或工作反而更有效率，人生也自然地更會走在正途上。以此而言，不也是一種實質效益的回饋嗎？所謂「休息是為了走更遠的路」，正就是這樣的意思。

休謨作為一個效益主義的大師，這番論調有力挑戰了之前極為普遍、又根深柢固的禁慾主義新教倫理。就誠如我們在之前所曾提及的，十七世紀的布爾喬亞，戰戰兢兢地投身於職場，並為此辛勤劬勞。深怕因虛擲了一寸光陰，而喪失了一寸為上帝榮耀而勞動的時間。他們不僅與世俗的繁華隔絕，更拙於享受生活的樂趣。

這群人更還抱持著一種嚴格的「禁慾品行原則」。舉凡通俗的娛樂、休閒放鬆，以及文化藝術等的消遣滿足，都被認為「會驅使人捨棄職守、背離宗教，因此理應成為理性禁慾主義的仇敵。」（Weber 著，1991: 133）

休謨對此不僅大唱反調，更特別讚揚了一種在理性啟蒙主義下的享受哲學。它既不墮落，也遠離罪惡。它非但健康而陽光，更能夠回饋人生和社會以實質的效益，十分值得吾人深思提倡。

具體來說，當理性啟蒙主義在十八世紀成為一種時代精神，它不僅讓人們敢於運用理性來追求新的知識，從而帶來了工藝器械和科學的進步。同時它也使得在精神生活上的消遣和休閒享受，遠離了粗俗和縱情敗德，表現出一種「理性人類的榮耀」來。包括有優雅的才智、性情的教養、文化的品味、談吐的風趣，以及對服飾家具的美感鑑賞力等等（Hume 著，1984: 19）。

休閒和享受必須服膺理性、有節制

休謨相信，上述諸多方面的發展是「相輔相成、互相促進」的，因為其中內含著共同的核心精神，即以理性自制為一切的最高原則。緣此，他明確指出，消遣享受並不必然帶有「腐化敗德」的趨勢，並且它「愈是考究，就愈不會沈湎物欲、放縱無度。」

更明白一點來講，真正的消遣享受，由於堅持理性自制，故而在樂趣快活中仍然優雅高尚、有品味、教養和美感。休謨甚至指控，沉湎物欲和放縱無度，對於真正的消遣享受，反而是一種最大的傷害（ibid.: 23）。

看來，消遣和休閒享受是否為一種墮落或浪費、是否健康而陽光，又是否能夠讓人更勤勞、工作更有效率，或讓人更有高尚的性情、品味、教養和美感，對休謨來說，關鍵就在於其中有多少理性啟蒙主義的成分。

對現代人來說，這應該是一個很有意義的指引。一方面，在社會近乎翻轉的巨幅變遷下，禁慾主義新教那種棄絕消遣享受的生活倫理，明顯已經不合時宜。但另一方面，吾人在消遣和休閒享受之際，若能抱持著理性自制為最高原則，那麼，不僅不會淪入腐化敗德，還能為人生帶來多方面的實質效益。

很遺憾，現代人的許多消遣和休閒享受，經常淪為不理性或無節制的縱情和肆慾。時下最常被提及的「網路遊戲成癮」，不就是最明顯的例證嗎？原本，線上遊戲和電玩都只是一種調劑性質的休閒娛樂，結果卻演變成對個人生活、身心健康、家庭關係、學習或工作等的傷害。

筆者相信，不只是度假、旅遊、散步、運動，即使是電玩、手遊、追劇、麻將或其他更刺激的玩樂，都可以表現為陽光而健康，並為人生帶來多方面的實質效益。但奈何就是有許多人缺乏理性自制，搞到原本的生活作息大亂，甚至廢寢忘食、晨昏顛倒；有些更還表現為荒誕乖謬、低俗敗德。

如此的開銷，不僅是對錢財的糟蹋和浪費，同時，對於邁向生命的完善化，也是一種具有高度破壞性的自我傷害。相反地，若消遣和休閒享受能堅持表現出「理性人類的榮耀」來，在樂趣快活中仍然優雅高尚、有品味、教養和美感，這何嘗不也是一種在花錢上的美德。

寫到這裡，對於為邁向自我完善化而花錢，吾人已經從三大內涵析論了其中所包括的意義和道理。它們分別是增進多方面的能力和見識；塑造優雅的美德氣質、談吐舉止和儀容美感；以及追求擁有全人的身心安康。歸結而言，將錢財花費在這三大內涵上，不僅不是浪費，對於健全和豐富人生，更還是花所當花的合宜目標。

◆將財富大量消耗在物化的享受上，正是扔掉了相對於窮人的最大優勢。
◆閱讀求知不能只是興趣，更要當作一種紀律來自我要求、並互相砥礪。
◆一個人的邋遢隨性、談吐粗俗，會誘發出別人的不尊重、無信任和粗蠻放肆。
◆沉湎物欲和放縱無度，根本是對消遣享受的最大傷害。

C、為了實踐超越性價值而花錢

最後，對於花錢的哲學，筆者要提出來的第三個在倫理上可資辯護的好理由，或者說，在使用上的合宜目標，是為了實踐超越性價值而花錢。其中的意涵，就誠如在第一堂課中所解釋的，即為了體現一己所委身或認同的來自上帝、歷史、國族，或其他非利己性的價值而花錢。基本上，它超越了個人和家族的消費需要，表現為一種對公共或精神價值的承擔和實踐。

對於這樣一種使命召喚，在之前的討論中，筆者已經分析過了為催生開放社會的索羅斯、為弘揚儒學而聘享諸侯的子貢，乃至為捍衛伊斯蘭宗教而發動聖戰的賓拉登，還有韋伯筆下為榮耀上帝的禁慾主義新教徒。但在此，筆者要強調的是，他們為了各自所委身或認同的超越性價值，不僅燃起了致富的雄心，同時，也將之實踐在財富的花用哲學。這就是說，那些非利己的、超越性的價值，既形塑了他們對財富的追求動機，也成為財富在使用上的合宜目標。

讓你我的購物充滿了道德和意義感

上述討論過的若干內涵，當然，在以下的篇幅中不需要再贅述。但必須提醒，所謂超越性的價值，其範圍是非常廣闊的。除了催生開放社會、弘揚儒學、捍衛伊斯蘭宗教以及實踐上帝的榮耀外，還擴及了每個人所委身或認同的各式各樣非利己性價值，甚至只是所擁抱的一些慈善或公益性願望而已！

譬如，你可以將錢財用來認養孤兒、設立獎學金、贊助文藝活動、收容流浪犬，或是捐給社區發展協會、支持冒險犯難的義消等等。無疑地，這些都是某種超越性價值的實踐。而或許最出人意料的是，為了愛地球或抵制黑心企業，竟也可以建構出一套發人深省的花錢哲學。

舉例來說，英國的評論家赫茲（Noreena Hertz）女士，就曾在其對資本主義的抗爭訴求中，鼓吹了一種很特別的花錢哲學，主張購物時要充滿道德感。

她說，中產階級的新教堂，已經轉移到購物中心或大賣場了。而「愈來愈多的購物者奉行的新宗教，是帶有一點道德傾向的消費主義。」甚至這樣一個定位，在英國還得到了教會的背書。

譬如，在英國國教的新千禧年祈禱書《敬拜新起點》（*New Start Worship*）裡，竟然明白告訴信徒，購物此一日常的行為，內含有一種信仰責任。而「若我們將自己的角色，嚴肅地視為上帝的管家，那麼所有的購物者集合起來，將是一個極為強大的團體。」可以形成消費者運動，用來抵制黑心的企業。

這份文件清楚地指出，吾人「該到哪裡購物、如何購物，以及該買些什麼等等，都是我們信仰的真實顯現。」甚至，在購物時「進行道德及宗教方面的評斷，這種行為可能比教堂裡任何虔誠的祈禱者，更能榮耀上帝。」（Hertz 著，2003: 161）

該祈禱書還進一步批評，倘若我們並非處於貧窮線上的人、卻總是購買最便宜的東西，而不考慮它們是否以不道德的工作條件製造生產的，那麼，對於耶穌所說的要「愛鄰舍如同自己」，我們豈不是在予以踐踏嗎（ibid.: 162）？

緣此，赫茲挑戰消費者，我們是否該多付點錢，買「公平貿易」的咖啡及保濕乳，或標榜不僱用童工的足球及運動鞋呢？還有，買非基因改造的有機披薩、不破壞臭氧層的髮雕、以再生紙印製的書本和手冊、放養雞而非密集飼養的雞蛋、沒有污染海洋記錄的石油品牌，以及號稱「我們不在亞馬遜砍樹」的冰淇淋，並唯獨使用那些承諾只投資有道德企業的銀行信用卡（ibid.: 165-6）。

很明顯地，這樣的花錢哲學，就是一種對超越性價值的實踐。它要求人們在購物之際，將愛地球或人道之類的道德價值列為最優先考慮，而不是只在乎一己的滿足，或狹隘的便宜、性價比以及消費優惠。

赫茲說得好，「我買的東西即代表我」（ibid.: 159）。你將錢花在哪裡，代表你看重什麼，甚至反映了你的人格特質和價值觀。譬如，倘若你將大把鈔票花在非角色上必要的名車和名牌精品，就透顯出你在骨子裡是個隨俗虛榮的人。而倘若你為收容流浪犬或認養孤兒而不吝開銷，則反映了你富於憐憫心腸。

那倘若你熱中於贊助恐怖組織或革命運動呢？無疑地，這代表了你個人所委身的某種意識形態。再譬如像筆者所知道的某些教授和朋友，花錢買書從不猶豫或手軟，則毋寧反映了其自詡為知識份子的使命和承擔。

緣此，筆者要再次強調，花錢不該只是你喜歡或想要、而且你買得起。花錢不該只是一種經濟上的滿足行為，只需要考慮便宜或性價比。花錢應該有一個面向，就是主觀地賦予其意義，讓錢財的使用，反映出你對某些超越性價值的委身和認同。這就是「我買的東西即代表我」的真諦。

或者換個說法，「我存在，故我消費。」而不是「我消費，故我存在。」這就是主張，要將自我存在的意義感表現在消費上，而非以消費來刷自我的存在感。它經由錢財的花用，來作為一己所擁抱價值信念的實踐；而不是無反省地消費，或以消費來贏取別人的認同和肯定。

為了上帝的榮耀：盡你所能地給予

寫到這裡，筆者想到耶穌曾說過的一句名言：「你的財寶在哪裡，心也在哪裡。」（馬太六21）這固然是在提醒人們，財富有一種危險，就是它會成為人生最具支配性的價值。但或許耶穌有一個沒有明白說出來的意涵，即人生的正確之道，毋寧應該是將其翻轉，改為「你的心在哪裡，財寶也應該在哪裡。」

這就是要讓你的心所擁抱的志氣和抱負，成為對自己財富一種最具支配性的力量。

譬如，對一個委身耶穌的信徒而言，倘若他真正關心上帝國的實現——醫好傷心的人，被擄的得釋放，瞎眼的得看見，受欺壓的得自由，那麼，就應該將一己的財寶，儘可能地投入在這些超越性的價值上。否則，他的信仰是虛偽的。

當然，以基督教的圈子來說，承襲著吾人在節省哲學中所討論過的，為更多施捨和捐助而節省，無疑才是他們在財富倫理上最強烈的訴求。據此而引申推斷，結論就是要為弱勢和匱乏者的需要而花錢、為實踐愛的分享使命而花錢。

為了鋪陳後續的討論，容許筆者再次強調，實踐愛的分享使命，乃整個基督教傳統幾乎無例外的主流論述。它揭櫫了有經濟能力者應該承擔一種消滅貧窮、實踐均平的社會責任。並且，它已經是正義的一環，而非只關乎愛心。

它還被視為一個明證，考驗著你的宗教和對上帝的敬虔是真實抑或虛假。

不只如此，它也挑戰了那些冷漠的富人在自己遭逢困難時，得到別人援救和幫助的正當性。並且認定，孤立脆弱、乏人關愛，就是他們該得的結局。尤其強烈地，它更直指富人的冷漠，在本質上正是偷竊了該屬窮人之物。

而最值得一提的是，這樣的主流論述，當來到了十七、八世紀的禁慾主義新教，循道宗的領袖約翰衛斯理（John Wesley）提出了非常經典的三句話，為之做出了漂亮的總結，即所謂的「盡你所能地賺取、盡你所能地節省、也盡你所能地給予。」（gain all you can, save all you can, and give all you can.）

其中第一句話的緣由，我們已經在第一堂課討論「對財富的積極進取」時詳盡分析過了。扼要來說，禁慾主義新教徒將勤奮地投身職場、理性化地工作，以及追求最大的致富成效，視為一種為榮耀上帝而承擔的天職。

那第二和第三句話的緣由又是什麼呢？箇中的邏輯其實很容易理解。既然積極致富是為了上帝的榮耀，那理所當然地，會在財富的花用上也為了上帝的榮耀而儉樸節約，以便能更多地施捨和捐助。

簡單來說，既為上帝的榮耀賺錢，也為上帝的榮耀花錢。

對此，韋伯曾經舉了個例證，說到一位富有的製造商，因消化不良被醫生要求每天吃幾隻牡蠣，他極不情願地照辦了。原本對他來說，吃牡蠣是奢侈的，並不榮耀上帝，但其一生卻為了慈善目的而非常大方地施捨捐助（Weber 著，1991: 245）。

愛的分享使命：若干近代實踐案例

從後來的歷史發展來看，約翰衛斯理的那三句話，確實非常經典、也影響深遠。石油大王洛克菲勒（John D. Rockefeller），就將它們奉為自己一生的座右銘。眾所周知地，他不僅非常勤奮地工作致富，還極為節儉樸實。然而，他在慈善和公益事業上卻慷慨大方，一生共捐助了超過三分之一的資產。明顯地，洛克菲勒是一個禁慾主義新教徒式的實踐典型。

來到今天，另一位禁慾主義新教徒式的實踐典型，或許就是在一九六〇年創辦ＤＦＳ全球免稅商店的查克費尼（Chuck Feeney）。他成立了「大西洋慈善基金會」，在全球各地對教育、醫療、人權、公共衛生和基礎建設大筆捐獻，累積三十五年以上的總金額，已經超過洛克菲勒，高達八十億美金。

他對匱乏者的需要慷慨大方，自己卻過著非常儉樸的生活。他拒絕昂貴的美食，最愛的是烤乳酪番茄三明治。臉上戴著雜貨店買來的老舊眼鏡。手腕上則是十五美元的卡西歐錶，理由是它走得跟勞力士一樣準確。他沒有汽車，大都以公共運輸工具代步。而如果不是因為關節老化、不停顫抖，搭飛機也始終只坐經濟艙。難怪！他會稱自己是「衣衫襤褸的慈善家」。

最特別的是，他在慷慨捐獻時，強烈地要求隱姓埋名。這明顯是為了服膺耶穌的教導：「你施捨的時候，不要叫左手知道右手所做的。要叫你施捨的事行在暗中。」（馬太六3-4）長久以來，受捐獻的機構通常不知道查克費尼是金主；倘若知道了也必須簽署一份保密協議。他更拒絕讓自己的名字出現在受益者的手冊、銘牌或建築物上。這一切充分證明了他不是在追求自己的榮耀。

對於捐助慈善和公益事業，他曾經多次明確地表示，看到有需要的人受惠，可以帶給自己巨大的滿足；而這就是財富真正的意義和價值所在。相反地，倘若將巨大的財富留給子孫，其實是帶給他們巨大的麻煩。

除了洛克菲勒和查克費尼外，在西方社會中，類似案例還有很多。譬如，知名品牌牙膏的創始人高露潔（William Colgate），從年輕時候開始，在支領人生的第一份薪酬之際，就已經刻意抽出十分之一來實踐愛的分享使命。此後，他的捐獻額度持續增加，甚至到了幾乎是十分之十。

還有桂格燕麥片的創建者克勞威爾（Henry Parsons Crowell），他在二十六歲時就在其個人的基督信仰中立志，爾後一生，要從所賺取的財富捐獻出百分之六十五，來從事慈善和公益事業。而在此後四十多年的經商生涯中，他竟然實現了此一志向。

西方社會在如此的氛圍和交互影響下，近代的大咖慈善家可以說比比皆是。譬如比爾蓋茲、巴菲特、索羅斯、摩爾（Gordon Moore）、布洛德（Eli Broad）、凱薩（George Kaiser）以及祖克柏等等。他們都為實踐一己所認同或委身的超越性價值，而慷慨大方地花錢。

最值得一提的是，二〇一〇年，由比爾蓋茲夫婦和巴菲特發起的一項稱為「捐贈誓言」（The Giving Pledge）的活動，目的是號召全球的億萬富翁，在生前或死後，至少捐出自己一半的財富來使用於慈善和公益事業。短短六週，就得到了四十個美國富豪家庭的支持。而根據二〇一九年該網站所公佈的資料，簽署加入的億萬富豪已達二〇四位。其中來自台灣的只有尹衍樑。

誰應多捐獻一點？華人該感到羞愧

社會上經常有一種觀念，認為有錢人多捐獻是應該的。那我們自己呢？筆者大膽地說，就在台灣，許多滿嘴人道的左派學者以及走上街頭的社運人士，儘管口口聲聲撻伐資本家的自私貪婪、悲憫窮人和弱勢者的困苦，可是自己對慈善和公益的捐獻，能穩定達到經常性收入十分之一的，恐怕寥寥可數。

在此，筆者要強烈呼籲，實踐愛的分享使命，絕非唯獨有錢人該盡的義務，它毋寧是每一個人都該承擔的普遍責任。從自己收入的十分之一做起，涓涓細流、蔚成大河。這不僅是每個人都做得到的，還看得見社會綜效。

很遺憾，傳統以來，我們華人對於財富的使用，最常見的大概就是儉樸節約，然後留下一大堆資產給子孫；不論他們是否在經濟上已有獨立的能力。至於對慈善和公益的捐獻，往往就只有財產的零頭，許多人更是在這方面幾近一毛不拔。可以說，一種濃濃的家族主義，始終在華人的骨子裡強有力地在支配。

這當然不是筆者所期待的非利己的、超越性價值的實踐。對此，歷史的證據昭然若揭。人們的自私自利，總與自家人的利益密切連結。甚至，為了對一己家人的照顧和滿足，還經常是自私自利最強烈的動機。

倘若卡內基前述的那一句名言是對的，即「一個人死的時候如果擁有巨額財富，那就是一種恥辱。」同樣地，我們將巨額財富留給子孫，不也是一種恥辱嗎？因為同樣沒有在有生之年，發揮所擁有財富的最大效用。而其中最遺憾的是，自己辛苦了一輩子來積累財富，卻放棄了將它們以最大成效來實踐使命召喚的機會。試問，子孫繼承了你的財產，同時也會繼承你的使命召喚嗎？

其實，中國不是完全沒有施捨給窮人的哲學。譬如之前討論過的墨家，許多人只知道他們主張儉樸節約，卻忽略了其背後的目的，就是期待「有餘力以相勞，有餘財以相分。」「有力者疾以助人，有財者勉以分人。」但很可惜，墨家在秦漢大一統後就已消聲匿跡，以致這種強調施捨分享的義理，毫無發展的機會。

至於儒家，則雖然存在著對窮人仁民愛物的惻隱之心，特別是孟子。但它主要卻是說給國君和官府聽的，要他們好好愛民、施行仁政；而不是說給富人聽的，譬如是豪門、商賈和地主。對於這些富人，儒家更多的是擔心他們帶來道德腐敗，很少責成他們要對窮人有一種出於愛的分享使命。

回顧華人的歷史，雖然不時也存在著一些救助非親非故的大善人，譬如在《史記》中提到的陶朱公（范蠡），他三次賺得千金，卻將財富分散給窮朋友、以及疏遠的祖戚。但與極為普遍的家族繼承比較起來，類似於陶朱公的例子絕對是不成比例地稀少。

迄今，雖然許多華人已頗為富裕，施捨分享的作為也有所增加，但將全部財富留給子孫的觀念，依舊根深柢固，突破有限。而整個社會對於公益和慈善事業的體系和制度，更談不上健全、可信賴，明顯地遠遠落在歐美國家之後。事實上，不只是台灣和中國，在亞洲大部分的國家裡，情況也都差不多。在濃濃的家族主義下，約翰衛斯理的那一句「give all you can」，看來是非常的遙遠、不可期。

- 我買的東西即代表我。我存在，故我消費；而不是我消費，故我存在。
- 要讓你的心所擁抱的志氣和抱負，成為對自己財富一種最具支配性的力量。
- 為弱勢和匱乏者的需要而花錢、為實踐愛的分享使命而花錢。
- gain all you can, save all you can, and give all you can.

小結：讓錢財的使用被賦予意義

以上，對於花錢的哲學，筆者共探討了三個在倫理上可資辯護的理由。它們不僅是花錢的好理由，還是花錢所指向的合宜目標。其一，為了角色扮演的必要而花錢；其二，為了邁向自我完善化而花錢；其三，為了實踐超越性價值而花錢。

對許多現代人來說，這三個理由似乎太沉重了。花錢不就是到商店、餐廳或超市消費，以及支付必要的開銷嗎？花錢如果有什麼要考慮和想清楚的，應該就只是你需不需要、買不買得起，不是嗎？

但筆者要再次強調，將消費和購物僅僅定位於一個人在經濟上需不需要、買不買得起，這實在是過於狹隘了。人類學家的研究已經清楚指出，當脫離了貧窮，人們的購物和消費，「是含義深遠的社會經驗，而非盲目無腦的累積行為。人們總藉由他們的所有物去了解並表達自己。」（Trentmann 著，2019: 41）

這就是說，你怎麼花錢，代表了你是一個怎樣的人，其中內含了你的價值觀和感覺偏好。消費忠實反映了你一部分的自我。它們理所當然地應當被賦予意義，並且在花錢的背後，歷經一番價值哲學的思辨和選擇過程。

至於節省的哲學，也就是儉樸節約在倫理上的三個理由，不也同樣是如此嗎？它們都並非出於捨不得花錢的性格習慣、吝嗇小氣；或者是因為缺乏安全感，而想要儲蓄更多錢財來當自己的堡壘；更也不是因經濟條件欠佳而被迫儉樸節約。

相反地，在節省哲學中，儉樸節約被賦予了超越性的意義，也同樣歷經了一番價值哲學的思辨和選擇過程。它或是為了回歸真我和自由、或是為了追求清心寡慾的快樂，或是為了承擔財富的正義和社會責任。

它們始終是節省的哲學，而非節省的經濟學。

最後，筆者還是要再次提醒，既然無論花錢的哲學抑或節省的哲學，在本質上都是被賦予意義的價值思辨和選擇，那它們就不存在著所謂的「道德正確」。畢竟，對於意義的賦予，始終是高度自由和主觀的。

緣此，身為讀者的各位，對於財富的使用，無論是基於上述的哪一個理由，要選擇儉樸節約抑或是慷慨大方？這完全是可以自行斟酌、甚至彈性組合的。換言之，在它們彼此之間未必矛盾衝突。你既可以為了回歸真我和自由而節省，為了追求清心寡慾的快樂而節省，或為了更多施捨和捐助而節省，同時，也能為了角色扮演的必要、為了邁向自我的完善化，或為了實踐超越性價值而慷慨大方。

這不就是許多人常說的話嗎？省所當省、花所該花。

第四章

財富的分配正義

到目前為止，本書已經探討完成財富的追求動機、財富的牟取之道，以及財富該如何使用了。接下來，吾人要面對一個最艱鉅的挑戰，即省思財富的分配正義。為什麼說是「最艱鉅的挑戰」呢？因為比較起前三者，它充斥著最多的爭執和衝突；最複雜、也最難解決。

從整個財富倫理史來看，對分配問題的爭議，雖自古有之，但變得突出而尖銳，則主要發生在工業革命之後。而其中最核心的課題是，勞動者以一己辛苦的付出，該從商品價值中分配到多少呢？

如果根據於亞當斯密，商品價值的分配應該是三分法。除了勞動者應享有工資外，資本家當有其資本利潤，因為他墊付了工資、提供了材料和設備，並承擔了投資失敗的風險。而地主也得有其地租收益，因為他提供了勞動所需的場域和空間（Smith 著，2009：卷一，章六，46-47）。

後來，著名的牛津教授西尼爾（Nassau William Senior），也同樣提出了三分法，但在解釋上，卻非常獨特地搬出「節制」的概念。他說，工資是勞動者「犧牲安逸的報酬」，而利潤和地租，則是資本家和地主沒有將錢財揮霍掉、「犧牲眼前享樂的報酬」。他們都理當從商品的價值中分配到一部分（Senior 著，1986: 137-138; 143）。

除了亞當斯密和西尼爾，當時另一位經濟學者拉姆賽（George Ramsay），則提出了一種四分法：工人、僱主（企業主）、資本家和地主，同樣也主張他們都應享有生產的成果。對此，他稱之為「初次分配」。

而進一步地，這些人會將所分配到的財富，再分配給那些提供幫助和娛樂的人，譬如士兵、公務員、律師、醫生、牧師、音樂家或演員等等。對此，拉姆賽稱為「二次分配」（Ramsay 著，1984: 51-53）。與前述的三分法比較起來，這種講法顯然較為可取。因為它涵蓋了更多職業類別。

只是很遺憾地，無論是亞當斯密、西尼爾或拉姆賽，都只在打空包彈。他們沒有一個人能清楚指出，到底在工資、利潤、利息和地租之間，該各佔多少比重才算合理？至於所謂的二次分配，試問，士兵、公務員、律師、醫生、牧師、音樂家或演員們，又該根據什麼標準、分配多少才算公平呢？

即使是社會主義陣營，他們經常搖旗吶喊，要求將一切收歸公有，甚至搞起轟轟烈烈的革命，但依舊無法解決上述的難題。而在沒有答案下的「答案」，總搞出一個最懶惰的答案，就是按照某個單一標準或原則，不考慮角色、才幹和貢獻地來分配。譬如，有些人主張一律「按需分配」，即按照各個人的需要到公庫支領。有些人則主張一律「按勞分配」，就是按照各個人的勞動量來分配。

想一想，人類實在很天真，經常要在備嘗歷史的教訓後才體會到，這種懶惰的、齊頭的簡單答案，不僅解決不了問題，還後患無窮。

其實，我們何妨拋開財富分配的三分或四分法、初次抑或是二次分配，也不用理會是按需抑或按勞分配。因為這些探索的途徑毋寧是一條死路。永遠沒有人可以告訴我們，在不同的角色、付出和成果之間，正確的分配比例是多少、又該依據什麼標準才合理或公平。

第7堂課
雖然眼紅、卻很羨慕？

或許我們該換一個不同的視角，改從社會心理學來析論財富的分配正義。因為，此一問題之所以難解，在於其中存在著一個根本的心理矛盾，就是人們既「痛恨差異、渴望平等」；又同時「渴望差異、痛恨平等」。

從孩提時代開始，人就是這樣連自己都搞不定。一方面，姊姊擁有的，我也要有，否則就不公平；但另一方面，別人也擁有了，我則要更多，期待比別人優越。

即使身為父母，何嘗不也是有同樣心理？一方面，絕不容許自己的孩子落後，或比別人少得到資源和機會；但另一方面，又積極期待自己的孩子比別人強，並在資源和機會上得到更多。

這就是財富在分配上所面臨的真正難題。少有例外地，在同一個社會或群體裡，總是既存在著追求平等的呼籲和聲浪，也到處出現破壞平等的舉措和勢力。

它們不僅互相角力，即使在同一個人的不同生命階段，也會更迭出現。當自己還是年輕小夥子、一無所有時，會高舉公平正義的大旗。而當自己羽毛豐富、貴為既得利益者時，卻吱吱樂享特權的美味。

許多人都沒有充分體認到這樣一個關鍵矛盾，以致對財富分配的問題，總喜歡提出一些簡單的答案。有的是一味地訴求均平、有的是極端地強調差異，結果，既解決不了衝突，還衍生出一大堆後患。

以下，在筆者提出解決的芻議方案之前，讓我們先花些篇幅，也就是第七堂課中，更詳細地來理解，此一關鍵矛盾的若干特質、其形成原因，以及所衍生出來的問題。

A、均平：相對剝奪感下的訴求

先來談第一種現象或傾向，即「痛恨差異、渴望平等」。它基本上是出於相對的剝奪感和嫉妒心理。在財富倫理的歷史中，大部分訴求平等及共產的論調，都很濃稠地含有此一成分。

或許最典型、最有代表性的，就是希臘的喜劇作家阿里斯托芬（Aristophanes）。在他早期的一部作品《國會中的婦人》（*Ecclesiazusae*）裡，為了因應當時貧富懸殊所引致的嚴重社會、經濟及政治問題，他大聲疾呼：

不要再這個人富裕、那個人窮光蛋；不要一個擁有大片牧場、另一個死無葬身之地；不要一個有成群的奴隸，另一個無一僕從。

而他進一步提出來的解決方案，則是讓「所有人都一個法則、一切都一個標準。」（one law foreveryone, one standard for all.）基本上，就是要求「所有東西都由每個人共有」。

特別有趣的是，為了公平起見，任何一個「男人如果想要美女，他得先與醜女性交。」同樣地，「法律也會禁止高䠷美麗的女人，與年輕男人同寢」，除非她們先滿足那些又醜又矮的男人的渴望（Aristophanes, 2004: No. 586; 605; 615）。

這可不是阿里斯托芬的嘲諷或揶揄，而正就是為了確保，每個人都享有同等的待遇和生活水平。如此一來，社會就不會有相對的剝奪感和嫉妒心理了。連帶地，罪惡和衝突也會消弭。之前提過的烏托邦作者摩爾，也表達了類似主張。他說，「達到普遍幸福的唯一道路，是一切平均享有。」（More 著，1996: 45）這清楚表明，分配的平等是普遍快樂的前提。絕不能讓帥哥夜夜春風，而又老又醜的男人只能流口水。

至於具體的方法，是讓「每人一無所有，而又每人富裕。」（ibid.: 115）這真是很弔詭！幾乎所有的共產主義，都愛做這樣的美夢。透過讓所有的人都一窮二白，來讓所有的人都吃香喝辣。而就算這張支票無法兌現，最起碼，讓每個人都一無所有，可以消除相對的剝奪感。

從這裡，我們可以察覺，均平主義的一個最核心出發點，就是要降低社會的「眼紅指數」，以避免醜女窩藏一顆毒蘋果，偷偷塞進美女的嘴裡。而似乎，當每個人都有一致的待遇時，眼紅指數就歸零了。

肯亞鄉村地區類似樂透的實驗啟示

迄今，已經有許多經驗性研究可以證實，人們的相對剝奪感和嫉妒心理，在形成上是多麼地自然而然，或者，其實就是根深柢固。《經濟學人》曾刊載一篇報導，指出美國的研究人員在肯亞的鄉村地區，做過一項類似於中樂透的實驗。他們從一百二十座村落中隨機選出五百零三個家庭，無條件發給他們高低不等的現金，平均發放金額為三百五十七美元。

對一向貧窮的當地人來說，這可是足以大幅改善生活的財富，當然也足以引發相對的剝奪感和嫉妒心理。而研究人員不均等分發的用意，則是在模擬現實中經濟成長下的分配不均。

研究的結果發現，那些拿到現金的人，無論拿到了多少，都一如預期地對生活比過去滿意，出現心情沮喪的情況也變少。但反過來，那些沒有分發到現金的人，眼看著鄰居的財富增加，相對的剝奪感和嫉妒心理大幅上升，以致對自己生活滿意的程度，較之過去嚴重下滑。

這就是說，原本日子過得還可以，現在卻自覺難以忍受。並且，當他們看到鄰居收到一百美元時，對自己生活滿意度的降幅，竟然遠大於自己收到一百美元時對生活滿意度的升幅。當然，鄰居收到的現金愈多，對自己生活滿意度的降幅也愈大。

此一現象充分意味著，自己收入增加所帶來的快樂，竟然比不上別人收入增加所帶給自己的失落。而且金額愈大，失落的情況愈嚴重。顯然地，我們更在意別人過得比我們好，即使自己的日子已經大有改善。

最後一個有趣的發現是，當研究人員陸續完成現金的發放後，過了一年，則無論是否收到現金，大部分人的快樂程度，又都回到了最早時候尚未發放現金時的水準（The Economist: 2015-10-31）。

對筆者來說，上述整個實驗表達了兩個重要意涵。其一，財富確實能夠帶來快樂，但滿足在不久後會回到過去的狀態。這就有點類似人類的瞳孔，會隨著光線的明暗而自動適應，回到由基因決定的基準點（Pinker 著，2020: 372）。對於此一現象，經濟學家又稱之為「享樂適應」（hedonic adaptation）。

其二，財富所帶來的快樂經常取決於比較；並且大部分人更在意的，是與那些過得比自己好——而不是過得比自己差——的人來比較。當朋友變得富有時，我們心裡不快，有相對的剝奪感和嫉妒心理。而當我們變得富有時，又轉移去跟那些比自己更富有的朋友比較，並也為此不快。

這或許可以解釋，為什麼社會上總充斥著嫉妒不平，而很少感恩知足。因為，我們總是很快就習慣了自己既有的收入和好日子，卻一直很在意，怎麼老是比不上那些過得比自己更好的朋友。

基本上，這個實驗已經證實，人就是見不得別人過得比自己好，尤其是愈熟悉的朋友。而當彼此的所得差異愈大時，其中的不快往往也變得愈加強烈。

抱怨低薪，卻對別人的高薪很眼紅

對此，讓人聯想到蘇維埃時代的一個笑話。兩個農夫都是一窮二白，差別只在於其中一位多擁有了一隻瘦巴巴的山羊。某天，精靈現身在另一位農夫面前，允諾他可以許個願望。沒想到他提出來的，竟然是讓那位農夫的山羊死掉（ibid.: 153-154）。

人真是很難搞、詭譎！雖然我們自己經常在抱怨低薪、並渴望過好日子，但看著別人高薪、過好日子，我們卻眼紅。可想而知地，當那些過好日子的人變得比以前差了，我們心頭會湧上一絲快慰，甚至暗爽偷笑。

既然我沒有，最好大家都沒有！

從某些角度來看，相對的剝奪感和嫉妒心理也有其正面效益。譬如，它經常是讓人們想賺更多錢財的一個動機，因此，也可以說是經濟成長的動力。但遺憾的是，它卻強烈主導著社會報酬的分配，走向均平主義。

譬如，台灣之前沸沸揚揚的軍公教退休年金變革，就是一個典型的例證。儘管變革的理由冠冕堂皇，但其真相毋寧是，活生生上演了一小撮過好日子的人，如何被政客和廣大群眾，因相對的剝奪感和嫉妒心理，而給強迫「均平」了下來。

姑且不談軍公教年金變革所涉及的諸多爭議。社會大眾——包括一千萬名以上具有勞保身分的人口，普遍的聲浪是以「瀕臨破產」來解釋此一變革的必要和迫切。

然而，被徹底漠視的真相是，勞保基金早在二〇一七年就已經開始入不敷出了，而按照專業的估算，即將在二〇二六年時破產。相對地，軍公教退撫基金其實慢了五年，遲至二〇三一年才會破產；至於公保基金，則更在超過五十年後，即二〇七三年才會破產（楊卓翰，2019-10-22）。有誰可以告訴或說服筆者，為什麼破產危機相對遙遠的被大砍特砍，而破產危機在即的，卻不動如山、依舊享有既得福利？又為什麼許多具有勞保身分的社會大眾，明明自己的勞保都快破產了，還能以避免破產為由，來合理化改革別人的必要和迫切？試問，即將破產的勞保，是否也該儘快大砍特砍？

這種責求別人改革、自己卻享有既得福利的荒謬，說穿了只有一個合理的解釋，即相對於勞工退休所得的低水平，軍公教的退休所得已經被眼紅很久了。如今可謂「劫富」成功！雖然此一變革省下來的錢，一毛都不會落入勞工或窮人口袋裡，但至少大幅降低了整個社會的眼紅指數。

軍公教作為向來沉默、聽話服從的一小撮人群，大砍他們的退休年金，對廣大民眾而言是不痛不癢的；並且，面對著自己或家人的低所得、以及未來無望增加的可憐退休收入，剝削掉軍公教飽滿的荷包，可以在相對上讓自己的心理平衡一點。

這就是「痛恨差異、渴望平等」的特色。它在相對的剝奪感和嫉妒心理下，要求別人有的，我也要有，不然就不公平；並且差異愈大、愈是眼紅。而如果我一直沒有、將來也不會有，那麼最好大家都沒有。於是，它表現為對那些擁有者的掠奪和剝削。

◆絕不能讓帥哥夜夜春風，而又老又醜的男人只能流口水。
◆雖然我們抱怨低薪、想過好日子，但看著別人高薪、過好日子，我們卻眼紅。
◆我們更在意別人過得比我們好，即使自己的日子已經大有改善。
◆別人有的，我也要有，不然就不公平；而如果我一直沒有，那最好大家都沒有。

B、都變窮了！均平主義的悲劇

對許多人來說，特別是那些抱持社會主義者，「痛恨差異、渴望平等」毋寧是個好東西。它總被認為是在為貧窮和弱勢者請命，具有可貴的人道精神。並且追求公平正義，不正是一種偉大的普世價值嗎？

對此，筆者想到海耶克（Friedrich Hayek）的一句名言，所謂「通往地獄的道路，往往是由善意所鋪成。」均平主義糟糕之處，正在於其所導致的後果。

筆者可以借用荀子之論來加以闡述，他曾很精準地指出，「分均則不偏（同遍）」。這就是說，面對資源有限而慾望無窮，如果大家要分得一樣多，結果就是不夠分；要求齊頭式的均富，往往最後會演變成均貧。

他因而主張，要以「別」，即差別待遇，來取代「平」，並且相信，這才是在「養人之欲、給人之求」之際，能夠「使欲必不窮乎物，物必不屈於欲，兩者相持而長」的「養天下之本」（荀子・王制）。

用比較通俗的話來說，就是該如何讓最大多數人，在有限的資源下獲得最大的滿足呢？荀子堅稱，均平是一條死路。社會必然要根據不同的特質、功能和貢獻，而有一定程度的貧富、貴賤、尊卑之別。

在荀子之外，聖西門（Henri de Saint-Simon）和傅立葉（François Marie Charles Fourier）也同樣主張，才能的不平等乃大自然的美意。而政治暨社會制度的設計，必須「能使社會的不平等，永遠和天然的不平等相符合。」當然，這就得從工資和報酬反映出來。

他們更明白地宣稱，平等就是扼殺卓越、向庸俗妥協。他們相信，許多人最愛掛在嘴邊的「平等定律」，毋寧只是針對一般大眾而制定的，絕不適用於那些具有「卓越性」的藝術家、學者、詩人和政治家。甚至，這個卓越性還應該要摧毀一項原則，就是「他們與其他的人們之間的一切等同性」。或者換個更直接的話來表述，即「在這些科學和天才的卓越人才面前，平等定律就消失了。」（Proudhon 著，1982: 143-144）

對於聖西門和傅立葉的上述主張，普魯東雖然予以批評，但有趣的是，他自己對於共產制中那種追求「一致性」的指責，反而更加犀利。他說，為了追求「虛假的和愚笨的一致性」，人會失去創造力、熱忱和勤奮、優秀和出色。結果是：

勤奮的人不得不為懶漢工作，……能幹的人不得不為笨蛋工作。

他相信，這無異於是「弱者剝削強者」。它將平庸和卓越這兩個相反的東西，放在同一個水平、同一把尺上；讓卓越的被硬是往下拉，以遷就平庸者的水平（ibid.: 272）。

以此而言，共產制雖口口聲聲追求平等，但其實它一點也不平等。它扼殺了那些卓越勤奮者的個性、自發性和才情。回想一下阿里斯多芬那番有趣的論調。他為了讓所有的人都享有一致性的待遇，硬要帥哥美女優先與醜女老男上床，這不也是一種剝削嗎？醜女正當地佔了帥哥便宜，老男則合法強暴了美女。

均平主義的真相：讓女人普遍賣淫

繼普魯東之後，對均平主義的最重要批判，很意外地，竟出自早期的馬克思。在一八四四年的手稿裡，他將均平主義當作一種最初形式、最原始、最粗陋、也最不入流的共產主義。

因為它只是出於對別人財富的相對剝奪感，而後將「忌妒和平均化欲望」推到頂點。馬克思聲稱，這其實是對整個文化特質和文明創造的否定，導致社會的生活水平倒退到一種不自然的、「貧窮和粗陋者」的簡單狀態。

他還指出，相對於資本主義，其實，均平主義並沒有比較可取。甚至更淪為一種「否定人的個性」之卑鄙。前者表現為對工人肉體的壓迫、精神的摧殘、自我的疏離、情感和需要的蔑視。而後者會更好嗎？不，它出於嫉妒，硬將大家拉平。同樣是一種剝削和支配，也帶來壓迫、摧殘、疏離和蔑視。

就譬如之前提過的阿里斯多芬，他要求女人無論美醜一律由所有男人共享，以示公平。但在馬克思看來，這根本就是「普遍賣淫」（Marx 著，1980: 76-77）。因為她們在本質上，已經淪為了被否定肉體、精神、自我、情感和需要的一種工具。

難怪他一再力言，真正的共產主義所追求的，絕對不是平均化，而是讓人們獲得一種對自己「本質的佔有」（ibid.: 98; 79）。他不容許僅有外在的形式平等，以致演變成本質的悖離和扭曲，也就是所謂的「異化」（estrangement）。

馬克思上述的論證，對吾人非常有啟發性。說穿了，均平主義的真相，就好比是女人一律由所有男人輪流上床，待遇一致。但這樣一來，女人就再也不需要為美麗而裝扮、為賢慧和氣質而琴棋書畫了。因為這些反映個人肉體、精神、自我、情感和需要的特質，已經完全沒有意義。

放眼到今天來看，均平主義的惡果不也是如此嗎？

經常，許多權貴、菁英、技藝和專業高薪者、或是頂端的經理階層，會被當作肥貓而遭嫉妒和眼紅，並成為被鬥爭、剝削和課重稅的對象。他們源自於各個人不同肉體、精神、自我、情感和需要而表現出來的差異化特質、功能和貢獻，不僅沒有被肯定，還引致一種惡意的批判，聲稱它們破壞了公平正義以及社會和諧。

最可悲的是，在民主政治下，政客最喜歡操弄貧富差距此一議題，來獲得更多支持和選票。再加上媒體煽情的渲染，使得整個社會的眼紅指數高漲，最後的結果是，在每個人的嘴裡，訴求分配的平等，變得好像吃飯睡覺一樣地天經地義。

如果說，許多人心中都供奉著一位神明，祂稱作「平等大帝」，實不為過！

只是，誠如亞當斯密所指出的，社會始終存在著某些人更為優越出色的事實，包括了資質、體力、容貌、敏捷、智慧、性格和年齡等。再加上後天不同的養成和努力，每個人當然會表現出差異化的特質、功能和貢獻。

而就在此一不均平的事實基礎上，借用莊子的話來說，硬要「以不平平，其平也不平。」（莊子·列禦寇）那試問，「不平」在哪裡呢？正就是馬克思所指稱的，一種「否定人的個性」之卑鄙。可想而知地，它必然表現為多方面的本質悖離和扭曲，而不是人對一己本質的擁有。

◆平等就是扼殺卓越，就是向庸俗妥協。
◆為了追求一致性，人會失去創造力、熱忱和勤奮、優秀和出色。
◆均平主義的真相，就好比是女人一律由所有男人共享，以示公平。
◆許多人心中都供奉著一位神明，祂稱作「平等大帝」。

C、皮凱提的真相：海耶克觀點

現實的殷鑑不遠。二〇一三年，法國當時的總統歐朗德（François Hollande），為了實現競選政見，要求對年所得超過一百萬歐元的個人，課徵百分之七十五的富人稅。後來，因憲法委員會的否決，而將課徵對象改為企業；即企業有義務在不超過營業額百分之五的範圍內，為年收入超過一百萬歐元的員工，繳納一項名為「特別互助貢獻」的稅收，稅率為百分之五十。倘若再加計原本就已經要繳納的社會保險費用，實際稅率已高達百分之七十五。

這種嚇死人的高稅率，在全球自一九八〇年以來已經很少見了。歐朗德卻依從學者皮凱提（Thomas Piketty）的主張而大膽提出。可想而知地，它會重創法國企業菁英的工作動力以及對人才的吸納，並讓整體經濟倒退到「貧窮和粗陋者」的不堪狀態。然而，它卻大受法國的百姓、年輕人和許多政客歡迎。

這正是一個將忌妒和平均化欲望推到頂點的典型例證。它不就是普魯東所一再控訴的「弱者剝削強者」嗎？醜女正當地佔帥哥便宜，老男合法地強暴了美女。

企業菁英基於獨特的個性、自發性、天才、情感所創造的財富，硬生生被剝削掉了四分之三。它說得好聽是公平正義下的財富重分配，其實，就是強迫勤奮的人為懶漢而工作、能幹的人為平庸者而努力。

長久以來，法國在經濟左派大旗下最崇信的就是平等大帝。但他們卻曲解了最常被謳歌的馬克思，也忘記了自家人偉大的先祖普魯東。而其結果呢？就是今天的衰敗經濟和高負債。以二〇二〇年計，法國的國債已逼近GDP的百分之一百。年輕人的失業率，更經常性地趨近於三成。而從二〇一八年底以來，一次又一次的黃背心運動，重創了法國在經濟上所有向右靠的改革。

筆者無法理解，法國經濟這種奄奄一息、左支右絀的窘狀，竟然可以讓來台演講的皮凱提，引以為例證來教育我們。而當他面對課重稅的各種負面批評時，卻只是再三地空言，打肥貓可以促進公共利益。

可以肯定地，他所謂的公共利益是盧梭式的，並非古典自由主義式的。

而他之所以大受年輕族群的追捧和喜愛，原因其實很簡單，就在於他的那一套大幅剝削肥貓的論調，可以滿足那些相對少有資產者的忌妒和平均化欲望。基本上，全世界的「憤青」很少在經濟上是右傾的，因為他們缺乏右傾所需要的經濟地位和條件。

高額的累進稅制：平等大帝的最愛

按照皮凱提的見解，全球自一九八〇年以來，發達國家的最高邊際稅率不斷調降，但其與生產率增長之間，並沒有統計上的顯著關係。而且，還會不當鼓勵企業菁英，為高薪而拚命周旋、討價還價，此外也看不出，高薪會帶來好業績（Piketty 著，2014: 525-526）。

他因而主張，應該針對收入階層中最高的百分之〇．五或百分之一，或者年收入超過五十萬或一百萬美金者，課徵大約百分之八十的累進所得稅。他並且相信：

> 這不僅不會降低美國的經濟增長，而且實際上可以合理限制經濟上無效（或甚至有害）的行為，更廣泛地分配增長果實。（ibid.: 527）

對於皮凱提上述的統計斷言，筆者抱持著高度懷疑。事物總內在有一個因果上的理則，他卻只依從統計數字。只是，對大規模經驗現象的研究，有著太多變項無法控制。從某個時期的經驗現象中看不出統計上的顯著關係，就斷言兩者不相干，這在方法學上是過度推論。更何況，他所提出來的數據，根本還飽受專業人士的爭議（Tepper & Hearn 著，2020: 311-313）。

皮凱提的貢獻是，對於財富不均等分配的狀況，清楚呈現了其愈演愈烈的趨勢。然而，坦伯（Jonathan Tepper）和赫恩（Denise Hearn）指出，皮凱提「沒能搞懂為什麼」。不均等分配的惡化，毋寧只是症狀，並非疾病本身（ibid.: 314）。至於它的適當解方，當然也不是課徵超高的累進稅、或嚇死人的富人稅，

> 而是更多的競爭與更多的資本主義，絕非更少。經濟不均等，是一個可以用反托拉斯和更大的競爭來修復的故障。……不均等本身不是壞事。建立企業的創新者，將能獲得他們努力工作的好處。（ibid.：327）

他們相信，造成不均等分配惡化的元兇，其實是寡占和壟斷，即市場過度集中化下的缺乏競爭。課徵超高的累進稅或嚇死人的富人稅，就「好比建議癌症病患，服用鴉片類藥物。」或許可以使痛覺遲緩，但是無法對症下藥、根除病因（ibid.）。

雖然皮凱提否認自己是均平主義者，但隱藏在其背後的意識形態，正就是經濟上不折不扣的左派均平主義。事實上，在現代社會裡，已經沒有人會傻到公開坦承自己是均平主義了。但要求課徵

百分之八十的累進所得稅，怎麼不會是一種均平主義呢？

或者，吾人可以接受皮凱提的辯護，說他不是均平主義者，但無可否認地，他至少表露了極為旺盛的忌妒和平均化欲望。

很諷刺地，在此一方面，皮凱提與共產黨之間的區別是，後者將所有人的財產全部充公，而前者「只」要求富人將五分之四年所得充公，試問，這兩者有什麼真正的差別嗎？不是更像對富人的清算鬥爭嗎？難怪！他會熱情地擁抱一種無上限的累進稅制，還主張要將它應用在所有收入的課徵上（ibid.: 512-513）。他更聲稱：

> 累進稅是一個相對開明的消減不平等的方法。累進稅因此代表在社會正義和個人自由之間的一個理想折衷（ibid.: 520）。

這裡所謂的「理想折衷」，不過是皮凱提一廂情願的講法，奧地利的諾貝爾獎得主海耶克，就曾指證歷歷地批評，累進稅制不僅對創造低所得者的收入無效，更是對「最為神聖的平等原則」的否棄，即多數對少數的公然歧視。

明顯地，這個講法很類似普魯東的「弱者剝削強者」，它根本不公平。

而如果非要它不可的話，海耶克指出，只能在「適中程度」下才屬合宜正當。倘若是「過度使用」，譬如十五世紀時，弗羅倫斯的累進稅率，竟達到百分之五十的程度，當然應當受到譴責

（Hayek 著，1997: 76-77; 81）。

海耶克如果聽到皮凱提所要求的百分之八十，恐怕會昏倒！

過度的累進稅制對經濟本質的扭曲

他還指出，「累進稅率一旦超過某一限度，便會對經濟制度的效率，造成極為嚴重的負面影響。」（ibid.: 80）這並不只是它對於那些工作努力者，會喪失掉「激勵因素」，而且會促使人們將整個勤奮和精力，轉移到在此一方面副作用較小的經濟活動上，從而「成了誤用資源的緣由」（ibid.: 85）。

簡單來說，資源和人才會很不自然、很不合理地，從累進稅率較高的領域離開，轉移到累進稅率較低的領域去。這種對經濟本質的悖離和扭曲，所帶來的傷害將非常嚴重，而且是長遠的！

相對於海耶克這些可理解的論證，皮凱提在該書中除了那些大有爭議的數據外，始終未能呈現出什麼可說服人的「理則」。對於海耶克，或許在這裡最值得一提的，是他有個結論與筆者之前的表述完全一致。他說，高額累進稅制的唯一效果是：

> 它嚴格限制了那些在經濟上最具成就的人士有可能賺得的收入，因此也滿足了那些不太富

裕的人對富有者的妒忌感。（ibid.: 78）

沒錯！雖然不太富裕的人經常在抱怨低薪、並渴望過好日子，但看著那些有成就的人高薪、過好日子，他們卻眼紅、酸溜溜！高額的累進稅制的唯一效果，是可以讓他們在相對上心理比較平衡一點。

時下被追捧的皮凱提那一套，肯定是政客的最愛。尤其在選舉時會被掛在嘴邊、琅琅上口。因為打擊肥貓、痛扁權貴、大砍企業菁英的荷包，以及將那些過好日子的人往下拉，總可以騙取到大量的基層選票。

只是，平等大帝作威作福的結果，從來不會創造國家在財政上的豐裕。相反地，它將平庸和卓越這兩個相反的東西，放在同一個水平、同一把尺上；讓卓越的被硬是往下拉，以遷就平庸者的水平。試問，這是真正的公平正義嗎？

不只如此，借用馬克思前述的話來說，它帶來的是讓整個社會的生活水平，倒退到一種不自然的、「貧窮和粗陋者」的簡單狀態。台灣如果也來搞皮凱提那一套，肯定會導致人才和菁英更嚴重出走，使得社會陷入倒退落後。

很遺憾，正如海耶克所說的，儘管那種「以集體主義為基礎的社會主義」已經沒落了，但是「它的終極目的」——收入分配的正義——卻沒有失去對人們的吸引力；它依舊強有力地操縱著經濟（ibid.: 7）。分配上的公平正義，這口號太有魅力！它絕對是不死的千年幽魂。然而，它再有魅力，都只會讓國家蒼白失血，不會有紅顏豐唇。

◆強迫勤奮的人為懶漢而工作、能幹的人為平庸者而努力。這公平正義嗎？
◆不均等分配的惡化，毋寧是症狀，並非疾病本身。
◆累進稅制如果非要不可，只能在適中程度下才屬正當。
◆高額累進稅制的唯一效果，是滿足了那些不太富裕者的妒忌感。

D、差異：相對優越感下的訴求

談過了「痛恨差異、渴望平等」，那麼「渴望差異、痛恨平等」呢？

它當然不會是出於相對的剝奪感和嫉妒心理，而是為了追求自負、驕傲和相對的優越感。它期待獲取比別人更多的機會、資源和利益，更渴望要將別人比下去，以襯托出自己高人一等的出眾和卓越。

對此，摩爾爵士有最經典的描述。他說，人類與一般生物不同，其貪得無厭之心，不是來自於「唯恐供應缺乏」，而是為了要「顯示一下，佔有的東西超過別人，是值得引以為榮的。」所以，「Pride measures her prosperity not by her own goods but by others' wants.」（More, 1949: 82）這句話就是在說，富人其自負和傲慢的尺度，並不是依據自己所擁有的財貨，而是依據其他人的匱乏。

摩爾很睿智地洞悉到，驕傲的本質就是將自己神化。而這位女神最大的滿足，就是在那些「可憐蟲的不幸前，顯示自己的幸運。」甚至是「欺凌嘲笑」他們。不僅如此，她還要使這些可憐蟲「因貧窮而受到折磨」，並且樂見他們每下愈況，俾能更襯托出自己傲人的財富、成功和卓越不凡（More 著，1996: 118）。

驕傲女神最享受的，就是看別人窮酸和悲慘。對比愈強烈，她愈自得意滿。

摩爾的上述之論很有道理，驕傲確實是從比較而來的，絕不是因為擁有很多財貨，其本身就可以讓你驕傲。而是因為看到了別人的匱乏，富人才從而沾沾自喜，並衍生出對自己高高在上的得意洋洋。

緣此，奢侈荒誕的生活享受，其最大的意義，同樣也不是它們在效用上的滿足，而是富人為了能在一般人面前炫耀誇示，展現自己的高人一等。豪宅、高級車，以及名牌精品，其所訴求的正是這樣的心理。所以它們必須昂貴，而且愈貴愈好、愈能對比出自己的高高在上。

只是，正如我們之前所說過的，這些人很快就習慣了既有的收入和好日子，於是又將賴以比較的「參考團體」，轉移到那些比自己更富有的人身上。可想而知地，此時，他們會從高人一等的驕傲自滿，變成矮人一截的卑屈。

事實上，所得較低者也是如此來看待富人，不是嗎？讓他們自覺卑屈的尺度，同樣不是依據自己在物質滿足上的缺乏，而是依據別人的富裕奢華。自己明明是夠用的、並不缺錢，但看到別人那麼多金、過好日子，就開始不是滋味。這一點就如我們之前所討論過的，不需要再贅述。

無論如何，摩爾相信，所有的金耳環、金戒指、金冠、珍珠和鑽石，以及毛織品的衣服，都是為了抬高自己的身分，增加別人對自己的評價，換取別人對自己的恭維備至。說穿了，人就是藉由擁有比別人更多的財富、過比別人更奢華的生活，來讓一己的自我感覺超級良好。

相對於眼紅指數，筆者稱此為一種「自豪指數」。它的特色，就是摩爾所形容的「為自己捧場」、讓「自己更加高貴」，以為生活中的衣服、配件、車子和住屋愈高級，自己也就愈高級（ibid.: 75-76）。

彼此比較的結果：帶來虛榮和輕蔑

不只摩爾，盧梭也同樣批評，在自然的或生理上的不平等之外，為害更深的，其實是精神上的或政治上的不平等。它藉由大家所認可的法律或協議，使得某些人比別人更富足、更光榮、更有權勢。

盧梭相信，富人的滿足所在，從來不是「物物相比」（compare between things），而是「人人相比」（compare with others）。前者只需要在眾多的物品中做選擇，看哪一個比較能滿足自己的需要。後者則是要將別人比下去，看我有多優越。它要增添自己的光榮、強化自己的權勢（Chapman, 1968: 8-27）。

當人類還處在「物物相比」的階段時，尋求滿足是出於天性的「自愛」（self-love）。但到了「人人相比」的階段，則演變成是出於社會性的「自私」（selfish）。其中的存心有一個最大特徵，就是要將別人比下去。

對此，盧梭描繪了許多細節。他說，在文明社會裡，由於人際之間頻繁的聯繫，彼此的關係日益緊密。隨而，「每個人都開始注意別人，也願意別人注意自己。」於是，諸如知名度、聲譽或曝光率等所謂「公眾的重視」，開始具有了一種追求的價值。

很自然地，那些最會歌舞、美麗、靈巧或口才的人，變成了最受尊重的人。而「這就是走向不平等的第一步」。因為彼此比較的結果，「一方面產生了虛榮和輕蔑，另一方面也產生了羞慚和羨慕。」（Rousseau 著，1962: 69-70）

盧梭感慨地指出，從此以後，每個人的等級和命運，不僅是建立在「財產的多寡、以及每個人有利於人或有害於人的能力上，」而且，還建立在看誰比別人更聰明和美麗、更有體力和技巧、更有功績和才能上。

走到最後，每個人內在的那種「永無止境的野心」，已經不再是追求自己的真正需要，而是為在過去的自然狀態裡，吃不過三餐；住一個窩；衣服為了蔽體，一兩件就夠了。基本上，就是追求跟大家過著同樣水平的生活。但如今，人們反而抗拒平等了。為了高人一等，我們要擁有得比別人更多更好。吃要昂貴佳餚；住要豪宅華屋；穿要品牌時尚，而這一切都並非為了生活滿足，而是為了襯托出自己的優越。

盧梭因而控訴，文明社會中的人們，最愛好的就是競逐，看誰比較出眾耀眼。這種愛好最後表現為拒絕平等，並且其熱衷之情，遠超過喜歡平等。而為了達成此一目的，只好損人利己地來擴大財富。

上述所見，或許對很多人是當頭棒喝。從小到大，我們的腦袋一直僵化地認為，人們愛好的是平等，孰知！在人性裡面更加渴求的，是能將別人比下去的不平等。因為跟別人一樣的平等，意味著跟別人一樣平凡庸俗。

- 驕傲女神最享受的，就是看別人窮酸和悲慘。對比愈強烈，愈自得意滿。
- 相對於「眼紅指數」，還有一種「自豪指數」。
- 文明社會中的人類，最愛好的就是競逐，看誰比較出眾耀眼。
- 人們既愛好平等，更渴求不平等。

E、差異化下的驕傲女神：美國

很遺憾，當人性走到了這一步，即透過競逐來襯托出自己的優越，那些被比下去和被犧牲掉的人們、乃至於社會整體，所蒙受的眾多苦痛和傷害，恐怕較之忌妒和平均化欲望更加嚴重。

不只人際之間淪入了永無止境的野心、計較和衝突。最糟糕的是，基於對比愈趨強烈，驕傲女神愈自得意滿，她因此往往會經由壓榨和剝削，來追求最大程度的差異化分配，並表現為財富的過度積累以及貧富懸殊。

這不正是美國這位驕傲女神的最佳寫照嗎？它雖提供並保障了一種在法律和機會上的平等，即競逐過程和起跑點的平等，但對於分配上的平等，卻是聽任交由市場機制來決定的。平等大帝在這裡已經退位、失去了尊榮，甚至淪為隨從般的平等小弟。

新的遊戲規則是，藉由最強烈的差異化分配，以天文數字般的高報酬，來餵食那些人生勝利組對高人一等的渴望和貪婪；包括了跨國企業的執行長、華爾街金童、職業球員明星，以及各領域的成功者，都在這裡攀上了榮耀的巔峰。

與此同時，社會的窮人和弱勢者，不僅數量暴增，而且景況惡化。至於中產階級，則淪入常說的「下流化」。他們的薪資、福利和退休金，都節節倒退萎縮，還承受著全世界最沉重的醫療支出、最昂貴的高等教育學費，保險買不起，訴訟打不起。

基本上，追求最大程度的差異化分配，結果很難不演變成「M型社會」。

對於這種極端類型的分配方式，最適合拿來作為說明例證的，應該莫過於美國上市企業的薪資比。相關的數據十分驚人！以大型企業的執行長來說，年薪好幾千萬美元的比比皆是。而若以平均值計，根據二〇一八年美國上市公司首度披露的數據，在一千一百〇九家企業中，執行長年薪是員工薪資中位數的六十八倍。但其中有超過五十家的石化以及能源企業，薪資比竟然高達數百倍（許惠敏，2018-06-21）。

筆者必須說明，此一數據可能因不同計算方式而低估，譬如，未加計分紅配股等額外收入。若根據二〇一五年的一項研究報告，標普五百企業的執行長，年薪為一千三百八十萬美元，而員工的中位數年薪，平均則為七．七八萬美元。兩者的相差竟然高達二〇四倍。

別忘了，這還只是平均值而已！差距最大的企業可更驚人。譬如在當年，微軟的執行長納德拉（Satya Nadella），其年薪是全體員工平均薪資的六百一十五倍。甲骨文的執行總裁埃理森（Larry Ellison）是五百七十三倍。通信巨頭康卡斯特（Comcast）的執行長羅伯茨（Brian Roberts）是五百五十二倍。此外，高通的莫蘭科夫（Steven Mollenkopf）、時代華納的比克斯（Jeffrey Bewkes）、雅虎的執行長梅耶爾（Marissa Mayer）以及蘋果的庫克（Tim Cook），則介於五百倍至二百五十倍之間（凌妃，2015-09-02）。

而最常遭媒體披露和批評的，就是大名鼎鼎的迪士尼了。以二〇一九年為例，其執行長賺了四千七百萬美元，這個數字比員工收入的中位數高了約九百倍。而二〇二〇年的新任執行長，其年度紅利，則被規定不能少於薪水的百分之三百，業績獎金不能少於一千五百萬美元（地球圖輯隊，2020-05-02）。

上述這些近乎天方夜譚、不可思議的差異化分配，筆者可以很確定地說，已經遠遠超過足以鼓勵奮勉、爬升和吸引人才的程度。它根本表現為利潤極大化的貪婪，並將驕傲和高人一等的欲望推到了頂點。

對此，我們經常聽到的辯解之辭，是高薪的執行長可以為公司賺進更多的利潤，從而嘉惠所有員工。但背後的真相，毋寧是公司高層，尤其是董監事成員，彼此之間的互肥以及超級的自我感覺良好。

你有今天的才能成就應歸功於社會

整體而言，美國是一個極端肯定、甚至崇拜個人成功的社會。這從很多方面來說，毋寧是一件可取的好事。它鼓勵了勤奮、創新，也非常有效率地從全世界吸引了極大量最優秀的人才。

然而，吾人必須體認，即使是位居最大功臣者，也受惠於許多非個人的優勢條件和地位。高層菁英和人生勝利組不僅沒有理由支領那麼高的報酬，而且，還有一種對集體的責任，維護其他人的權益以及社會和諧。

普魯東曾精闢指出，如果不是「同行的工作成就和發明創造」，我們甚至無法致力於一己的職務。任何一個孤立的工作者，再怎麼優秀，都只能滿足他自己需要中的極小部分。即使是天才，也要靠社會的明智配合，才能夠發揮他的全部力量（Proudhon 著，1982: 252-253; 168）。

確實，如果沒有千百個其他人的勞動來配合，你怎麼可能表現出最好的才幹和績效呢？普魯東相信，「大自然已經把那種個人所不能得到的力量，賦予了集體。」（ibid.: 153）他在這裡所指的，就是一整個互相聯結的分工體系。

試著想一想，如果沒有另一種產品，這一種產品能夠存在嗎？其實，每一個產品既是其自身的目的、又是另一個產品所依賴的手段。以此而言，各種不同的才幹和專業，不過是一系列不同等級的對集體的貢獻。

正確來說，「大家都參加了每一種產品的生產」。故而，對於每一種產品，你都可以要求享有報酬和權益；反過來，每一個人對於你的產品，也可以要求享有報酬和權益。（ibid.: 169-170）

倘若這樣的論說是正確的，那有什麼理由，讓高層菁英和人生勝利組享有最大程度的差異化分配，囊括了那麼大份額的報酬和權益？任何一個具有卓越體力、才幹或勇氣的人都應該要知道，自己「現有的一切成就，都應歸功於社會，如果沒有社會，他就什麼也不是，什麼也不會。」（ibid.: 254）

普魯東說得好，就算天縱英明，你的天生稟賦就有如「原料」，而社會就好比「一隻巧妙的手」，將你的天生稟賦「捏製」成大師級的傑作。（ibid.: 156）

無論你是華爾街的金童、矽谷的工程師、諾貝爾等級的大學教授、跨國企業的執行長，或是達沃斯論壇的菁英，你有今天的才能和成就，是整部歷史和社會全體所孕育的結果。而就在這個意義下，你的才能和成就並非只是屬於你自己的。

不只是普魯東，股神巴菲特也講過類似的話。

二〇〇一年，他參與簽署了一份請願書，堅決反對布希總統打算廢除聯邦遺產稅的計畫，他聲稱，那會使十九世紀的「強盜貴族」（robber baron）再度出現；他們支配了國家，形成金權政治。而值得一提的是，巴菲特賴以說服的理由，正就是普魯東的上述之論。

他說，那些大亨和執行長，之所以「會那麼富有，都是因為有這個社會，所以要對社會有最基本的回饋。」譬如大量捐獻、以及繳交聯邦遺產稅。

> 如果他們認為一切都是靠自己賺來的，那麼就讓他們重新投胎，誕生在西非的馬利共和國……，只有挨餓受怕的母親撫養他們，長大後被送到象牙海岸的可可園當奴工，看他們能變得多有錢、多成功。（Schroeder 著，2008: 722）

在這裡，巴菲特的意思很清楚，美國的高層菁英和人生勝利組，之所以有今天的傲人成就和財富，主要是因為身處在美國。是美國的整體條件和環境，以及所有美國人付出的結果。

美國何以會演變成炫富的超級溫床

既然如此，那麼，建立在個人成功上的驕傲女神，顯然就不再有理由可以目中無人地昂首闊步了。同時，作為其聚斂工具的極大化差異分配，也必須受到約束限制。

很遺憾，驕傲女神在美國，不僅媲美自由女神，並與她互相糅合，還交互作用。迄今，美國仍表現出對財富最旺盛的野心、最激烈的競逐，以及最誇張的自負、驕傲和炫富。當然，在其所形塑出來的經濟暨社會結構裡，也難以避免地，存在著嚴重的財富集中化和貧富懸殊問題。

美國之所以會演變成這種景況，當然不是沒有理由的。一來，在文化意識上，它原本秉持著濃厚的禁慾主義新教傳統，雄心勃勃地要為上帝的榮耀而追求財富、並抱持著一種無限利潤心。然而，誠如韋伯所指出的，後來由於日漸世俗化，演變成了純粹只是經濟上的衝動，以及對成功近乎宗教的崇拜（Weber 著，1991: 138; 140）。

簡單來說，由於世俗化以及唯我的個人主義，原本新教倫理中的「all for the glory of God」，已經淪為「all for the glory of ME」了。以前，成功致富是為了追求上帝的榮耀，如今，只是對個人成功的崇拜。

韋伯甚至嘲諷，這批「經濟人」雖仍不時會捐獻和聚會，但已不再是尋求上帝國的那種「孤獨的朝聖者」了。十七世紀偉大的宗教時代，留給後人的，竟然變調為一種在獲取金錢上「善得虛偽的良知」（ibid.: 140）。

二來，在制度層面上，追求最大程度的差異化分配，其日積月累的結果，當然會帶來最嚴重的財富集中化和貧富懸殊。而進一步地，此一結果又成為一個原因，使得那些少數超級大贏家更自負和驕傲、也更渴望炫富。換言之，嚴重的財富集中化和貧富懸殊，讓驕傲女神的胃口更大了。

這箇中的道理很明顯，既然驕傲的尺度「不是依據自己所擁有的財貨，而是依據其他人的匱乏。」那麼，若能在比較下凸顯出愈多數人的匱乏、或愈少數人的富裕成功，則這一小撮有錢人的驕傲和優越感，就獲得愈大的滿足。

美國就在這兩重因素下，演變成「為自己捧場」和炫富的超級溫床。事實上，不只是美國，許多誇張且令人作嘔的暴發戶文化，不也經常發生在那些高度崇拜個人成功、同時又嚴重財富集中化和貧富懸殊的國家嗎？

反觀標榜為「節儉國家」的荷蘭、奧地利、芬蘭、丹麥和瑞典，還有平均薪資全球最高的瑞士，社會既不崇拜個人成功，又不存在著財富集中化和貧富懸殊的情形，透過炫富來彰顯高人一等，已缺乏足夠的誘因、甚至成為多餘。故而，社會風氣總表現為相對低調而樸實。

這種情形就好像一位醫生作家王溢嘉的幽默話，「如果沒有女人，男人何必穿褲子？」同樣地，如果沒有到處可見的悲慘窮人，有錢人何必「為自己捧場」和炫富呢？虛榮這張面具，作為驕傲女神一貫的自我妝扮，在愈是淡泊個人成功，以及社會普遍富裕的情況下，愈沒人看她一眼。

◆在美國，平等大帝已經退位、失去尊榮，甚至淪為隨從般地平等小弟。
◆大自然已經將那種個人所不能得到的力量，賦予了集體。
◆你有今天的才能和成就，是整部歷史和社會全體所孕育的結果。
◆如果沒有到處可見的悲慘窮人，有錢人何必為自己捧場和炫富？

F、賺多少？分配的比例更重要

討論至此，筆者已經分別探索過了兩種彼此相反的人性傾向。一個是「痛恨差異、渴望平等」，另一個則是「渴望差異、痛恨平等」。前者的基本邏輯是，別人有的，我也要有，不然就不公平；並且差異愈大、愈是眼紅。而如果我一直沒有，將來也不會有，那麼最好大家都沒有！於是，它表現為對那些擁有者的掠奪和剝削。

至於後者，則是別人有的，我要更多，不然就不優越出眾；並且差異愈大、愈是自豪。而如果我一直覺得不夠多，那麼，我得競逐更多的特權、資源和機會；於是，它同樣表現為對其他擁有者的掠奪和剝削。

對於這兩種彼此相反的心理傾向，筆者要特別指出，它們其實有兩個共同特點。第一，它們賴以為根據的衡量尺度，都不是所擁有財富的絕對水準，而是相對水準。更精確來講，只要脫離了最初的溫飽狀態，人們就更在乎自己與別人比較起來時，是矮人一截抑或高人一等，而非單純從物質中獲得了多少滿足。

為了進一步了解這一點，讓我們想像一個假設狀況。

譬如，有A和B兩個世界，都有起碼的生活條件和物質水平，只是A世界的富裕進步程度更加美好。此時，倘若你在這兩個世界裡，都是能賺取中等收入者，那麼，你應該會選擇住在A世界裡，因為日子可以過得更美好，而且還可以洋溢出一種代表富裕進步的高級感。

但有一種狀況會讓選擇變得複雜，就是倘若你在A世界裡，雖然不虞匱乏，卻相對而言是屬於低資產階層；而在B世界裡，相對而言是屬於高資產階層。那麼此時，該何去何從呢？

通常，多數人會選擇住在B世界裡。雖然以整體的環境和生活品質而言，沒有A世界那麼美好，但對自我的滿意度，卻會因屬於高資產階層而大幅增加。相對地，你所擁有的一切，在A世界裡會顯得很卑微，讓你覺得矮人一截。

譬如，你得忍受住在比較普通的地段、讓孩子上比較便宜的學校，或是在社交參與上被邊緣化，甚至有時還會遭到那些有錢人的輕蔑或歧視。但在B世界裡，你卻可以自我感覺非常良好、並總有一種相對的優越感。

這真是一個值得深思的有趣選擇。在不虞匱乏的情況下，譬如中產階級，人們會優先選擇更進步發達的城市或社群呢？還是會更在乎，自己在城市或社群中相對所屬的階層地位？

想像一下，倘若你是一個落腳在紐約的華人，年薪約五、六萬美金，買不起足夠保障一家人的醫療險、吃不起品味講究的高檔餐廳、只能租屋在較偏遠的老舊社區，孩子也讀不起高品質的好學校，以致備嘗矮人一截的自我低落感。

而相反地，倘若你回來定居在台北，月薪可達七、八萬台幣，無論食衣住行、或是醫療和孩子的教育，你都可以樂享對自己地位和成就較高的滿足。試問，在不考慮其他因素的情況下，你會如何選擇呢？

當然，人們的選擇在真實情況上會複雜很多。譬如，有些人可能就算低薪和矮人一截，也要為下一代而忍辱負重，或自詡為一個高級華人而飄飄然。或者，相對於紐約的全球地位，返回台灣意味著自己的失敗，很沒面子。然而，即使留了下來，那種備嘗矮人一截的自我低落感，還是經常會耿耿於懷，甚至快樂不起來。唯一之途，就是只能指望下一代出人頭地，讓一家子翻身。

上述所析論的假設狀況，充分突顯出了一個關鍵點，即在不考慮其他因素的情況下，對很多人來說，真正重要的，其實不是自己所賺取的財富總額，而是此一總額在所屬社會的總體財富中所佔的比例。

因為它密切關係著，你在與別人比較時心裡的感受。往往「人人相比」來得比「物物相比」更有決定性。也就是說，我們更在乎自己與別人比較起來時，是矮人一截抑或高人一等，而非單純從物質中獲得了多少滿足。

對自己、親友或朋黨總是雙重標準

進一步地，除了比較上的相對水準外，第二個共同特色是，這兩種彼此相反的心理傾向，不僅同時存在於一個社會裡，發展為不同的陣營而互相衝突和抗衡；還經常在同一個人身上同時或交替存在，呈現出一種雙重標準、自相矛盾的情形。

譬如，即使是窮人，也可能在對富人眼紅、卑屈之餘，會與那些較自己更窮困者相比，而出現一種「比下有餘」的優越。這時，儘管自己備嘗在富人面前的卑躬屈膝，卻可能會有樣學樣，對那些比自己更窮困者作威作福。

富人也是一樣。可能在自覺優越、得意洋洋之餘，會與那些較自己更富有者相比，而出現一種「比上不足」的卑屈。這時，儘管自己一向作威作福，卻可能會反常地，對那些比自己更富有者卑躬屈膝。

從這裡，我們必須承認，大部分的人都有雙向比較的傾向。一方面，我們會因為與富裕者相比而眼紅，另一方面，也會因為與匱乏者相比而自豪。但更重要的是，這意味著在分配的正義上，即使個人的經濟地位並沒有改變，我們對不同的人還是經常會有不同的心理反應和傾向，甚至會出現自相矛盾的雙重標準。

譬如，我們對於某甲的優越地位或特權，會湧現強烈的相對剝奪感和嫉妒心理，甚至是熊熊的怒火。但對於某乙的同樣地位或特權，卻因為他是自己的親友或朋黨，而睜隻眼、閉隻眼，甚至為他辯解脫罪。

試問，這樣的情節不是經常出現在媒體和網路上嗎？尤其是高層政壇，黨同伐異可說是表露無遺。看待敵人和異類，總一口咬定是黑金體制、不公不義；但看待自己的陣營，即使是同樣的勾結和貪婪，則經常視而不見，甚至辯解為人民的正義。

最反諷的是，這樣一種自相矛盾的雙重標準，不僅發生在親友和朋黨圈，更經常出現在人們自己身上。譬如，當還是年輕小夥子、一無所有時，總高舉著公平正義的大旗。而當羽毛豐富、成為既得利益者時，卻樂享特權的美味而不以為意。

寫到這裡，筆者又想到那位陳水扁先生。曾幾何時，他是一位打擊黑金、執著於公平正義的律師、鬥士和悍將。到頭來，卻藉由二次金改的美麗包裝，讓財團將一大箱又一大箱的現金，送入他自己的口袋裡。他充分展示了許多人是如何地雙重標準：嚴以待人、寬以律己。

對於財富的分配正義，倘若我們夠誠實，會震驚於自己在立場上的現實和善變。當別人吃香喝辣時，我們會眼紅，並燃起濃濃的忌妒和平均化慾望；但自己可從來沒有停止過，想擁有比別人更多的特權、資源和機會。甚至，我們會做出許多破壞平等的事，以保有和擴張自己的既得利益。

馬克思說得貼切，人們在發展「自己的物質生產和物質交往」時，會隨著這些東西的改變，而造成「自己的思維和思維的產物」的改變（Marx & Engles 著，1956: 30）。幾乎少有例外地，人們的思維立場，總是忠實反映了各自的物質利益。講得更明白一點，當經濟利益改變時，什麼是正義也會跟著改變。

譬如，我們會痛罵房地產的飆漲不公不義；但政府要在附近蓋便宜的出租公宅時，我們卻因擔心房價下跌而組成自救會抗爭。難道政府不應該抑制房價、也不需要為弱勢者安置住宅嗎？當然應該也需要，只是不可以在我家附近、影響到我的房價。

這就是人之常情。我們批評別人是肥貓，但從來不反對自己成為肥貓。有時，我們會帶著公平正義的使命感去打擊肥貓；但想一想，貴為肥貓的那種幸福，其實讓人羨慕。因此有必要時，我們會去巴結肥貓、或師法他們之所以成為肥貓的伎倆和行徑。

如此一來，我們有時雖站在訴求平等、公平正義的改革陣營，卻會在某一天，加入了破壞平等的既得利益者行列，還蠻橫跋扈。試問，分配的正義之所以糾纏、難決，關鍵的原因不就在這裡嗎？從民眾到各個領域的菁英，乃至高官和政客，對於自己在分配的正義上到底要什麼，經常都呈現為一種雙重標準、自相矛盾的情形。

◆當脫離了最初的溫飽狀態，人們最在意的，總是矮人一截抑或高人一等。
◆重要的不是賺取的財富總額，而是其在社會的總體財富中所佔的比例。
◆我們批評別人是肥貓，但從來不反對自己成為肥貓。
◆當經濟利益改變時，什麼是正義也會跟著改變。

第8堂課

可以既公平又繁榮嗎？

歸結上一堂課的分析，我們其實洞悉了人類歷史中兩股關鍵的推動力量。其一是深怕矮人一截；另一則是渴望高人一等。其一是相對的剝奪感、眼紅和嫉妒；另一則是相對的優越感、自負和驕傲。其一是痛恨差異、渴望平等；另一則是渴望差異、痛恨平等。它們彼此矛盾、卻在許多人的一生中交互存在。

它們各自的表現、弊病以及共同特色，吾人已經在前面探討過了。在此，可以進一步地叩問的是，能否有一條創造性的折衷出路呢？既兼顧了這兩股必然的人性力量、又緩解了各自所帶來的弊病。

在以下的篇幅、也就是第八堂課中，筆者將試圖從若干大師的論述中，提出一個糅合不同訴求的構想，並名之為「專業而適度的階層化」模型。為了更容易傳達和表述，或可簡稱為「P-M-S」。在這裡，P指的是專業的（professional），M指的是有節制的（moderate），S指的是階層化（stratification）。它們分別是整個架構中最核心的三個要素。至於在具體的討論上，筆者則提出了以下四個大原則。

首先，它要求建立分工制度的理性和專業化。這是財富分配的最前提性關鍵。它不僅可以作為繁榮富裕的基礎，還能促進繁榮富裕的普及化，讓無論是菁英、中產階級、窮人和弱勢者，都能從中獲取儘可能而合理的利益。

其次，它針對著渴望高人一等的人性，將之善用為最旺盛的社會進步力量。要求在分工制度的理性和專業化此一前提下，進行一種足以鼓勵奮勉、爬升和吸引人才的差異化報酬分配。

再者，在堅持上述的差異化報酬分配之際，它同時要求縮小貧富兩個極端的差距。然而必須強調的是，這完全不是為了均平、或追求什麼惠及全民的福利國家理想。相反地，它刻意在階層之間維持一種「有節制的不平等」狀態。無論是矮人一截的相對剝奪感、或高人一等的相對優越感，都從外在的物質條件上受到補貼或節制，從而能趨向於平衡中庸。

為了討論上的明確，對於此項大原則，筆者可以再切割成兩個區塊來分別處理。一個是針對高層菁英和人生勝利組的，探討該怎樣使他們「瘦身」？另一個則是針對窮人和弱勢者的，析論該如何使他們「健壯」？而無論是哪一個區塊，整個構思所指向的目標，是為了避免財富的過度集中化以及貧富懸殊。

以下，就讓我們開始來探討這四個內容、或者說，四個大原則吧！

A、原則一：理性而專業的分工

首先，「P-M-S」模型強烈認定，財富分配的基本前提，必須先建立分工制度的理性和專業化；並且，此一分工愈是多元而龐大、愈是細膩而完善，則愈可以讓各個階層的人們，從中獲取愈大可能的經濟利益；也就是帶來一種雨露均霑、普及化的繁榮富裕。

對柏拉圖來說，這其實就是「整個城邦的正義」。誰敢妄言，只有社會主義的那種所謂「平等分配」才是正義？在這方面，柏拉圖一直都被嚴重曲解。只因為他主張護衛者的共產公家庭，結果就被歸屬於平等主義的陣營。事實上，他完全是一個主張理性和專業化的大師。

他相信，整個城邦之所以能健康成長，就是建立在各個人不同技藝和產品的交換合作上。而其中所揭示的最重要原則，即「按其天賦安排職務，棄其所短，用其所長，叫他們集中畢生精力專注一門，精益求精，不失時機。」（Plato 著，1986：卷二，66）

用現代的話來說，即在不同分工下的各個角色扮演者，都能成為一個天生我材的專業達人。並且每個人也都只執行一種最適合他天性的職務。譬如擔任教授的，不兼搞個官做，專職委身給學術和授業。擔任農夫和工匠的，不兼做小買賣，只提供豐富盈滿的穀糧或最專業的技藝。擔任部長總裁的，也不身兼數職，全力以赴將本分做好；擔任護衛軍職的，更是戰戰兢兢、無私捨命地來保家衛國。

柏拉圖特別強調，任何一個人都「既非兼才，亦非多才，每個人只能做一件事。」而無論是鞋匠、舵手、農夫、醫生、法官或商人，都必須竭心盡責，做好自己的工作（ibid.：卷二，101-102）。如此一來，在不同的技藝和產品之間，才會呈現出有專業品質和最大效能的交換合作，從而帶來整個城邦均衡的健康成長。

除了柏拉圖，儒家也有類似的主張，要求根據每個人的角色功能、以及在品德和才能表現上的不同，來發展專業而功能導向的分工制度。要而言之，就是「論德而定次，量能而授官。」（荀子・君道）「賢者在位，能者在職。」「尊賢使能，俊傑在位。」（孟子・公孫丑上）

這些話固然特別指的是政治上的角色分工，但其實，無論是孟子的「勞心者」與「勞力者」區分，或是荀子所期待的「禮」制，其中的原理，是可以完全適用於社會上各個不同領域的。

唯一比較特別的是，除了專業之外，儒家更看重角色扮演者的品德。倘若品德和才能無法兼備時，當然會以品德為優先。所謂「如有周公之才之美，使驕且吝，其餘不足觀也已。」（論語・為政）這個話是很有道理的。試想，當一個人以極高的才能和效率來貪污、或遂行其小人行徑時，對社會或群體而言，豈不更悲哀和重創？

很多人喜歡說，錯誤的政策比貪污更可怕。但這句話很糟糕，經常被錯誤解讀，以為能力比道德操守更重要。其實，它們何嘗可以比較哪一個危害更大？儒家的基本立場毋寧是認定，真正能帶來社會進步的，乃德能兼備下適才適位的勞動分工。

都只做對自己最有利又最擅長的事

談過了柏拉圖和儒家，更有代表性的恐怕是亞當斯密。他在《國富論》的開宗第一句話，就強調了專業化的重要，他說，「勞動生產力上最大的增進，以及運用勞動時所表現的更大的熟練、技巧和判斷力，」都是勞動分工的結果。它使得「各個人都能以自身生產的大量產物，換得其他勞動者生產的大量產物。」而就在大家都有錢可賺、需求也都能滿足的情況下，實現了「普及到最下層人民的那種普遍富裕」（Smith 著，2009：篇一，章一，18-19）。

進一步地，在解釋分工制度的形成時，亞當斯密更指出，這「不是人類智慧的結果」，而是進行交換或買賣的雙方，在訴諸各自的最大利益下（自利心）日積月累所形成的（ibid.：篇一，章二，24）。

一方面，人們不斷體認到，許多時候，與他人交換或買賣，比起親手勞動生產，對自己更有利。因為，他人經由理性和專業化所生產的物品，可能品質更好、數量更多或者成本更低。而就這樣，帶來了持續性的分工。

另一方面，它同時還給了人們一個醒悟，就是為自己利益的緣故，應該要「完全獻身於」自己最擅長的工作，成為一個專業者，俾能提供品質更好、數量更多或者成本更低的商品和勞務。因為只有如此，別人才有意願持續與自己交換或買賣。而正是這樣的自利考量，鼓勵了「大家各自委身於一種特定業務，使他們在各自的業務上，磨練和發揮各自的天賦資質或才能。」（ibid.: 25）

有趣的是，整個背後的原理，竟然沒有人打算要去嘉惠別人，大家都只是在盡量做對自己最有利又最擅長的事，結果卻促成了日益細緻的專業分工，帶來未曾預期的普遍繁榮和富裕。

而之所以會有這樣的發展結果，其中有一個非常重大的關鍵，吾人必須謹記在心。即無論是資本或勞動，都會自然地走向利潤較高、又最能勝任的生產方式和行業領域去。這是既不可逆、也不該逆的鐵則。任何社會想要追求普遍的繁榮富裕，就必得依從它、遵行它、崇信它。

市場規模會阻礙專業分工是否完善

除了解釋分工制度的形成，亞當斯密在另一處地方，還特別強調了市場規模的重要性。在一般情況下，如果市場對商品和勞務的需求，在種類上夠多元、在數量上夠大，就會促使分工愈走向精細和完善化。這就是為什麼在大都市裡，有各式各樣的商品和勞務，而在小鄉村裡，很多事情都得親自動手。同樣地，水運比陸運開拓了更廣大的市場，推使了分工走向更精細和完善化。

譬如，台灣作為一個島國，如果選擇閉鎖，比較起擁抱全球市場，情況不也是如此嗎？亞當斯密一再提醒，「市場的狹隘性」會使得任何工藝或製造業部門的勞動分工，都難以「發展到十分完善的程度」（ibid.：篇四，章一，300）。

歸結來說，亞當斯密的立場很清楚。社會能否享有普遍的繁榮富裕，關鍵在於能否形成專業而功能導向的分工制度；並且，此一分工愈是多元而龐大、細緻而完善，愈可以帶來這樣的效益。絕非只要努力拚經濟，就能帶來普遍的繁榮富裕。

若是從歷史的脈絡來看，亞當斯密的此一洞見，並非由他最早提出來的。按照韋伯的指證，十七世紀的清教徒牧師巴克斯特（R. Baxter），就曾極力讚美了當時新興的勞動分工，認為只有在專業的分工體系下，才能使工作呈現出一種「井然有序、循規蹈矩的性格」來（Weber, 1992: 107）。因為在勞動分工下，一個產品會被分拆為許多部件，進而形成更專精的各個部門或行業；同時一項工作也會切割為好幾個細項，並整合為一個有條有理、井然有序的系統。更重要地，這一切都會按照現代人常說的「SOP」，循規蹈矩、按部就班地來完成。這對於資本主義的技術發展，當然是極為關鍵的一步；它帶來了更好的品質和更大的生產效益。

這就是為什麼韋伯會強調，對禁慾主義新教徒而言，上帝所要求的「並非是勞動本身，而是人在職業中理性的勞動。」（ibid.: 107）這句話講明白一點，即在職業中並不是只看你有多努力，而是在努力中有多少理性和專業化。否則就別想創造多少財富。

寫到這裡，筆者可以很確切說，在柏拉圖、儒家、禁慾主義新教徒，以及亞當斯密的上述之論中，他們所訴求的共同核心，就是要求在整個分工體系中，各個角色的分配和扮演，都必須以理性和專業化為最高指標。

難怪！韋伯會將西方的現代化直接定義為「理性化」（rationalization）。他非常清楚，西方近幾個世紀的進步富裕，主要受惠於一種高度強調理性和專業分工的「科層組織」（bureaucracy）。

如果不是這個東西，近代資本主義所追求的利潤極大化，只會是一場白日夢。

理性而專業化在現實層面上的難題

上述對於理性和專業分工的主張，當然言之成理，少有人會反駁。但遺憾的是，當回歸到現實層面，要讓分工制度達於理性而專業化，並且分工還要多元而龐大、細緻而完善，這在許多社會中毋寧是困難重重的、甚至有時還是天方夜譚。

就譬如說吧！張三有高鐵土木的專長，但畢業後卻因市場早已飽和，找不到適合的工作，只能去跑業務。李四到國外學了好幾年精算，回台灣後卻因企業少有需求，只能擔任低薪的一般保險職員。小莉很有愛心，是專職的護理師，但受不了長期的加班熬夜，改行去當幼稚園老師。還有阿蔡，則是個平庸的紈袴子弟，卻接掌父親的事業，光靠著家族的裙帶關係，吃香喝辣。至於當公務員的王五，他勤奮努力，奈何，不僅由於省籍因素而遭到排擠，還經常得放棄自己的專業判斷，配合長官在政治上的考慮。小吳則醜陋得很！被總統指派到國營事業當董事長，既是酬庸又兼選舉操盤手。更可悲的是，你我所見的官僚體系中，經常充斥著拍馬屁的文化和利益輸送，誰管你什麼理性和專業？

在上述這些案例中，明顯地，各個人都不是完全獻身於自己最擅長的工作，在業務上磨練和發揮各自的天賦資質或才能；更也都遠非賢者在位，能者在職。可想而知地，他們的工作成果，難有專業品質和最大效能的交換合作。如此一來，就別奢談什麼帶來社會的健康成長和繁榮富裕了。

造成上述障礙的原因不一。有的是市場的狹隘性所致、有的是企業的短見，無意以高薪禮聘專業、有的是勞動條件的壓榨剝削、有的是世襲的繼承傳統、有的是文化情結的作祟、有的是政治正確或官僚積習所致，有的則是既得利益的考量和特權。

無論如何，它們一概都在角色的分配和扮演上，構成了對理性和專業化的悖離或踐踏。而遺憾的是，這一切都不是遙遠的陌生情節，它們正反映了包括台灣在內的許多社會的悲哀。

雖然亞當斯密已經告訴了我們一個經濟史中的重大發現，即只要每個人都去做對自己勞動和資本最有利、最擅長的事，就會自然形成最專業、最有效能的分工制度。但問題是，在許多扭曲的社會中，很多人根本被剝奪了這樣的真正機會和自由。他們不能去從事自己認為最理性有利的交換和買賣、也無法扮演自己認為最專業稱職的角色。

試問，轄制他們的，不正是前述造成障礙的諸多原因嗎？

任何一個人都必須承認，所謂「看不見的手」，絕非只有亞當斯密所說的那一隻，還有文化傳統、官僚積習、意識形態、權貴特權，以及政客的利益等等。它們都形成了好幾隻看不見的「髒手」，從而將整個社會導向了低報酬、低收益、低效率，並引致普遍的扭曲、悖離、粗陋和貧窮。

財富不會自動從富人流向中下階層

究實而言，對於追求普遍的繁榮富裕，無論是社會主義或資本主義陣營，都有其路線上的偏差。前者錯誤地將焦點放在財富的重分配上，忽略了在分配之前，必須先要有繁榮富裕。簡單來說，分配只是藥方，不是糧食。財富重分配，只能從富人口袋挖錢來填補窮人的缺乏，並不能藉此而促進社會整體的繁榮富裕。

要促進社會整體的繁榮富裕，唯一之途是建立理性而專業化的分工制度。它讓所有投入此一分工體系的人們，首先，經由他人的理性和專業，發展出最佳質量的勞務和商品，以成為自己在經營上最有利的工具。繼則，再經由發展自己的理性和專業，來提供受市場青睞的勞務和商品，從而賺取大量財富。

有人因此脫離了貧窮，有人成為中產階級，有人則躋身大富。分工制度的理性和專業化，絕對比社會主義所標榜的財富重分配，來得更對所有人是雨露均霑，帶來財富的平均化效果。

至於後者，也就是資本主義陣營的偏差，則是錯誤地認定財富會自動從富人流向中下階層。這種論調完全漠視了一個普遍事實，即富人的財富可能來自於對中下階層的壓榨和剝削；或者，可能是經由扭曲分工制度中的理性和專業化、並設下對其他人的重重障礙而巧取豪奪到手的。

正確來說，倘若吾人期待財富能向下流動，必須有一個前提，即以分工制度的理性和專業化為最高指標，來掃除一切人為的榨取、積習、特權和結構性障礙。否則，上層的幸福往往就成為底層的悲哀，因為財富都落到特定人士的金庫了。

時下許多執政當局、企業主和財團，開口閉口拼經濟，又一股腦地認定，只要經濟起來了，就會帶動週邊的繁榮，工作機會也會大增，再加上因消費力提高而引致的市場熱絡，人民自然都會富裕起來。

但奇怪的是，他們卻始終假裝沒看見似地，容讓對職業的障礙、貿易的限制、對勞動者的壓榨剝削、家族和傳統主義、乃至於政治正確、官僚積習、既得利益者和特權這些牛鬼蛇神，持續地扭曲著整個社會的理性和專業化。

如此拚經濟，怎麼會有體質的真正改善和轉型呢？

之前在第二堂課時，吾人提到過艾塞默魯和羅賓森，這兩位學者就曾經很有力地，以極大規模的研究佐證了這一點。他們從世界史的歷程中，鉅細彌遺地，爬梳整理出了國家為什麼會走入富裕或貧窮。研究的結果發現，關鍵在於國家到底是建立了「廣納型」（inclusive）的制度、抑或是「榨取型」（extractive）的？

後者是為了向社會的一部分人榨取收入和財富，以使另一部分人獲利。因而搞出了許多職業的障礙、貿易的限制、享有專賣或特許的權貴壟斷；並且對於土地、財產和勞動者，也不時任意課徵、沒收或壓榨剝削。相反地，前者在這些方面，則都有明顯的自由以及公正的法律保障（Acemoglu & Robinson 著，2013: 100-102）。

這兩位學者的研究，充分說明了筆者前述的觀點。財富是不會自動向下流動的。除非先排除掉那些阻礙在中間的牛鬼蛇神。而這也正是分工制度邁向理性和專業化的關鍵。對此，社會主義者其實也該有所醒覺，倘若那些牛鬼蛇神不先掃除，想要實現財富的重分配，也將窒礙難行。

◆國家之所以能健康成長，關鍵在於每個角色都能成為一個天生我材的專業達人。
◆致富的關鍵，並不是只看人民有多努力，而是在其努力中有多少理性和專業化。
◆倘若缺乏理性和專業的科層組織，利潤的極大化根本不過是一場白日夢。
◆所謂「看不見的手」，絕非只有亞當斯密所說的那一隻。還有很多髒手。

B、原則二：差異化的報酬分配

其次，對於筆者的「P-M-S」模型，第二個要依據的原則，是在分工制度的理性和專業化此一前提下，採行一種足以鼓勵奮勉、爬升和吸引人才的差異化報酬分配。

此一原則的核心意涵，並不只是反對均平而已！更要求報酬分配的差異化程度，必須足以鼓勵奮勉、爬升和吸引人才。其中的用意和出發點，主要是因應追求自我優越感、以及高人一等的人性渴望，從而誘發出人們勤勉奮發的積極鬥志和雄心，成為最旺盛的一股邁向進步富裕的動能。

若將上述的理念反映在制度上，借用彌爾的話來說，就是要讓「人們依據專業和能力，來從事不同的工作。」同時，要根據各個人「職能本身的重要性，以及當事人完成職能的妥善程度，以薪金的形式，成比例地對人們給予報酬。」（Mill 著，2009: 170-171）顯然，這是很典型的功績原則。

對此，彌爾的評論很中肯。這雖然在本質上為錦上添花，會讓那些「富有者更加富有」。因為專業和能力很大一部分是天賦的，是大自然不公平的免費恩賜。而倘若又以此來進行報酬分配，則更加不公平。

然而，面對既存社會制度下人性的自私自利，它確實「是一項難得的權益之計」、屬於必要的妥協。此外，對於分工制度能否邁向理性和專業化、以及提高整體社會的勞動生產力，其效果也比任何其他的理念或制度，都來得「更為立竿見影」（ibid.: 169-170）。

對筆者來說，彌爾的此一看法，堪稱務實而經典。探究其出發點，就是要利用人性中追求自我優越和高人一等的渴望，來誘發出人們勤勉奮發的積極鬥志和雄心，並提升社會的競爭水平，從而邁向進步和富裕。

儒家的想法毋寧也是如此。故而他們會主張，要將報酬分配的標準，界定在社會階層的等級線上。當然，其中一個不可或缺的前提是，必須先根據各個人的角色功能和德能表現，來安排不同的社會階層。

這就是說，社會得先追求實現「論德而定次，量能而授官。」「賢者在位，能者在職」，而後才可以施行報酬的差異化分配。此一先後次序，絕不容顛倒或錯亂。因為之所以要拉大報酬分配的差異化，其目的就是為了要反映出各個人的角色功能和德能表現。

用荀子的話來說，即所謂的「德必稱位，位必稱祿，祿必稱用。」（荀子．富國）

譬如，作為一個君主或王公大人，如果他德能兼備、名實相符的話，則提供給他的報酬當然要豐厚華美。何嘗可以像墨家或農家的許行那樣，抱持著均平主義，甚至要求賢君必須「與民並耕而食，饔飧而治」？

事實上，孟子就由此堅稱，「勞心者治人，勞力者治於人；治於人者食人，治人者食於人。」對他來說，如此差異化的報酬分配，不僅是應當的，更還是「天下之通義也」（孟子．滕文公上）。

值得注意的是，儒家很睿智地洞悉到，財富所具有的意義，絕不只是滿足個人或家庭的需用而已！他們其實非常了解人們喜歡比較的心理。因此，會主張透過一定程度的差異化分配，來將報酬發展成一種社會工具，以作為鼓舞社會成員「嚮往作君子而棄小人」的誘因。

這就告訴了我們，分配絕不只是社會主義那一套平等論調。

所謂「士大夫益爵，官人益秩，庶人益祿；是以為善者勸，為不善者沮。」（荀子．彊國）明顯地，此一番話就包括有這樣的意涵。有人在乎的是爵位、有人渴望的是俸祿、有人想要的只是糧餉，但治理的原則卻都一樣，就是要用它們來獎勵那些表現得優秀的，同時，阻礙那些表現得差勁的。

荀子更還辯稱，既然「重色而成文章，重味而成珍備。」那同樣地，「聖王財衍，以明辨異。」（荀子．君道）這就是說，聖王會藉由財物的豐饒多寡，來區分臣民的上下等級關係。這些話明顯地，都是將報酬分配當作治理上的一種社會工具。

而如果這一套奏效的話，那德能兼備的君子（或現代社會所謂的菁英人才），恐怕是欲窮而不能了。因為其德能會使他必居高位，連帶地取得在雕鏤、文章、黼黻、宮室、車旗、服飾、器用以及飲食等各方面的豐厚報酬。

同時，它還有一個很好的效果，即當其他社會成員看在眼裡，肯定會自我砥礪「有為者亦若是」（孟子．滕文公上）也。最後的結果呢？就是大家都會嚮往，去做一個德能兼備的君子或菁英人才。

分配的差異化程度愈大，效果愈好

在一般情況下，當報酬分配的差異化程度愈大、並且愈嚴格明確，則此一社會誘因的效果就愈好；即人們往上爬升的企圖心會愈旺盛，也愈能吸引到稀有的菁英人才。同時對於獲致社會高位所需要的那些條件，譬如賢德和才能，也會愈成為許多人生涯中的優先選擇。

反過來，倘若報酬分配的差異化程度太小，則無異於就是變相或包裝的均平主義。可想而知地，鼓勵奮勉、爬升和吸引人才的效果會出不來。

筆者記得，在擔任了好幾年的副教授後，好不容易升等為教授。但所增加的月薪，竟只略高於每週多兼兩堂課。面對職場人生此一最大的關口，其內含的報酬誘因實在太有限了。同事們甚至經常笑稱，這麼辛苦升等，還不如多兼幾堂課、或去兼個差、當名嘴。試問，這種與均平主義差不了多少的報酬分配，怎能建立起追求卓越、有競爭力的專業和功能導向的分工制度呢？

或許最值得討論和參考的，是新加坡政府的待遇結構。

其普通公務員的薪酬並不起眼，甚至有些還低於社會平均水準，但領導階層的薪酬卻拉開了巨大差異。即使在二〇一二年大砍三至四成後，新加坡總理的年薪仍高達約一百七十萬美金，其餘的高官如部長，則年薪約達八十六萬美金。雖然沒有退休金，但還有其他豐厚的花紅。而若是與該國的人均GDP相比，這些領導菁英的薪酬至少有十五倍之多，可以算是全球之冠。

從一開始，李光耀最痛恨的，就是任何形式和包裝的均平主義。自一九九四年以來就立法規定，先篩選全國四十八個薪資最高的銀行家、律師、會計師、工程師以及企業總裁，接著以這些人薪資中位數的三分之二，來作為部長們的薪資標準。後來在二〇一二年的變革中，則改採一千位薪資最高的國民為依據，以他們薪資中位數的百分之六十，來作為部長們的薪資標準。

這一整套設計的精神，就是在理性和專業化的前提下，透過高強度的報酬差異化，來吸引最優秀的人才擔任國家的領導菁英，從而帶動整個公共部門的進步和效能。從新加坡驚人的治理成績來看，有目共睹地，這樣一套菁英主義式的高報酬制度，確實發揮了極大的功效。

不只新加坡，美國社會的大型企業、機構以及許多名校，不也是如此嗎？無可否認地，全世界第一流的人才，舉凡最優秀的科學家、學者和專業人士；最傑出的運動員和明星偶像；最能幹的經營管理、金融、行銷和廣告人才，都極大量地匯集在美國，並帶來了全球無可匹敵的創新、進步和競爭力。

試問，何以會這樣呢？主要原因其實不外兩個。

其一，在美國社會裡，一般而言，都但問你的專業成就、唯才是用；並提供了高度理性化——特別是法律理性——的工作環境。至於政治和家族上的特權和裙帶關係、意識形態，以及個人的私誼和黨同，都少有主導的空間。這不就是分工制度上一種理性和專業化的表現嗎？

其二，只要你的專業成就和才幹被肯定了，通常都可以獲得極高的報酬，有許多甚至是如天文數字般地嚇人。這不正就是透過高強度的分配差異化，來鼓勵奮勉、爬升和吸引人才嗎？

便宜共和國：只給香蕉、只要猴子

對比起來，台灣不僅有一大堆扭曲理性和專業的牛鬼蛇神，更糟糕地，還經常表現為均平主義的天堂、埋葬菁英的樂土。人們對於高報酬是既羨慕到流口水、又十分眼紅不快。任何人生勝利組，管他是否為實至名歸的傑出人才，只要有人喊說他們是高官、肥貓和權貴，就會有一大群人跟著丟出石頭。

迄今，台灣的部長薪酬還不到人均GDP的五倍，屬於全球的末段班，卻還常被當成權貴和肥貓來修理、甚至不時被要求減薪。反倒是基層公務員的薪酬，遠高於社會同等級的平均值。

高等教育的領域也是如此。大學助教的待遇相對不錯，但從助理教授到教授的狀況呢？卻在全球幾乎敬陪末座，毫無鼓勵競爭和吸引優秀人才的競爭力。這些博士們耗費了那麼多年的青春和龐大的教育成本，如果可以選擇，誰要留在台灣？

而在最近一次的年金變革中，大學教授的月退休金更幾乎被砍四成，原本僅存的吸引菁英人才的優勢，如今也已不復存在。對此，年金改革草案的主其事者，其回覆竟然正是一個百分百的均平主義答案，即倘若大學教授與其他公教人員不同，恐怕會有反彈。

這樣一種只想滿足其他人忌妒和平均化欲望的庸俗腦袋，何止存在於這位主其事者呢？那民間各個行業的情況會好一點嗎？除了少數標竿型企業外，答案同樣是否定的。根據一份頗具權威性的調查，在二〇一四年，台灣高階主管的薪資水準，在亞太十三個國家中，排名倒數第四，僅贏過菲律賓、越南、印度。作者因而嘲諷，台灣毋寧已經成為「低薪總經理聚落」（尤子彥等，2014）。

遲至二〇一九年，情況也未改善。就以從事產品創新的高科技人才為例，開發者領導主管的薪資，比較起一般的開發者，也僅高出一倍多而已（Wei Cheng, 2019-05-10）！顯見，台灣的問題不僅是年輕人低薪，更糟糕的，其實是專業、人才和菁英的低薪。

這一切都反映了台灣在報酬分配上的變相均平主義。而就在菁英人才大量出走，以及劣幣驅逐良幣的情況下，難怪！我們在檯面上的風雲人物和意見領袖，經常是一堆庸才政客、蛋頭學者和無恥名嘴。尤其是數量龐大的中小型企業，在普遍低薪下，恐怕難以期待有什麼大格局的幹練將才。

這就是許多人常說的，既然我們提供的是「香蕉」，當然只能吸引到「猴子」。

筆者經常戲稱，台灣的立國精神是「便宜」（cheap）。當然，我們並非沒有高端消費，還有嚇死人的都市房價。但以一般的情況而言，不僅吃穿等日用品很便宜，盛行的更是夜市、攤販、小吃這一類的銅板經濟。水電油的便宜也是名聞國際，吸引了許多耗能產業來投資。醫療則拜低給付的健保之賜，導致人們經常逛醫院看病。

大學也完全被低學費政策綁住，說要調漲立刻引來示威抗爭。更難以想像的是，在台灣所有的公司裡，中小型企業所佔的比例竟高達百分之九十七。他們和許多以代工為主的製造業者，同樣在以薄利拚便宜、靠殺價搶單。至於勞動報酬，則更不用說了。不只年輕人底薪，中高階也低薪。而最糟糕的是，即使專業、人才和菁英，都在全世界名列前茅地便宜。

幾十年來，除了少數標竿型企業外，台灣可以說一直停留在「東亞經濟模式」的思維，根深柢固地以便宜為理所當然；並視此為生存之道和最大競爭力所在。幾乎可以說，我們ROC就是一個「便宜共和國」（Republic of Cheap）。

這種追求「cheap」的立國精神，其實很耐人尋味。一來，它是一個結果，反映了台灣自二〇〇二以年來將近二十年的薪資成長停滯。也就是說，便宜是必須的，因為薪資低落導致了消費保守，對於各種價格的上漲，總是叫苦連天。

二來，它更是一個標誌，顯示了台灣一種低企圖心、也低標準的生活態度。為了便宜，願意在抱負、品質和專業上打折扣。對消費者來說是如此，對經營者也是如此。

低企圖心、也低標準的心態和模式

好幾次，筆者在看了台灣的電視劇後，都會笑著對老婆說，那個劇本和對白，大概是工讀生寫的。其膚淺和幼稚，肯定是低薪和低成本下的結果。而最讓人沮喪的是，許多觀眾其實對此並不在乎，持續地在觀賞上以低標準來打發時間。

筆者並無意對台灣的電視節目全盤否定，但反觀美國、韓國和日本的情形，就譬如NETFLIX超高投資的無數自製影集、ＨＢＯ的史詩級製片《冰與火之歌：權力遊戲》、或是日本的競技節目《極限體能王》（SASUKE），以及進步神速、擁有極大量粉絲的韓劇，你總會震撼於他們對征服全球市場的雄心、以及所投入的鉅大心血和成本。

這種對比太多了。但其實吾人也不難理解。台灣到底是一個屬於邊陲的小島國。長久以來，除了少數標竿企業主外，為數眾多的中小型企業老闆，並沒有什麼大戰略和宏偉的雄心；同時也一向抱持著小規模、低階代工、薄利、依賴低匯率和人工便宜的經營模式。

因此，他們對於大部分員工的期待，往往是只要能聽話、負責、勝任，並且配合度高也就夠了；並不覺得需要有多棒的菁英或高端人才。而如果要砸大錢來延攬和培育，那對他們就更無法想像了。尤其在非高科技的領域，這種情況最嚴重。畢竟，不是人人都有國際移動的條件。

事實上，對於所謂菁英和高端人才的流失，不少「慣老闆」們很可能無感。即使公司失去競爭力，他們都寧可在低毛利率的情況下拚生存，而還是不覺得有什麼了不起的員工值得付出高薪。這毋寧正是一個很有趣的重點。

你不爽老闆只肯提供「香蕉」，卻忘了他要的只是「猴子」。

很遺憾，這樣一種低企圖心、低標準的心態和模式，在台灣的許多領域和角落都明顯可見。或許，它是小島國常有的宿命，也有可能是東亞經濟模式的歷史遺緒。但無論如何，其結果是不幸的。長遠來看，台灣的薪資成長依然是非常、非常緩慢的步調，而一個必然結果，則是持續地庸才治理、平凡當道。

當然，住在「便宜共和國」的人民，未必不幸福。他們因受惠於便宜、低企圖心和低標準，經常可以有一種小確幸的滿足。筆者身為大學教授，就經常見識到學生的這種「幸福」。他們受惠於低學費政策、低競爭的錄取率和低淘汰率，以致不是翹課，就是上課睡覺、滑手機。圖書館則經常冷冷清清。即使畢業後，工作並不難找，也因低物價而容易生存，又可以回父母家吃住。

只要你標準不高、企圖心不大，坦白說，在台灣不難擁有一種「低薪卻安逸」的好日子。對此，筆者固然無法否認也是一種幸福，但相對於那些大力邁向進步富裕的國家，這不正是所謂的溫水煮青蛙嗎？漸進而緩慢地，會一天天落後貧窮。

值此美國因霸權而強力抗中的時代，台灣僥倖撿到了難得的發展良機，企業和資金都積極回流。無疑地，此刻最需要幡然覺醒。從追求便宜、低企圖心、低標準的心態和模式中走出來，熱切擁抱邁向進步富裕的高標準、大戰略和宏偉雄心。相對於此，「低薪卻安逸」毋寧只是一種小鼻子小眼睛的滿足。

筆者更進一步相信，只有在抱持著高標準、大戰略和宏偉雄心的情況下，經營者才會打從心裡覺得，自己需要的不是「猴子」而是「雄獅和悍豹」，並且願意為此砸下大錢來延攬和培育。

二〇一七年九月，蘋果的執行長庫克（Timothy Donald Cook）曾經喊出一句話：「如果我現在是國家領導人，我的目標將是壟斷全世界的人才；我會讓每個聰明的人，都移民到我的國家來。」雖然庫克所針對的，是當時 DACA 的移民問題，但這無疑就是一個高標準、大戰略和宏偉雄心的典範。為此，他當然樂意以高強度的差異化報酬，來延攬和培育全世界的菁英和人才。

反過來，如果沒有高標準、大戰略和宏偉雄心在前頭吆喝吶喊的話，不只菁英和人才會很便宜，均平主義也隨而成為社會的主導力量。筆者可以肯定地說，在大部分的社會裡，為了降低眼紅指數而去追求低度差異化的報酬，此乃人類的一種慣性。倘若沒有非常用力的反向拉扯，肯定是脫不開的！

而最糟糕的是，週期性的政治選舉，會將它助燃，成為燒死許多菁英和人才的大火。政客、媒體、網軍和名嘴們，總最愛操弄忌妒和平均化欲望，並將之包裝成所謂的公平正義，來騙取廣大基層的支持。於是，各種變相的均平主義，就這樣有如滾雪球般地日愈普及和深入人心。

只是，普及和深入人心又怎樣呢？贏得了選舉和權力又如何呢？它並不會為國家帶來什麼可觀的進步富裕。分配的真諦，絕非只是將財富從某些人的口袋移轉到另一些人的口袋那麼簡單。我們其實應該對分配有新的理解，即透過一定強度的差異化報酬，將不平等的分配當作一個誘因和社會工具，來為邁向進步富裕提供最旺盛的動能。

- ◆人性渴望優越，而這正可以誘發出勤勉奮發的積極鬥志和雄心。
- ◆德必稱位，位必稱祿，祿必稱用。
- ◆你不爽老闆只肯提供「香蕉」，卻忘了他要的只是「猴子」。
- ◆「ROC」的真相，其實是「Republic of Cheap」。

C、原則三：對上層社會的節制

進一步地，對於筆者所謂的「P-M-S」模型，除了分工制度的理性和專業化、以及足以鼓勵奮勉、爬升和吸引人才的差異化報酬分配外，接下來的第三個以及第四個原則，必須一併陳述。

其中一個要求的是，對於社會菁英和人生勝利組的報酬分配，必須予以一定程度的規範和節制。另一個則要求，應該讓窮人和弱勢者受到適當的補貼和照顧。若有可能，使他們的一部分人經由訓練和教育，能有競爭力地投入專業和功能導向的分工體制。

對此，筆者必須再次強調，它們既非在追求任何形式的均平、或邁向什麼惠及全民的福利國家理想；同時，前述那個拉大報酬分配的差異化原則，也沒有被犧牲掉，只是避免極端化而已！

之所以提出這兩個原則，唯一的目的是避免因極大化的差異分配，而導致富裕者過度集中化的積累、以及弱勢者的嚴重匱乏，從而威脅到大眾福祉、或帶來階層之間的對立和衝突。而就基於這樣的出發點，上述的兩個原則有一個共謀的企圖，即讓矮人一截的相對剝奪感、以及高人一等的相對優越感，都從外在的物質條件上受到補貼或節制，從而能趨向於平衡中庸。

但為什麼要如此在意它們的平衡中庸呢？

基本上，筆者認定，面對社會和人生總是同時存在的兩股矛盾勢力，最糟糕的回應和處理，就是一面倒向某一邊。這肯定會造成另一邊的重創、並引發最大程度的對抗，帶來嚴重的社會對立和衝突。因此沒有選擇餘地，在渴求平等與渴求差異之間，必須追求平衡中庸。

驕傲女神的性格，就是超級自戀；平等大帝的靈魂，則是眼紅嫉妒。這一切就是人性、是祂們無可改變的最真實本質。吾人唯一能做的，就只是拉近兩者的差距，以避免祂們打到你死我活！

以下，讓我們先來探討其中的第一個原則，即對於社會菁英和人生勝利組的報酬分配，必須予以一定程度的規範和節制。

在之前的第七堂課裡，筆者已經談過，驕傲女神如何在美國追求最大程度的差異化分配；並特別以若干大型上市企業的執行長年薪為例，指證了其與全體員工的平均薪資之間，竟出現有高達數百倍的差距。在這裡，其中的細節毋須再贅述了。

然而筆者必須重申，如此巨大差異化的報酬分配，已經遠遠超過了足以鼓勵奮勉、爬升和吸引人才的必要程度。它根本表現為利潤極大化的貪婪，將驕傲和高人一等的欲望推到了頂點。

對此，誠如之前所說的，無論是普魯東或巴菲特，都強調了一種極為有力的反對觀點，即高層菁英和人生勝利組之所以有今天的才能和成就，是整部歷史和社會全體所孕育的結果。而就在這個意義下，你的才能和成就並非只是屬於你自己的。

就算你是天縱英明，但天生秉賦不過有如「原料」，而社會則好比是「一隻巧妙的手」，將你的天生秉賦「揑製」成大師級的傑作。

因此絕對沒有理由，讓高層菁英和人生勝利組享有如此程度的差異化分配、囊括那麼大份額的報酬和權益。甚至，他們更應該要有一種主動而強烈的自覺，就是償報對集體的責任，並維護其他人的權益以及社會和諧。

讓股東訂出執行長的薪資比率上限

認真探索起來，美國企業高層這種過度自肥的現象，其實存在已久，只是大部分人們、乃至股東都不確知。後來由於相關資訊的逐漸披露，才日愈招致許多批評。因此，在二〇一五年的八月，美國證券交易委員會（SEC）通過了一項新規定，要求自二〇一七年起，上市公司必須公開執行長的「薪資比率」（Pay Ratio）。這可以說是一項遲來的正義。

只不過，美國秉持其一貫的自由市場理念，並未強制訂出此一薪資比率的上限。然而吾人不得不懷疑，倘若只是要求資訊的公開披露，輿論和投資人能給予什麼壓力、又可以改變些什麼呢？

但即使如此，筆者還是主張，自由市場的原則必須予以尊重。事實上，基於各個行業和公司的巨大差異性，若要由政府強制訂出執行長的薪資比率上限，不僅有其實際上的困難，更是均平主義的一種表現，不是嗎？硬要拿出一把標準尺，來適用於充滿個別差異的行業和公司，肯定導致許多本質的背離和扭曲。

或許一個可行的替代做法是，政府可以要求上市的大型企業，必須法制化地經由各自的股東會，明白訂出執行長的薪資比率上限。這樣既尊重了自由市場的公司治理，也同時顧及了各個行業和公司的差異性。

此時若有必要，所謂的「股東行動主義」（shareholder activism）就可以派上用場了。簡單地說，它就是積極地行使股東權利，來對公司的管理階層施壓，以影響公司的政策和運作。它通常是為了爭取股東的權益，當然也可以是為了實踐企業的道德或社會責任。只不過散戶的力量往往過於薄弱，還有賴「法人投資者」這樣的大戶，才能真正發揮效果。

在過去，股東行動主義有著輝煌的戰果。或許最著名的一個，是美國的「企業責任跨宗教中心」（Interfaith Center on Corporate Responsibility）。其成員來自猶太教、天主教及新教徒共數百個法人投資者，掌管的資產規模超過千億美元。他們先是買進目標企業的股票，然後在股東會中倡議和推動企業責任，包括要求公司善盡環保義務、拒絕投資菸草工業，以及改革血汗代工廠等等（Hertz 著，2003: 172-173）。

既是如此，何不將訂定執行長的薪資比率上限，也納入股東行動主義的廣泛目標之一呢？畢竟，執行長薪酬的給予，就有如一般的人事開支，必須符合成本效益，才可以創造公司和股東最大的長期利益。這樣一個訴求，應該不難贏得多數股東的支持。股東們只是長期以來讓自己的權利睡著了，以致任由高層貪婪地互相自肥、並誇大一己的努力和貢獻，才會有那麼離譜誇張的差異化報酬分配。

稅基理所當然要落在非薪資所得上

除此之外，對於上層社會的節制，另一個可以採行、也是最重要的做法，毋寧還是課稅。但必須先提醒，筆者完全反對，皮凱提以及法國前總統歐朗德那種嚇死人的高額富人稅。因為那會扼殺對爬升的鼓勵和吸引人才的競爭力，徹底違背了我們前述主張差異化報酬分配的初衷。尤其可悲地，歐朗德總統所針對的，竟然是勤勞奮勉而且有成就者的薪資所得，這更有著巨大的殺傷力。

以一般情況而言，溫和的累進稅制是可行的。至於累進的級距、稅率的高低，或者是否要分離課稅，這些問題並沒有標準答案可言，必須考慮不同國家的差異狀況；包括經濟發展的條件和階段、既有的財富分配情形、課徵的實際能力，以及社會效應等等。

如果各國能設計一個彈性的公式，隨著相關因素的變動來調整累進的級距和稅率，這種理性而專業的作法，會是一個避免政客扭曲的良方。

然而，比稅率更重要的，毋寧是針對什麼項目來課稅。最優先的，無疑就是不勞而獲的房地產和遺贈所得，這絕對是課稅的重點。

從理念上來說，房地產的增值，確實如克魯泡特金所言，為什麼「巴黎的房屋能夠有很高的價值」呢？那純然是「由於幾百年間的無數勞動者、藝術家、思想家及學者文人的貢獻」的集體成果（Kropotkin 著，1989: 105-106）。因此，怎可將此一增值的獲益，都歸給房地產持有者呢？

再從現實上來說，尤其在台灣，房地產的扭曲發展，更是造成財富集中化以及貧富懸殊的最大元兇。許多人喜歡強調炒房所帶動的經濟成長，但其實它後患無窮，毋寧是亡國的徵候。對投機者課以重稅是絕對必要的。甚至，台灣有必要仿效德國，立法訂出「炒房罪」，課以刑責。

相對而言，以勤勞奮勉而獲取的薪資所得，則必須盡量降低稅率；即使是對於高薪族群，都該如此。至於中低薪族群，最好儘可能考慮接近免稅。從現實上來說，大幅降低薪資所得稅率，對於建立專業而功能導向的分工制度，無疑是一種強而有力的鼓舞。也因此，它會進一步帶來整個社會的繁榮富裕。

而從理念上來說，這正是對許多大師所倡言的「勞動價值」、乃至「勞動財產權」的最直接肯定以及政策實踐。講得更明白一點，對薪資所得課以重稅，就是懲罰勤奮和對工作的努力，它絕對不正義。

千萬不能像台灣現在這樣，稅基都落在薪資所得上，反而輕鬆放過房地產的相關課稅以及遺贈所得。台灣的房地產持有成本實在太低，約略不到千分之三或四。美國則平均在百分之一到三之間。這肯定是造成全民炒房的關鍵原因。當務之急是，對那些持有兩或三棟房屋以上者，必須以累進的方式增加課稅。這不僅絕對有效，而且可以極大量地充實政府的稅收。

許多人視此為公平正義的問題，但其實它最大的傷害，毋寧是鼓勵了人們投入不勞而獲的工作，相對也懲罰了那些勤勞奮勉、以專業貢獻社會的人。它對於建立理性而專業的分工制度，無疑是一種慢性凌遲。

試想，如果靠炒房或地租的收入，遠遠高於醫師、教授、會計師或工程師，這必然會將人力和資金，從專業領域導向房地產市場。之前，英業達集團會長葉國一，將大筆資金挪去炒房時就直言，這比投入製造業好賺太多了，即使人在睡覺，房地產都在增值，為你賺錢。

世襲資本主義：家族的繼承和接班

不只房地產，遺贈所得也是一個重點。巴菲特在反對廢除遺產稅時就說道，財富代代相傳，會毀掉「賢能社會」（meritocratic society）的建立（Schroeder 著，2008: 723-724）。他用的這個字詞，其意涵就是要求，應該以專業上的功績來贏取報酬，這個社會才是健康、有競爭力的。

事實上，富二代不僅是繼承了龐大家產，還以其出身血統，直接佔有了社會重要的職位和資源。對此，筆者主張，如果大型企業的接班人為一種血緣式的繼承，政府應予以立法限制、或對企業課徵額外的高額稅捐來作為懲罰，以鼓勵交由專業經理人來握有經營權。尤其是上市的企業，公司在性質上已經不再是你家的了，而是屬於社會。

或許不少人會感到訝異，覺得這個主張前所未聞。然而家族接班，不正是世襲資本主義最核心的內涵嗎？比起單純地繼承遺產，它對於社會邁向理性和專業化的分工制度，其實傷害更大、也更直接。僅僅因為靠爸，就能接掌龐大的企業帝國，這對於所有勤奮工作而有成就者，難道不是一種最大的否定和嘲諷嗎？

根據香港中文大學教授范博宏，與歐洲工商管理學院（INSEAD）家族企業國際研究中心主任班奈德森（Morten Bennedsen）合作的一份研究——「二〇一九年企業接班傳承跨國大調查」，發現台灣上市櫃公司，百分之七十為家族企業，占總市值的六成。而華人家族企業中，從交棒前五年到交棒後三年，企業市值平均縮水了六成（沈婉玉，2019）。

別忘了，這損失的可是所有股東的錢！

研究也同時顯示，家族企業有一個重大特徵，就是極不願意引進外部融資，來協助公司未來的營運發展。尤其是華人家族企業，對於聘用高階專業經理人，以及董事會的獨立運作等，在觀念上都非常保守。

譬如，不少歐美家族企業，會雇用麥肯錫之類的顧問公司，來負責尋找下一位執行長。但在華人家族企業，卻通常是由下一代接班。在產業全球化和高度競爭的今天，家族角色已經成為了發展專業治理的包袱（遠見編輯部，2019）。

筆者可以強烈斷言，家族接班的盛行，證明了這個社會還沒有真正理性和專業化。此一立場的基礎來自於韋伯的論證。從他所標榜的那種理性和專業化的「科層組織」來看，家族接班是一件完全不及格的組織行為。政府根本應該要想辦法杜絕。目前只課徵這些肥咖的個人遺產稅，豈有打到要害？又能遏止多少世襲資本主義？

真正的肥貓是一切不勞而獲的所得

台灣目前的稅制，問題重重。一來是既得利益的問題。譬如，一大堆首長和民意代表諸公，自己就是房地產大戶，以致改革比登天還難。炒房問題注定了會成為社會的毒瘤，將勒住經濟發展的咽喉。至於大型企業的血緣式接班，更比比皆是。這些大老闆在資源和人脈上，既構築了龐大帝國，又是台灣經濟和GDP的主力。政府恐怕投鼠忌器。

二來是最難改變的觀念問題。大部分人對於稅制，始終還停留在社會主義的窠臼，依舊扮演著平等大帝的尖兵，以至開口閉口都是富人與窮人的階級分析。然而，稅制毋寧是一種社會工具，除了講求公平正義的滿足外，更應導向於建立起專業而功能導向的分工制度，從而讓社會邁向進步富裕。

譬如，常有的一種偏見是，許多人認為，錢賺得多的人該多繳稅，這樣才公平。衍生出來，變成了「量能課稅」這個原則。它意味著，稅率的高低決定於你賺了多少錢。換言之，該繳多少稅是一個能力的問題。然而在筆者看來，此一琅琅上口的標準答案，根本是源自左派意識形態的荒唐偏見。它擺明了是在剝削有能力賺錢的人，而理由竟然是他的「肉」很多，禁得起剝削。

這種「胖子活該」的做法，怎麼會是公平正義呢？正確來說，該多繳點稅的，是一切不勞而獲的所得；即使對之課徵一種溫和的累進稅率，也完全正義。反過來，一切出於勤勞的薪資所得，則都該輕稅；更遑論採取任何的累進稅率。

筆者甚至主張，除了中低薪族群應儘可能免稅、或接近免稅外，其餘的人無論賺多或賺少，都應適用同一稅率。沒有理由因為你薪資較高，就懲罰你的努力和成就，課你較高的稅率。

這就是將稅制當作一種社會工具，用來鼓舞那些勤奮而有成就的人。反過來，社會主義所標榜的那一套，要求高薪資者適用好幾級的超高稅率，這根本在懲罰那些勤奮而有成就的人，何嘗有公平正義可言？

很遺憾，筆者的這些主張，肯定會被主流民意罵翻！而如果必須妥協，筆者也強烈要求，應追隨海耶克，針對薪資所得的累進稅率，必須非常的溫和適中。

這就是本書一貫的核心立場。打肥貓，從來不是在追求社會主義那種均平的理想。最期待的是，愈打愈能帶來社會整體的進步富裕。而對此，筆者要大聲強調，在職場上的高薪資者，並非肥貓！真正大咖又危害最深的肥貓，毋寧是經由不勞而獲的炒股炒房、遺贈，以及企業的家族接班所獲得的巨大財富。

在大部分的國家裡，造成財富集中化的元兇，幾乎都是資本利得的積累，很少是薪資所得。台灣很莫名其妙，針對這種真正大咖又危害最深的肥貓，只是輕輕拍一下，卻對那些勤奮工作而有成就者，將他們以薪資所得為主要內容的「綜合所得」，課徵可高達百分之四十五的重稅。

打肥貓只是防弊，不是在追求均平

當然，打肥貓帶有一個重要目的，就是要避免因市場和財富的過度集中化以及貧富懸殊，而引致上層階級的支配權力太大，並影響及窮人、乃至大眾的福祉。對此，歷史的殷鑑比比皆是。譬如，美國的高層菁英和人生勝利組，就曾經很有勢力地，長期阻擋了全民健保和教育補貼，還否決掉了影響他們既得利益的金融監管。

無可否認地，在經濟上很有「錢」的人，很容易在政治上也很有「權」。而當貧富之間的落差愈大，窮人將愈處於被剝削而無力抗拒的地位。這就是財富過度集中化和貧富懸殊的巨大風險，絕對有必要予以防範。

但既然只是防範，則在對他們的規範和節制上，應適可為止，並避免影響到整個分工體系對爬升的鼓勵，以及損傷到吸引人才的競爭力。以此而言，像法國的前總統歐朗德那樣，對富人的薪資所得課以超高稅率，實屬不當！

而即使是對富人課徵薪資所得以外的稅，譬如遺產和贈與所得、或是許多人常說的富人稅，筆者要提醒，同樣應該要有一個限度。對此，特別值得一提的是，羅爾斯（John Rawls）這位當代正義理論的大師也所見略同。

他明白指出，課徵遺產稅和贈與稅、乃至於採行累進稅率，目的是為了促進「財產的廣泛分散」，以「防止因為權力過分集中，而損害公平的政治自由權價值、以及公平的機會均等。」（Rawls著，2003: 256）這就有點像反托拉斯，即使在美國如此標榜資本主義的社會，都要極力予以防堵。

但明顯地，其在本質上只是防弊性的，並不是要藉此來追求社會主義的均平理想。羅爾斯因此主張，只要在繼承上的「社會最低保障都已經達到」了，就該適可而止，以免有損經濟效益，反而致使其他那些「地位最不利者的境遇，無法得到改善，而且開始惡化。」（ibid.: 262-263）

這就是說，打肥貓要考慮到其負面影響。因為，當有損經濟效益時，富人即使遭到損失，日子都還過得去。但那些最沒有調適能力的窮人和弱勢者，則可能因經濟的疲乏、失業或通膨，而陷入嚴重的生存困境。

羅爾斯非常明瞭，打肥貓不時會傷及窮人和弱勢者。它固然是必要的，但切記，絕不能因此而傷害到，社會邁向進步富裕所依賴的那一套資本主義機制。

- 稅制應建立起專業而功能導向的分工制度，而不是停留在社會主義的窠臼。
- 大幅降低薪資所得稅率，是對「勞動價值」的一種最直接肯定。
- 家族接班的盛行，證明了這個社會還沒有真正理性和專業化。
- 很有錢的人，很容易也很有權力。這就是財富過度集中化的巨大風險。

D、原則四：對社會底層的照顧

最後，談到第四個原則，也就是要讓窮人和弱勢者受到補貼和照顧。若有可能，使他們的一部分人經由訓練和教育，能有競爭力地投入專業和功能導向的分工制度。這與上述對高層菁英和人生勝利組的「瘦身」，是相輔相成的兩股改變分配的力量。一個在財貨上予以約縮、另一個則加以擴張；兩者都不可或缺，並且必須同時進行。

而這正意味著一個重要立場，即拉大報酬的差異化分配，不能以犧牲底層為手段，它必須建立在底層享有基本溫飽和尊嚴的基礎上。典型的譬如是儒家。他們一方面申言，要依照德能成就來進行差異化的報酬分配；但另一方面，又從不或忘「鰥寡孤獨廢疾皆有所養」的理念（禮運．大同篇）。

十九世紀的彌爾也早就說得很清楚，若要推行資本主義的私產制，該如何避免不平等和不公正呢？最重要的是必須有公平的機會，讓每個人都能「站在同一條起跑線上」。而其中之一，即補償那些在自然條件上有缺陷的人。他說：

> 對身體較弱的社會成員給予一定的優惠，足以使他們保持與其他成員同等的地位，進而維護社會的平等。（Mill 著，2009: 161）

不只是儒家和彌爾，吾人之前提過的聖西門和傅立葉，他們在主張差異化的報酬分配時，也同樣要求一個前提，就是必須保證每個成員——無論其是否具備勞動或自主的能力——都享有最低限度的生活水平。

換言之，社會雖採行差異化的報酬分配，卻以惠及每一個階層的普遍富裕為目標。它固然拒絕為平等定律而犧牲卓越性，但也不容許為了拉大分配的差異化，而不顧底層的人死活。

對於社會底層的照顧，另一位最強有力的辯護者，無疑就是赫赫有名的羅爾斯。他在有關正義的第二原則中，清楚揭示出社會和經濟分配該怎麼安排。其中首要的，就是必須「符合地位最不利者的最大好處」。它又可稱為「差異原則」（Rawls 著，2003: 276）。

羅爾斯進一步解釋了其中的理由，對吾人非常具有參考價值，也很有說服力。第一，這是對天賦和出身不平等所做出的「補償」（redress，或可譯為補救）。他說：

> 為了平等地對待所有的人，提供真正的機會平等，社會必須更多地注意那些較少天賦的人，注意那些生來社會地位較不利的人。

用另一個話來說，即補償或補救「偶然性所造成的偏差」（ibid.: 90）。

第二，這是一種合作性的「互惠」（reciprocity）互利。在效益主義之下，那些擁有優勢地位者總是吃香喝辣，而那些「地位最不利者」當然慘遭犧牲。這注定會導致強烈的社會衝突和動盪。

但如果反過來，當那些「地位最不利者」得到最大好處時，對於那些擁有優勢地位者，其實損失有限。羅爾斯相信，在這種情況下，最容易達成兩造的合作，帶來社會和諧（ibid.: 92-94）。簡單來說，與窮人比較起來，富人損失得起，少吃幾塊肉，不痛不癢！因此容易為了達成合作而讓利給窮人。

第三，羅爾斯指出，這是一種「同胞愛」（reciprocity）。它包含了公民情誼和社會團結；也體現了社會所尊重的某種平等。更重要地，它發揮了一種類似於家庭的共同體功能，即「除非有益於那些境況較差者的利益，否則自己也不能得到更大的利益。」（ibid.: 94-95）因為，你我始終是利害緊密關連的一家人。

歸結起來，羅爾斯的這三個理由，都力圖打破形式上的平等，並將追求窮人和弱勢者的最大好處，視為一種為了公眾互助和福祉、以及社會和諧，而加諸於有經濟能力者的群體責任。

這樣一個「差異原則」，貫穿在羅爾斯許多有關經濟分配的討論和構思中。他有時又稱此為「最低限度的社會保障」（ibid.: 256），指的就是要讓那些「地位最不利者」得到最大的利益，包括教育、醫療、就業和津貼等。

效益主義並不理會分配的差異問題

沈恩這位諾貝爾級的大師，曾一針見血地指出，邊沁效益主義的最大缺點，是它既不在乎、也不處理人與人之間分配的差異問題。它只關心效用的加總（Sen 著，2001a: 81-84）。而遺憾的是，個人利益再怎麼加總，都未能反映出誰分配得比較多、誰比較少。它唯一顯示出來的，只是加減後的最終結果。

對此，羅爾斯進一步洞悉，既然效益主義所追求的，是在結果層次上的最大效益，則它一方面，拋棄了在動機層次上的道德信念和群體責任；另一方面，也犧牲掉了那些「地位最不利者」的福祉。因為在整個利益的加總過程中，這些窮人和弱勢者的利益，當然如毫末般地微不足道。

就譬如台灣的那些小農和攤商，與郭台銘龐大的產業帝國比較起來，他們的產值在計算「最大效益的社會加總」上，怎麼會有份量呢？可想而知地，如果在「FTA」之類的經貿協定中，硬要講求國家整體的最大效益，肯定會將他們給犧牲掉。

這就是窮人和弱勢者的悲哀，在邊沁的效用加總裡，他們就像大波大浪中零散的小水滴，人微言輕，幾乎等於不存在。

羅爾斯的可貴之處在於，一來，他恢復了邊沁所刻意要排除掉的那些來自於宗教、道德、情感或公平正義等的是非標準，重新提振了動機層次上的道德信念和群體責任。他拒絕只衡量結果上的比較效益。

二來，他還引進了效益主義所完全漠視的分配課題，並且徹底相反地，以「符合地位最不利者的最大好處」，來挑戰邊沁對「最大幸福或最大福樂原理」的主張。其中最關鍵而弔詭的是，羅爾斯相信，如此才真正「對所有人都有利」，並得以邁向全體的最大幸福或福樂。

這真是很有突破性的針鋒相對之論。

羅爾斯有其重要的歷史地位是有道理的。邊沁根本不管誰擁有得多、誰拿得少，他只做效益的加總；如此一來，窮人和弱勢者當然因為在加總中無足輕重而被邊緣化。羅爾斯則為他們請命，當地位最不利者得到了最大利益，其實對所有的人都有利，從而促進了社會的最大利益。這個話是站得住腳的！

不過，講歸講，落實到具體層面，對於貧窮問題的解決，又該如何去做呢？這可不是一個可以空談或輕鬆交代的課題；它極為龐大複雜。在以下的篇幅中，筆者將以專節來作進一步的探討。

- 拉大報酬的差異化分配，不能以犧牲底層為手段。
- 儒家雖要求差異化的報酬分配，卻從未或忘「鰥寡孤獨廢疾皆有所養」。
- 邊沁只關心效用的加總，根本不處理人與人之間分配的差異問題。
- 符合地位最不利者的最大好處，才真正對所有人都有利。

第9堂課
貧窮問題該如何解決？

首先，筆者要強調，照顧窮人和弱勢者，是財富分配的基本使命。事實上，在人類歷史中，財富分配之所以會浮上檯面、形成議題，主要就是為了他們。而如今，倘若談論財富的分配，照顧窮人和弱勢者卻不是最優先、最核心的課題，反而聚焦在如何剝削有錢人、追求均平或全民福利政策，這其實已經發生偏差。

很遺憾，這就是今天的普遍情形。很多人更熱中於宣洩自己的忌妒和平均化欲望，遠遠超過對窮人和弱勢者的關切。他們要打肥貓、要反全球化、要佔領華爾街，卻沒有幾個人真正費心去瞭解和推動貧窮問題的解決。

許多人其實很害怕，或許哪一天自己也會淪為窮人和弱勢者。而很自然地，這樣一種排拒心理，導致窮人和弱勢者通常不會出現在他們的視線框架裡。也就是說，對陷入貧窮的恐懼，反而讓他們對與貧窮有關的人事物，都避而遠之。

然而筆者要在此呼籲，所有訴求財富的重分配、以及滿口公平正義的人們，請好好來關心並投入貧窮問題的解決。甚至，如果不優先聚焦於照顧窮人和弱勢者，則談論財富的分配課題，毋寧是十足虛偽和自私的。

回顧財富倫理的歷史，許多大師最為關心、也再三指陳的，正就是屢見不鮮、揮之不去的貧窮問題。主張共產和均平的是如此，肯定私產和小康的也同樣是如此，而即使是若干倡言邁向資本主義無限利潤心者，也將貧窮當作是必須面對的重大課題。

箇中的原因，或許是巷弄街坊中總充斥著貧窮的景象、甚至有不少乞食者向他們伸手。而對於此一最實際、又近在眼前的問題，大師們自然得去面對。只是此一課題該怎麼去解決，反思過去的歷史經驗，答案並不單純。

首先，它從最初的「愛的分享使命」，轉變為由國家執行的「分配正義」；接著，隨民主化而扭曲失焦，擴大發展為追求全民受惠的福利國家。此外，它還牽涉到許多難決的爭議，譬如，濟貧是否會導致勞動怠惰？又是否會破壞工資和勞動條件的市場化？

而最值得探究的是，對於解決貧窮問題，追求經濟成長的右派之路貢獻比較大呢？或者，更直接而有效的，是訴求公平正義和福利國家的左派之路？在以下的篇幅，也就是本書的最後一堂課中，筆者將一一予以陳述說明。

A、從愛的分享使命到分配正義

無庸置疑地，英國濟貧稅的出現是一個里程碑。原本在十七世紀之前，對於窮人的救助，幾乎唯一之途就是富人自願的施捨分享。特別是在基督教的文化傳統裡，當他們談到該如何使用財富時，少有例外地，都強烈指向對窮人的照顧；甚至，控訴那些拒絕施捨分享者為偷竊。這一點我們已經在第五堂課中討論過，無需再贅述。

然而，當來到一六〇一年，英國伊麗莎白女王（Elizabeth I）頒布了第一部濟貧法，開始出現重要的轉折。在此之前，對於窮人的救助，主要由教會、修道院以及諸多信徒們，秉持著「愛的分享使命」來予以實踐。此後，它則開始成為國家的一項職責，並為此而開徵了濟貧稅。

從財富倫理的角度來看，其中所具有的意義是劃時代的。

簡單來說，救助窮人不再依賴自願性質的愛心分享了。如今，不管你在情感上有沒有愛心、或願不願意分享，反正你都得繳交這樣一筆象徵著互助責任、甚至意涵著正義的稅捐，由國家官吏或代理者以「不涉情感地」（impersonal）超然態度，來「重分配」給窮人和弱勢者。

爾後，這樣的改變愈演愈烈。來到了十九、乃至二十世紀的社會主義陣營，此一分配正義的呼聲和正當性，已經響徹雲霄、如日中天，徹底凌駕在基督教那種「愛的分享使命」之上。

當然，這兩者的差異非常大。從社會主義陣營來看，窮人所獲得的補貼或福利，不再是富人出於愛心的慷慨和善意，而是富人該從剝削中吐出來、並還給窮人的正義。換言之，它與憐憫和同情無關，唯獨關乎公平和生存權利。

對此，社會的回應是正反兩面都有。譬如，法國的無政府主義者普魯東，就基於對自由的絕對信念，抨擊英國的濟貧稅為一種暴政。因為，

> 當宗教告誡我們要幫助我們的弟兄時，它規定的是一種慈善的戒律，而不是一個立法的原則。

而既然只是一種道德義務，即使是為了窮人的飢餓，都不允許「成為一種可以強加於我的政治負擔」。（Proudhon 著，1982: 74）

但從相反的角度來看，這種由國家來執行的強制性重分配，對於嘉惠窮人或減少貧窮，顯然比起過去有更好的效果。畢竟富人的慷慨和善意，是時有時無的，並不穩定。樂善好施的富人也往往只是少數，所捐獻出來的總體金額更可能不夠多。而國家機器以其龐大的支配力，普遍地課以一定比例的稅捐，所積累的濟貧基金和可能成效，都遠非富人的愛心分享可比擬。

可笑的是，美國前總統小布希（Bush Junior, George Walker Bush）和不少支持新自由主義的人士，竟然都曾極力主張，對於窮人和弱勢者的濟助，應從國家手中改由宗教或慈善團體來承擔。這真是看不見歷史的教訓、大開歷史的倒車。宗教或慈善團體所能募得的款項，對於照顧窮人和弱勢者，不僅很不穩定，還恐怕是杯水車薪。

史賓漢蘭制下的勞動怠惰以及扭曲

不過，吾人倒也必須承認，課徵濟貧稅之舉，隨著成效和規模的擴大，問題也跟著滋生。常見的批評是，廣泛的徵收和龐大的資金管理，能否廉潔而有效率？並且，即使其廉潔和效率達於一定水準，濟貧法本身的不同設計，也往往會導致不同的副作用，這一點毋寧更飽受爭議。

譬如在一六六二年，英國查理二世（Charles II）對濟貧法的修改，確認了貧民的認定方式，就遭致亞當斯密的批評，說它「妨礙勞動的自由移動」，使得貧民無法遷移到缺工地區，以賺取較高的工資。而這等於是宣告了他們永遠無法改善生活水平，只能繼續忍受本地的微薄工資（Smith著，2009：107-109）。

一七九五年，英國逐步實施的「史賓漢蘭」（Speenhamland）制，則引發了更大的爭議。它根據麵包價格的漲跌以及妻小的人數，來決定每個人每週可享有多少最低所得。不管你有無工作、又已有多少收入，只要未達此一最低所得，就由教區給予補足。

這是巨大的轉變，開創了前所未見的先河。

原本，自伊麗莎白版本的濟貧法以來，只有無工作者才可以得到救濟；其餘的貧民則強制勞動，無論你的工資有多少。這高度體現了當時的禁慾主義新教倫理。他們要求將一切光陰都全力投入各個人的世俗職業，並為此辛勤劬勞；同時，還將勞動推崇為一種特別有效的禁慾途徑。

他們更由此而反過來認定，貧窮正就是懶惰的結果；或者說，是缺乏禁慾主義的品性所致，有了錢就會亂花。以此而言，窮人其實是咎由自取。並且，救濟窮人的最好方法，是強制地送去習藝訓練所，培養工作能力，絕非直接給他們錢財和食物。

但如今在「史賓漢蘭」制下，只要既有的收入低於補貼標準，即使已經有了工作，仍可以獲得救濟。這隱含了一個很糟糕的問題，即對那些下層階級而言，無論工作或不工作，反正經過補貼之後，最終所得都是一樣的。因為在鄉間，工資一向很少高於補貼標準。

難怪馬爾薩斯和李嘉圖要大肆批評，聲稱濟貧法鼓勵了勞動怠惰、讓窮人喪失了自食其力的動機。持平而論，這樣的批評是有道理的，因為在「史賓漢蘭」制下，情況確實是如此。

雖然人道主義者稱讚此一慈善措施，說它既肯定了每個人的生存權利，又挽救了當時的社會危機。但就長遠而言，其後果是可怕的。因為濟貧的基金是一個無底洞；而原本不是貧民的，也由於勞動怠惰逐漸變為貧民。

並且，不只是勞動怠惰，僱主也因而可以用極低的工資，就能雇得工人。對此，工人自己並不在乎，即使大不了辭職也無所謂；反正教區會補貼不足的金額。換言之，整個勞動市場的價格機制，已經被扭曲破壞。

史學家博蘭尼（Karl Polanyi）因而指出，「史賓漢蘭」制將資本主義所依賴的、那一套帶有市場機能的工資制度，幾乎徹底摧毀。直到一八三四年被廢除為止，它阻礙了勞動市場化將近四十年（Polanyi 著，1989: 160-161）。

歸結而言，對於嘉惠弱勢者或減少貧窮，從「愛的分享使命」發展到改由國家來執行的「分配正義」，固然有其可肯定的一面。因為，國家機器以其龐大的稽徵和支配力，所可積累的濟貧基金、以及對工資和勞動的保障成效，都遠非富人的愛心分享可比擬。

但另一方面，不可忽略的是，隨著其成效和規模的擴大，卻往往同時帶來勞動怠惰，也阻礙了工資和勞動條件的市場化。此外，它當然更引致了一個狀況，即國家財政的龐大壓力，以及人民在稅負上的沉重負擔。

這些負面的情形和狀況，對於透過經濟成長來改善貧窮，可想而知地，會帶來極端不利的影響。而由此也引申了一個重大課題，即福利濟助以及工資和勞動的保障，該如何與經濟成長之間維持平衡，才能真正嘉惠弱勢者或減少貧窮呢？

- 濟貧法是一個里程碑，它其實與憐憫和同情無關，唯獨關乎公平和生存權利。
- 即使是為了窮人的飢餓，都不允許成為一種強加於我的政治負擔。
- 救濟窮人的最好方法，是強制送去習藝訓練所，而不是給他們錢財和食物。
- 濟貧法鼓勵了勞動怠惰，也阻礙了工資和勞動條件的市場化。

B、資源用在刀口上：只救窮人

對於上述所謂的「重大課題」，學者相關的討論和答案當然不少。但在此，筆者要極力強調的一點是，國家必須限縮福利政策以及工資和勞動保障的規模，將所提供的濟助，僅僅侷限在對窮人和弱勢者的必要措施上。

很遺憾，譬如在歐洲許多福利國家的發展，由於講求普遍公平的權利意識高漲，政客更為選票而頻頻「牛肉」大放送，以致福利政策及工資和勞動保障，幾乎變成了全民共享的樂事。偶爾，會在某些政策上加一個裝飾門面的排富條款，但仍無礙於龐大的中產階級也成為政策的受惠者。

這些國家經常搞到一個地步，不只免費的教育、醫療和照顧，完善的工資和勞動保障、失業救助，甚至有些國家，當你新搬遷到一個城市時，地方政府因考量你人生地不熟，會給付你一個月的計程車費。母親照顧小孩累了，國家可以提供免費的保母，讓你去休閒度假。還有，強制僱主讓員工每天午休三小時。時下，還在熱騰騰地推動實驗「無條件基本收入」（UBI）制。諸如此類的福利措施和各式各樣的保障太多了，各國有所不同，不勝枚舉。

它們固然體現了一種「人權」，但即使加上排富條款，仍都沒有將有限的資源用在刀口上，並帶來許多副作用。

儘管一九八〇年代以後，要求縮減福利開支的新自由主義也在歐洲不斷擴張，但相對於美國和新興市場，歐洲仍是左派均平主義論述以及社會主義實踐的聖土。一種視為基本人權、由全民共享的福利國家理想，在這裡依舊根深柢固。

然而，這些國家都忽略了一個重大原則，即沈恩所指陳的，在私有制下的市場經濟裡，「社會保障，是對於市場交換和生產過程的補充。」（Sen 著，2001b: 12）它的主要對象，應該就只是針對窮人和弱勢者。

在這裡，社會保障既然被定位只是「補充」，怎麼可以將市場機制破壞殆盡、並擴張為社會的一個大主軸或由全民受惠樂享呢？隨著歐洲許多國家的經濟衰退，以及人口紅利長期性的萎縮，其福利政策的龐大支出，已經愈來愈難以支撐。

筆者記得兩次在旅遊義大利時，導遊曾講了一個笑話，說假如有五個義大利工人，其中會有一個請假、一個罷工、一個在聊天、只有兩個在工作。這雖然是個帶有誇張性的笑話，但多少傳達了一些社會觀感。而西班牙、希臘、葡萄牙、甚至法國，在此一方面其實也不遑多讓。整個社會的氛圍，就是經常性的罷工，閒散、緩慢、沒效率，追求享受和長時間的休假。

直到二〇一〇年的歐債風暴才向全世界揭露出，原來這許多國家如此悠閒美好的人生，在愛琴海旁邊看夕陽、喝咖啡，在卡布里島度假、休閒，在巴黎品酒、美食，是以鉅額的外債、年輕人的高失業率，以及停滯的經濟競爭力為代價的。

長久以來，這些國家就一直深陷泥沼，沉痾難起。最嚴重的當然是希臘。根據官方於二〇一五年八月公布的資料，即使在國際貨幣基金（IMF）和歐盟的大力紓困下，全國失業率仍高達百分之二十三・五；而十五至二十四歲的青年失業率更是驚人，來到百分之五十・三。至於極端貧窮人口，則從風暴前的百分之二點二飆升到百分之十五。另有一個獨立的研究機構估計，二〇一八年時，希臘生活在貧窮線以下的人口達到十六萬人。

除了希臘，西班牙則勇奪后座，長期以來，全國失業率達百分之二十，青年失業率同樣來到百分之五十。義大利的青年失業率將近百分之四十，但國債卻居歐盟之冠，達到GDP的百分之一百三十六。法國的全國失業率在百分之十以上，至於青年失業率，則在百分之二十五到百分之三十之間。

近來，隨著全球景氣復甦，這些國家的情況稍有好轉。但問題是，結構性的病灶並沒有被妥善治療。當景氣循環再度向下反轉時，恐怕還要再次受到摧殘。

歐洲青年失業率所具有的指標意義

在所有的相關數據中，青年失業率非常具有指標意義。它高度反映了企業對未來的信心、經濟榮枯的最新景況，以及勞動法規的社會效應。而在這些國家裡，青年失業率高到如此近乎恐怖的狀態，大概有三個原因：

其一，從根本上來說，是許多產業缺乏國際競爭力、或因歐洲經常性的罷工、勞動怠惰，以及嚇死人的福利負擔和高工資而導致外移。這一切當然帶來經濟衰退，產業和員額編制同時也不斷萎縮。結果是既無需要、也無能力增聘年輕人成為企業新血。

其二，既然如此，那淘汰掉老員工來換取年輕的新血，如何？很遺憾地，在強大工會的壓力以及職業保障法下，要解雇員工是困難重重。此外，最低工資法以及必須繳納的社會保險金，則促使了企業極端不願意聘雇新員工，因為聘雇的成本很高。而如果非聘雇不可，也總優先進用那些有經驗和較高生產效率的中壯年人。至於菜鳥年輕人，則通常是第一個被拒絕的求職者。

其三，優厚的社會福利，其實也降低了積極就業的勞動意願。尤其是年輕人，他們通常沒有家累、也無房貸壓力。所以工作慢慢找，不滿意也毋須遷就，反正日子可以過，人生還很長。

對於這一切的惡果，固然不能都歸咎於過度擴張的福利政策、以及工資和勞動的過度保障。事實上，也並非所有這樣做的國家，都會淪落到如此地步。譬如德國、瑞士、荷蘭、奧地利，以及北歐國家，由於具有濃厚的新教工作倫理和儉樸禁慾的傳統，情況就好很多。

然而，即使會受到許多其他因素的影響，筆者還是必須指出，如果將福利政策以及工資和勞動保障，僅僅侷限於對窮人和弱勢者的必要救助，情況絕對會大幅改善。

在這一點上，羅爾斯也曾同樣指出，對於分配的正義，若追求以「最低限度社會保障」為目標，會來得比用「最低工資標準」之類的方法更有效。這真是一個具有突破性的見解。

社會主義的那一套，在歐洲的問題是過於強勢。許多專職工人的待遇其實不錯，但工會仍鍥而不捨地抗爭，要求持續性地提高最低工資標準，加大勞動保障。而國家在此一過程中，則通常為了選票，站在人數廣大的勞方這一邊。

奇怪的是，面臨這麼多困境，歐洲人醒悟的並不多。不僅繼續熱中於那一套全民樂享的福利政策、以及工資和勞動的高標保障，甚至，還將青年失業率歸咎於新自由主義下的經濟不公，進而要求國家更多的救濟和保障。

反正一切都是資本家、肥貓、全球化和新自由主義的錯！

羅爾斯的看法則與此背道而馳。他要求一切的社會保障必須回歸到最低標準。他非常經典地指出，正義原則是否得到滿足，

> 取決於社會地位最低的人的總收入……是否最大限度地提高了他們的長遠期望。（Rawls 著，2003: 256）

這就是說，只要窮人和弱勢者獲得了最大而長遠的好處，所謂的正義原則，在某種程度上就已經得到了滿足。很遺憾，經濟上的左派大軍，老是要搞那一套全民樂享的社會保障，而且，非如此就好像不公不義，這其實是走過頭了。

- 對窮人和弱勢者的照顧已變相擴張，扭曲為由全民共享的福利國家理想。
- 社會保障只是對市場交換和生產過程的「補充」。
- 與其追求「最低工資標準」，不如追求「最低限度社會保障」。
- 只要窮人和弱勢者獲得最大而長遠的好處，正義原則就已經得到了滿足。

C、左派之路：福利國家的歧途

吾人絕不可或忘，當國家的福利政策以及工資和勞動保障，在規模上愈是龐大周全並普及全民，就愈需要對外舉債和向人民課徵重稅、愈助長不自食其力的普遍風氣、也愈衝擊工資和勞動條件的市場化。

而鉅額的對外舉債，會嚴重折損國家以財政擴張來推動經濟的能力；人民高額的稅負，會大幅壓縮掉可用於消費和直接投資的資金；優厚的社會福利，會降低人們在職場中打拼的雄心，甚至養成悠閒怠惰的習性；而愈是完善的工資和勞動保障，則使得資方對於聘雇新員工和年輕人愈趨保守。

除了上述的諸多問題外，許多人都沒注意到，惠及全民的福利政策，還對工資和物價帶來了驚人的膨脹。長久以來，筆者就甚感不解，為何歐洲的一般勞動工資和物價，竟然都高於美國？美國不是比它更繁榮富裕許多嗎？後來才驚覺，早在半世紀之前，海耶克已經如先知般地給了我們答案。他清楚地指出：

> 福利國家所具有的各個主要特徵，都趨於刺激通貨膨脹；而且我們也已知道，來自工會的提高工資的壓力，與當下的充分就業政策結合在一起，也會促成通貨膨脹；再者，政府因提供退休金而承受的沉重財政負擔，也會導致其不斷試圖以降低幣值的方式，去減輕此一負擔。（Hayek 著，1997: 100）

這番話是十分中肯的。它解釋了歐洲的工資和物價為什麼那麼昂貴。通常，在一般的市場經濟下，總是先有企業競爭力帶來獲利成長，而後透過加薪和增聘員工，增加了國民的總收入；此時因購買力的增加，自然會帶來健康的通膨。

但福利國家則不然。它透過各式各樣的福利津貼，等於是長期而大量地向市場投放貨幣，從而帶動了消費和通膨。同時，因它沒有以企業的高獲利和經濟的高成長為其稅收基礎，國家的財政負擔當然沉重。在此一情況下，透過貨幣貶值來減輕財政負擔，已屬不得不然；而這又將進一步刺激通膨。

不只如此，當通膨持續發生時，工人手中的現金會跟者不斷縮水，於是工會開始施壓，要求提高工資。而倘若工人的生活水準日益惡化，有些國家甚至會訂出一體適用的工資政策，即強制的一致性工資水準。只是很悲哀地，如此的結果，又將進一步「導致累進性的通貨膨脹」（Hayek 著，1997: 38-40）。

上述林林總總的一切，明顯地，都極端不利於透過經濟成長來邁向普遍富裕，若干國家甚至因缺乏競爭力和經濟衰退，反而更向貧窮一步步邁進。筆者經常描繪，歐洲不少福利國家，在美好的背後其實是「五高一低」：債務高、工資高、物價高、稅負高、失業高，而支撐這一切的，除了少數國家外，竟然是經濟低。

二〇一〇年，隨著美國金融海嘯所引致的全球經濟衰退，這一切痼疾都在歐債風暴的熊熊火焰中爆發了出來。試問，我們還要將這種帶來「五高一低」的社會分配藥方，繼續當作好答案嗎？

選票競爭下公共資源已被消耗殆盡

追溯「福利國家」的誕生和形成，一方面，它倚賴的是一種將人權擴及社會和經濟資源、並以此課責於國家的思潮；另一方面，則是得力於一種新的發展變遷，即透過保險制度來建立起社會安全網，以因應個人年老或意外的風險。

如果純粹是後者，無疑還是正面而良性的。但真相卻是，在民主政治下，政客們競相為選票而牛肉大放送，以致將前者推向了毫無節制的高峰，從而衍生了日益嚴重的惡果。如今，甚至是所謂的「無條件基本收入」，這種需要天文數字財源的天方夜譚，竟然也在熱中地進行實驗，還聲稱獲得一片讚美好評。

著名的學者哈定（Garrett Harding）曾精闢地指出，公共財經常會發生一種所謂「共有的悲劇」（tragedy of the commons），即因屬於全體共有，以致被人們消耗殆盡。就譬如公海裡的漁業資源，每一個人都想極大化自己的利益，而此時，其資源枯竭的代價，卻可以轉嫁給所有的人。這其中的關鍵在於，誰是受害者並不明確；甚至，大肆捕撈者還可以因自覺無人受害，而炫耀自己的超額獲利。

民主政治走到今天，其實正面臨了類似問題。無論是民眾抑或政客，在追求自我利益極大化時，都可以將代價轉嫁給不明確的受害者——國家。

明顯地，當民眾獅子大開口、或政客為選票而牛肉大放送時，根本看不到受害者。反正花用的都不是自己的錢，而國家則既沒有痛覺、又不會哀嚎。如此，每個人都想從國家多撈一點，資源當然會走到消耗殆盡的地步。

以此而言，筆者很不樂觀地認定，即使在歐債風暴的不遠殷鑑下，歐洲整個福利國家的大方向，恐怕仍難以逆轉。許多政客為了選票，大力鼓吹反樽節措施；而某些國家的政府，為了挽救失業率所採行的藥方，竟然是編列更多預算、增加赤字，來補貼企業聘雇新員工。

可想而知地，這完全不能解決問題，只有美化數據的短暫效果而已！唯一受惠的，是可藉此贏得更多選票的政客。反正即便是國家淪入了破產，也由大家承擔。至於政客本人，則已經吃乾抹淨，不會有什麼真正損失。

持平來說，歐洲的經濟並非沒有可取的優勢。其中最可貴的是，其在分工制度上一向有不錯的理性和專業化成效。但它的致命傷則在於，將市場機制破壞殆盡的社會主義諸多作為；包括了在分配上的平均化欲望、工資和勞動的超高保障，以及由全民樂享的福利大放送。

自由化和市場化在歐洲的真實地位

近年來，歐盟更如火如荼地在均平主義的大旗下，剝奪成員國的稅制改革權。接二連三控訴蘋果、亞馬遜、谷歌和臉書等公司在愛爾蘭、盧森堡及荷蘭等國家所享有的低稅優惠。理由是對其他成員國的競爭力不公平。歐盟更打算在未來，全面性地針對美國矽谷的企業，推動一系列邁向統一各會員國稅負的改革。

對此，筆者深感質疑，歐盟各成員國的政治情勢、社會條件、資源特色、經濟的強弱項目、成長階段，以及國家的發展策略，都有高度的差異性，怎麼可以要求對外國企業採行一律平等的稅負政策呢？

試問，富有彈性、而且市場導向的稅制，不正是一個國家吸引外資、推動成長以及引導發展方向的重大工具嗎？如今，竟又在均平主義下被剝奪。如此一來，對於那些經濟條件較差的國家，豈不是要它們坐困愁城、走向貧窮嗎？

寫到這裡，筆者聯想到，美國的威斯康辛州曾以極優惠的補貼和稅收減免，吸引了郭台銘前往投資設廠，此舉當然符合了州政府對自己發展需要的評估。但試想，倘若它隸屬於歐盟，恐怕富士康會挨告，罰款一屁股、鎩羽而歸。

筆者並非不理解，倡導自由化和市場機制的聲浪和政策，始終存在於一九八〇年代後的歐洲社會。事實上，新自由主義就是在柴契爾夫人（Baroness Thatcher）的私有化政策下崛起的。之後，在歐洲不同的國家更陸續有所斬獲。尤其是在那些勝選後的執政黨，為了拯救陷入沉痾的經濟，經常會採行一系列市場化的改革。其中典型的例證，譬如是瑞典的社會民主黨、法國的第一位社會黨總統密特朗（François Mitterrand），以及屬於荷蘭工黨的寇克（Wim Kok）首相。

然而，許多市場化的改革，只是為拯救經濟的權宜之計，新自由主義在歐洲其實並沒有根，三不五時就被左翼大風吹倒。政治菁英即使高喊自由經濟政策，也因觀念、體質和結構等問題，以致伸展不開。相反地，對資本主義的唾棄、平均化的慾望，以及全民受惠的福利國家理想，則可以說是歐洲的真正靈魂。

難怪！新自由主義下的經濟不公和分配上的不正義，永遠被當作一切罪惡的原因；並從而結論出需要更多的均平、補貼和保障。而試問，當公共資源被消耗殆盡，窮人不會愈來愈多嗎？

- ◆惠及全民的福利政策，對工資和物價，其實都帶來了驚人的膨脹。
- ◆福利國家常有的五高一低：債務高、工資高、物價高、稅負高、失業高，經濟低。
- ◆舉凡公共財，經常會發生一種「共有的悲劇」，即消耗殆盡。
- ◆新自由主義下的經濟不公和分配上的不正義，永遠被當作一切罪惡的原因。

D、向市場化妥協？窮人是例外

然而，即便如此，筆者可也不是主張，吾人必須向資本主義的運作邏輯全面投降。譬如，就絕不能像之前所提過的柏克那樣，為了將工資和勞動條件市場化，竟冷酷無情地主張勞工只是一個商品、一個「交易的物件」。甚至，對他來說，個人是否因工資太差而無以維生，這在市場上根本是

一個絲毫不相干的課題。「唯一的問題是，它對買家有何價值？」（Burke, 1803: 386）

據此，如果你有市場價值，就會被購買你的人善待；如果沒有，就會像賣不掉的商品一樣，被清理丟棄。然而這樣的論調，對於勞工的死活，既認為與市場無關，又力言決定於市場，豈不是很矛盾嗎？

柏克還曾辯稱，工資的多寡乃一種「約定協議」而非「司法判決」。它的形成取決於參與各方之間的審慎和利益。參與各方就是主其事者，他們說了就算。相反地，倘若不是這樣，那他們就是不自由的（ibid.: 381）。

換言之，當工資和勞動條件處在被外力干預的情況時，作為法律社會基礎的契約自由，就已經被根本否定。在此，柏克的立場很清楚，他將工資和勞動條件，完全視為勞資之間的一種自由約定。而政府既非出資者、亦非出勞者，有什麼立場或正義，聲稱自己可以介入呢？

這一個講法看似有理，但問題是，當約定的一方處於弱勢地位時，在協議中何嘗有真正的自由可言？通常，勞資之間的約定協議，美其名是自由的，其實充斥著勞方的無奈和悲情。工資和勞動條件的約定內容，毋寧是彼此權力的較勁結果。

很遺憾，柏克的諸多立場，一直被新自由主義者以及市場基本教義派奉為圭臬，還經常琅琅上口，表現為對工資和勞動條件市場化的堅持，以及對國家干預介入的反抗。

客觀而言，柏克將勞動類比為商品的預設，固然有其真實的面向，但在基礎上卻大有問題。小羅斯福總統（Franklin D. Roosevelt）說得好，勞工所能出售的東西，只有他的勞力，「但這是會過期、會消失的商品。」

今天的勞力如果沒有出售的話，會永遠消失無蹤。尤有甚者，不同於大多數商品，他的勞力不僅是一種貨品，還是一個活生生的人的一部分。……勞力問題不僅只是經濟問題，也是道德與人性的問題。（Stephen 等著，2008: 51）

明顯地，柏克的錯誤在於，將勞動徹底「物」化了。他只從勞動在經濟上的結果來著眼，以致將人在勞動中的各種意識、情感、作為和活動，總括起來視為不過是交易的物件。他完全無意去理解，勞動者的本質是活生生、有血有淚的「人」，而非只是所謂的人力「資源」。

比較起來，同樣是市場派的亞當斯密，在這方面的立場平衡許多。對於勞動報酬的提高，他一方面認為，應取決於市場條件，即整體經濟是否「處於進步狀態並日益富裕」中（Smith 著，2009：篇一，章八，69）。但另一方面，他卻再三指謫，在現實情況中，毋寧存在著許多對此一原則的人為破壞。

譬如，同業組合往往透過限制自由競爭，以「阻止工資及利潤的下降」。他們還訂出各式各樣的規則和障礙，來刁難技藝的訓練養成和勞動的自由移動。更為了使「勞動工資不超過其實際工資率，隨時隨地都有一種秘而不宣的、團結一致的結合。」（ibid.: 60）也就是對工資的聯合壓低。

這些現實情況豈可視而不見、而一味擁抱市場派的基本教義呢？

亞當斯密因此做了最佳示範。他在主張自由市場之際，同時控訴了政府對僱主的偏袒、對同業組合的縱容，以及對工人們「勞動所有權」此一「最神聖的財產」的侵犯。他進而強烈呼籲，要給基層勞動者優厚的報酬。最起碼，要讓他們可以贍養家室、並且敢於多生孩子（ibid.: 59）。

當然，亞當斯密的最終立場是追求平衡的。期待無論資方或勞方都不可扭曲市場，俾能讓薪資忠實地反映經濟繁榮進步的水平。但他深刻瞭解，這在當前的情況下是不可能出現的。因為許多勞資之間的約定協議，美其名是自由的，其實，資方有扭曲市場的巨大能力，而勞方只能在現實下無奈地被剝削。

亞當斯密的可貴之處在於，他始終表露出一種執著，即自己絕不當一個空想的市場基本教義派，罔顧政府偏袒僱主、資方剝削勞工的事實。他更拒絕將勞動只視為商品，端看買主的需要。相反地，他一再為當時薪資微薄、近乎貧窮的勞工請命，並在其整部《國富論》中，極力追求一種可以惠及所有階層的普遍富裕。

他非常理解，在市場的背後，經常存在著一種支配性的權力關係。

將市場化喊得最響亮的那一批大咖

歸結來說，工資和勞動條件的市場化不可無限上綱，以致侵犯到人性的基本尊嚴。市場化完全不意味著，可以將勞動只視為交易商品；勞動的聘僱也不等同於買賣關係。包括福利、工資和勞動條件在內的整個過程，除了考量市場機制外，還必須嚴肅面對其中的道德和人性需要。

特別是窮人和弱勢者，由於他們在能力和條件上的人微言輕，在這整個過程中總最容易被犧牲掉。甚至，他們經常在工資和勞動條件上，無奈地簽下對自己極為不利的協議。對於這些毫無對抗能力的窮人和弱勢者，所謂的契約自由，毋寧只是資方的一個剝削工具。不僅邪惡，也屬虛偽。

國家在這種情況下，當然必須干預介入，並給予窮人和弱勢者完整的保障。譬如是身障者、憨兒、低收入戶以及邊緣族群等等，應該在市場機制之外，為他們提供額外的就業機會和工作津貼，好讓他們得以享有基本的溫飽和尊嚴。

更直接來說，由於他們的情況特殊，嚴重欠缺在市場中的競爭力、甚至根本被排除在市場之外，故而，並不適合以市場機制來決定他們的報酬和勞動條件。換言之，所有的人都必須將他們當作市場化的「例外」。

事實上，即使要他們回歸市場機制，對於在現實中許多人為的榨取、積習和結構性的障礙，也必須先行予以掃除清理。否則所謂的市場化，不過是一種掩蓋支配和剝削的煙幕。這是市場化不可或缺的一個前提。豈能對這一切視若無睹，而不負責任地高喊市場機制的美好？

那進一步地，試問，這些人為的榨取、積習和結構性的障礙，又是誰造成的呢？答案固然有一部分可以歸因於文化和歷史傳統，但更關鍵的成因，無疑是社會中的既得利益者和權力菁英。通常，他們會互相勾結來破壞和扭曲市場。

而很弔詭地，最破壞和扭曲市場化的人，往往是市場中最有支配力的那一批人。

從表面上看，是國家那一隻手在破壞和扭曲市場。但就在其背後，總藏匿著一批市場中的強勢者——大財團或特定企業主。對這些人來說，如果市場化對自己有利，他們就會拉結國家來高唱市場化；但如果在市場機制之外可以牟取更多利益，則他們絕不吝於找國家為幫兇，來破壞市場、搞特權、壟斷或寡佔。

對市場中的這些「大咖」而言，包括既得利益者和權力菁英，相對於一己利益的極大化，市場化不過是一個可資利用的工具。要不要市場化，又如何界定它，都取決於他們的需要。任何一個倡言市場化的人都必須承認，市場必然反映出某種權力關係，豈只是一堆數字和法則而已？

- ◆勞工所能出售的東西只有他的勞力，但這是會過期、會消失的商品。
- ◆窮人和弱勢者，必須被當作市場化的「例外」來補貼和照顧。
- ◆相對於一己利益的極大化，市場化不過是一個可資利用的工具。
- ◆在市場的背後，經常存在著一種支配性的權力關係。

E、誰救的窮人最多？右派之路

不過，對於如何讓窮人和弱勢者「健壯」起來，吾人還是必須回歸到正本清源之道。除了要給他們額外的照顧和保障外，恐怕更有效的途徑，還是得讓整個經濟有亮眼的成長。而這正就是之前休謨和亞當斯密，對貧窮問題所提出的解決方案。

經濟的繁榮昌盛，一來，其本身就可以創造財富，讓許多人脫貧。這是直接的外部效果。二來，它還會大幅增強人們內在的致富動機。簡單來說，就是為了享受和消費各式各樣的商品或服務，以致被誘發出旺盛的財富雄心，並藉由勤奮的工作來加以實現。

對於前者，有些人不以為然。他們認為，經濟成長只是肥了廣義上的資產階級，許多基層的勞動者並未受惠。對此，亞當斯密指出，問題是出在於分工制度的不完善，市場中有很多人為的榨取、積習和結構性的障礙，以致某些基層的勞動者無法分享到經濟成長的果實。

相反地，倘若分工制度有足夠的理性和專業化，也就是每個人都能將資本和勞動，投入對自己最有利，又最擅長的生產方式或行業領域，結果就會帶來一種大家都有錢可賺、需求也都能滿足的美好局面。如此一來，「普及到最下層人民的那種普遍富裕」，就指日可待、終將實現（Smith 著，2009：篇一，章一，19）。

而就算分工制度未臻於完善，經濟的繁榮昌盛，還是能帶動大部分人的薪資成長；這當然包括了中下層階級。亞當斯密直白地申言，最高的勞動工資，會「在最繁榮，即最快變得富裕的國家出現。」因此，「貧窮的勞動者」什麼時候「最幸福、最安樂」呢？就是「在社會處於進步狀態、並日益富裕的時候。」

為了證明這一點，他特別以當時的中國為例證，指出下層人民的貧困就是由於經濟成長的停滯。儘管中國的土地最肥沃，耕作最精細，人民最多、也最勤勉（ibid.：篇一，章八，61; 69; 62）。對亞當斯密來說，要解決貧窮問題，最佳的良方，始終就是經濟成長，而不是靠什麼濟貧法、或財富向下重分配的政策。

談過了經濟成長直接的外部效果，那後者呢？也就是內在的致富動機問題。

這其實是休謨很特別的一個見解。從禁慾主義新教來看，貧窮的原因主要是閒散怠惰、好逸惡勞，是一個屬於禁慾品行的挑戰。因此，貧窮問題的解決之道，不是給他們金錢，而是得改造此一品行，使他們能勤奮地投身勞動來賺取財富。

但休謨卻從另一個角度提出駁斥，主張貧窮是由於缺乏享受和消費的誘惑，以致沒有致富的雄心。或者換個話來說，貧窮源自於一種停留在基本溫飽的低度慾望。這樣的人當然不會勤奮地投身勞動來賺取財富。

似乎，這正是某些中下層人們的心理光景。買便宜貨、隨意度日，滿足基本溫飽就夠了。而既然如此，何必勤奮努力掙錢呢？當然，貧窮限制了他們的消費能力，但低度的企圖心，也導致他們得過且過。

可想而知地，這樣的人不會積極投身勞動，也不會有在職場中打拼的堅忍毅力。有的人甚至還可能走上勞動怠惰，期待親友或國家的直接濟助。結果在不知不覺中，長期下來，就成為了貧窮的潛在人口。

休謨在此確實呈現了一個有趣的對比。貧窮是缺乏禁慾的品行呢？還是缺乏高漲的慾望？促使人們在工作上勤勞奮勉的理由，是因為那是一種美德呢？還是因為渴望過好日子？對於這樣一個動機層次的問題，孰是孰非？當然沒有確定的答案。或許，基於各個人的差異性，兩個都可能是對的，也可能都是錯的。

但無論如何，從休謨來看，「人們的欲望是勞動的唯一動機」。他很肯定地指出，傳統的農村社會之所以一貧如洗，原因就在於沒有「可供他們消遣或滿足他們虛榮心的商品」。而既然消費的慾望沒有被撩起，難怪他們的生產情緒低落（Hume 著，1984:10）。相反地，在工商貿易發達的社會裡，根本不會有這樣的問題。

因為市場的交易很熱絡、物資豐富，可以帶來各式各樣的刺激、享受和樂趣。在如此充滿誘惑的環境中生活，人們當然願意加倍勤勞工作，以賺取更多錢來過好日子。而就在旺盛的財富動機下，日積月累地，貧窮愈來愈遠離人們。

當然，休謨無法否認，許多人即使積極進取、充滿幹勁，也未必就可以成為人生勝利組。畢竟致富所需要的條件還有很多。但至少，積極進取和充滿幹勁的態度，可以促使人們在職場中格外打拼，從而積累相對較高的財富。

看看許多在經濟上繁榮昌盛的都市，譬如紐約、東京、倫敦、巴黎、杜拜或上海，不就是如此嗎？相對於寂靜純樸的鄉村，它們充滿了形形色色的享受、樂趣和商品，人們也最繁忙地在打拚賺錢，同時，也擁有比較富裕的生活。

最後，休謨講了一句非常重要的話。他說，如此所帶來的富裕，可以「增進窮人的幸福，卻絲毫無損於富人的幸福。」（ibid.:14）這充分意味著，國家並不需要用社會主義的那一套方法，來對富人課重稅或去折損他們的幸福，就能將財富普及到大多數人的口袋裡，進而解決貧窮問題。如此兩全其美，何樂而不為呢？

社會主義與貧窮存在著解不開的結

上述這種對貧窮問題的解決，吾人可以稱之為經濟上的右派之路，也就是一般人所理解的資本主義途徑。它從根本上健全分工制度的理性和專業化，來促進整體社會在經濟上邁向繁榮昌盛。

而循此，筆者要問，對於貧窮問題的解決，這一條右派之路的貢獻比較大呢？抑或是之前所提過的左派之路？是休謨和亞當斯密的路線，拯救的窮人比較多呢？還是社會主義所訴求的公平正義和福利國家，讓更多人免於貧窮？

或許會讓許多人訝異的真相是，左派之路雖有著最濃厚的人道主義、最悲情地為窮人和弱勢者請命，也最強烈打著公平正義的口號，反特權、壟斷和剝削，並要求財富向下重分配，但在解決貧窮問題的實務上，成效卻未必更優。

甚至，在廣泛的左派陣營中，譬如共產主義，還曾經創造了人類史上空前規模的飢荒和貧窮紀錄。從過去的蘇聯、改革開放前的中國、古巴、北韓，到許多擁抱依賴理論的拉丁美洲國家，都歷歷在目，見證了社會主義與貧窮之間那打不開的糾結。

而如今，看著南歐那些因過度福利措施，而曾經深陷國債風暴的國家，可以肯定的是，他們由於債台高築以及經濟的持續低迷，過往優渥的福利水準和生活品質，正節節敗退、嚴重下滑。如果筆者聲稱，他們正在一步步地創造更多的貧窮，這樣的說法應該不算過分。

反觀右派之路，諾貝爾獎得主迪頓（Angus Deaton）在其探討貧窮的專著中，卻清楚指證，基於休謨和亞當斯密時代的科學革命和啟蒙運動，「最終帶來了一場人口壽命以及物質生活的革命」（Deaton 著，2015: 175）。不只財富的追求成為英國人尋求幸福的正當大道，貴族階層的健康和壽命，也開始大幅拉升（ibid.: 66-67; 94-95）。

而後在一八二〇至一九九二年，則因受惠於全球的經濟增長，尤其是中國和印度。使得全世界人口的平均收入增加了七到八倍。與此同時，貧困人口佔世界總人口的比例，則從百分之八十四降低到了百分之二十四。他形容這是「史無前例的生活水準提升」（ibid.: 175），充分證明了經濟增長對減少貧窮的巨大成效。

而若改從人口增長與生活水準的平衡來看，其證據也非常明顯。在過去的半個世紀裡，儘管世界人口又增加了四十億，地球上這七十億人的生活水平卻大大提高（ibid.: 255-256）。看來，馬爾薩斯的人口論大錯特錯，他完全沒有料到，資本主義所帶動的技術創新和繁榮進步，可以讓這麼多人過好日子。

難怪！迪頓會直接說，無論從學術理論或實務經驗來看，「經濟成長，是解決貧窮最可靠和最長久的方案。」（ibid.: 285）而反過來，左派之路卻老是抱持著人道主義訴求，以為濟貧就是將錢直接撥付使用在窮人的救助上。只是很遺憾地，譬如西方對貧窮國家的直接撥款援助，很少能促進經濟成長（ibid.: 291-292）。如此一來，貧窮問題當然就無法可靠而長遠地解決。

不只是迪頓，備受讚譽的全球公衛及公共教育家羅斯林（Hans Rosling），更以明確的圖表指出，以二〇一七年計，在過去二十年，全球赤貧人口占總人口的比例幾乎減半；過去一百年，全球死於天災的人數也幾乎減半。此外，全球的平均壽命來到七十歲；全球一歲兒童有接種疫苗的比例為百分之八十；全球享有電力供應的人口比例為百分之八十。而即使在全世界的低所得國家裡，百分之六十的女孩會讀完小學（Rosling 等著，2018: 13-16）。

對於這些驚人的進步，羅斯林還另外列出了三十二項數據，然後非常肯定地說，「世界正變得更好」（ibid.: 62-79）。從筆者來看，這一切充分驗證了資本主義所推動的技術創新、資源的開發及整合、乃至於醫療領域的現代化，已經為人類福祉帶來了巨大成效。相反地，社會主義在這些方面的貢獻，可以說是微乎其微。

歸結而言，歷史已經清楚證明，訴求經濟成長的右派之路，不僅最能夠拯救窮人、同時又能大幅提高生活水準，帶來健康和長壽。所有訴求均平主義、打肥貓、反全球資本主義、佔領華爾街等的左派論調者，都必須正視此一無法否認的事實。

社會主義絕對可以扮演平衡資本主義的角色，卻不能因為走過頭，而摧毀或企圖替代資本主義。正確來說，在它們兩者之間，從來不是「非此即彼」的選擇。

- ◆貧窮源自於一種停留在基本溫飽的低度慾望。
- ◆由經濟繁榮所帶來的富裕，可以增進窮人的幸福，卻無損於富人的幸福。
- ◆貧窮是缺乏禁慾的品行呢？還是缺乏高漲的慾望？
- ◆因為資本主義，世界正變得更好，這才是一個真確的世界觀。

F、經濟成長不是窮人的萬靈丹

當然，問題也沒有這麼簡單。訴求經濟成長的右派之路，其效益不是必然的。吾人不能因為它大幅提高了生活水準，帶來健康和長壽，就視之為拯救窮人的萬靈丹。

即使迪頓自己就一再指出，在歷史的其他時候或許多地區，經濟增長未必能減少貧窮。或者換個話來說，窮人未必都可以從任何一波的經濟增長中受惠，享受到其甜美的富裕果實。

譬如大家心目中最富裕的美國，就曾經出現過分歧。從二次戰後到一九七〇年代期間，無論是富人或窮人，都廣泛分享到了經濟成長的成果。但奇怪的是，從一九七三到二〇一〇年，人均國內生產總值增加了超過百分之六十，卻對貧困率的下降沒有產生任何作用（Deaton 著，2015: 187）。

貧富差距也在持續擴大，尤其處在最底層百分之二十的家庭，收入增長非常少。統計起來，在過去的四十四年中，他們的平均收入年增長率，不到百分之〇．二。而那些處在收入頂端百分之二十的家庭，平均收入卻以年均百分之一．六的速度在增長。至於收入最高的那百分之五的家庭，平均收入年增速，則達到了百分之二．一（ibid.: 196）。

不只是美國，有許多其他國家在經濟的增速上並不差，甚至超過富裕國家，然而貧困的狀況卻始終沒有改善。迪頓舉例，譬如中非共和國、民主剛果、幾內亞、海地、馬達加斯加、尼加拉瓜以及尼日爾等國，它們在二〇一〇年時的貧困情況，比五十年前還要糟糕（ibid.: 240）。

為什麼會如此呢？經濟持續增長，貧困率卻一直停滯、沒有降低。

迪頓特別針對美國的狀況，提出了一大堆可能的因素來解釋，包括了貧窮線定義的問題、官方的統計方式、高等教育對收入分配的影響、全球化因素、大量的外來移民、醫療成本的上漲、工會的衰落、高收入的雙薪家庭，以及收入來源的改變等等。

這洋洋灑灑的一切，其實告訴了我們，情況不一而足，沒有簡單的答案。但至少，迪頓推翻了新自由主義的一個核心論調。他們總是一口咬定，隨著整體經濟的成長，財富會自動向下流動，普及分配到每一個階層。

許多全球資本主義論者也是如此，聲稱財富終究會由跨國企業和財團，往下分配到全民手中（Stiglitz 著，2002: 8, 312）。只要能帶動經濟成長以及週邊的繁榮，則工作機會大增，再加上市場的熱絡，人民自然就會逐漸富足起來。

這一套論述的原型，當然是休謨、柏克和邊沁。而就從他們的時代以迄整個十九世紀來看，窮人的景況也並沒有隨著工商貿易的發達而改善，甚至還愈來愈悲慘。

追究起來，其中一個主要原因是，在當時，中下階層根本還沒有得到工資和勞動條件的起碼保障，也沒有政治和教育機會的平等。換言之，在市場裡還存在著許多人為的榨取、積習和結構性的障礙，以致他們無法分享到經濟成長的甜美果實。

譬如，亞當斯密自己就提到，當時的勞動者由於濟貧法的限制，無法自由遷徙到工資較高的地區；技藝的訓練養成也因受到刁難而困難重重；再者，資方更透過同業公會，暗中聯合起來壓低工資的成長。

對此，沈恩提出了一個非常強有力的佐證。他在研究了好幾個地區的饑荒後指出，饑荒竟然可以在糧食供給穩定的情況下發生（Sen 著，2001b:188）。這可真是奇怪哩！生產上沒有糧荒，社會上卻發生饑荒。

他聲稱，關鍵原因在於一種所謂「交換權利」（exchange entitlement）的喪失（ibid.:8）。即窮人由於所屬的特定階層、職業或缺陷，使得他們在某種權力關係下，無法換取到所需要的糧食或其他必需品。沈恩相信，「正是整個權利關係，決定著一個人是否有能力得到足夠的食物，以避免飢餓。」（ibid.: 189; 191）

他接著質問，市場機制能否通過糧食的充分流動，來消除這些地區的饑荒呢？答案是否定的。譬如，只要有人以特權來壟斷，糧食的流動就會被堵死。他因而批評了亞當斯密，認為其論述所針對的，只是如何「滿足市場需求的效率」，而不是「滿足那些因為缺乏市場權利和購買力不足、而無法變成有效需求的欲望。」（ibid.: 195-196）。

沈恩的這段話真是一針見血！其中的意思就是說，窮人們因缺乏交換權利，而無法在市場中構成「有效需求」。因此，市場再怎麼有效率，他們都無法受惠。循此，吾人可以試著想一想，如果沒有糧荒，卻會發生饑荒，這不正解釋了為什麼經濟有成長，窮人卻未必能受惠嗎？

窮人和弱勢者根本就不在市場裡面

班納吉（Abhijit V. Banerjee）和迪弗洛（Esther Duflo），在他們對貧窮的專著中也同樣指出，在許多國家裡，服務窮人或弱勢者的市場，往往小得可憐，即使有，他們在市場中也處於非常不利的地位。譬如，他們通常無法取得銀行貸款，或者貸款的利息特別高；也很少有為他們服務的醫療保險

（Banerjee & Duflo 著，2013：總結）。

這些都讓他們無法翻身，甚至難以避免地會掉入薩克斯（Jeffrey Sachs）所形容的「貧困陷阱」，即無法依靠自身的能力改善、儲蓄或投資，來擺脫貧窮的困境，反而還每下愈況（Sachs 著，2007: 52）。

很遺憾，滿口經濟成長的右派，總高喊著市場機制的美好，卻從來沒發現，窮人和弱勢者根本不在市場裡。箇中的道理很簡單，沒有消費能力的人，無法形成有效需求，結果，當然不被視為市場的服務對象。

市場再怎麼有效率，場外的人都無緣受惠，不是嗎？

美國的醫療保險正是一個鮮明的例證。它的市場化固然非常有效率，結果卻使得大約四千五百萬美國人買不起。說得好聽，市場的大門對所有的人都是敞開的，但那些沒有經濟能力的人，卻在實質上欠缺交換權利，結果當然是被冷落在外。

歸結而言，無論是沈恩、班納吉、迪弗洛或迪頓，他們的論述都已清楚指證，經濟成長並非拯救窮人的萬靈丹；市場機制也經常存在著交換權利的障礙，以致窮人和弱勢者無法分享到經濟成長的果實。

而從這裡，我們可以理解到，對於貧窮問題的解決，何以國家在拼經濟之外，還要從事與交換權利相關的改革，以掃除市場中人為的榨取、積習和結構性障礙。譬如，消除特權、壟斷、剝削和不必要的管制；賦予人們普遍的政治和教育機會平等；對工資和勞動條件的基本保障；以及廢除那些導致人們更加貧窮的苛捐雜稅。

只是很不幸地，此一牽涉到政治、財團、傳統因襲和既得利益者的改革，通常都困難重重、曠日持久。對窮人和弱勢者而言，根本是緩不濟急、掘井止渴。這時，由國家來推行一種「直接的救助措施」，就成為不可或缺。其主要的意義在於，繞過上述那些屬於權利關係的諸多障礙，將必要的濟助，譬如疫苗接種、小額信貸、農技訓練、醫療救助、食物，以及生活必需品，直接送到窮人和弱勢者的手上。

當然，與經濟成長和對交換權利的改革比較起來，這些直接的救助措施，並不是正本清源之道，很可能只有短期的效果。通常，當直接的救助措施停止後，窮人和弱勢者會回到過去的不幸景況。然而，很多時候悲情就在眼前。儘管只能暫時解決問題，也無可選擇地必須積極面對。

歸結而言，對於貧窮問題的解決，顯然有三個不可或缺的途徑。它們分別是經濟成長、交換權利的改革，以及直接的救助措施。對於這三者，或許經濟成長是最重要的。但它還必須輔以交換權利的改革，窮人和弱勢者才能真正分享到經濟成長的果實。而又基於交換權利的改革總是困難重重，以及經濟可能陷於停滯或衰退，因此，窮人和弱勢者還是需要直接的救助措施，來紓緩急需的食物、醫療和現金。

巴西的經驗：左右開弓、齊頭並進

對於脫離貧窮，或許巴西的經驗是一個值得參考的案例。一九九三年，擔任財政部長的卡多索（Fernando Henrique Cardoso），從原本的依賴理論大師，轉而擁抱全球經貿體系和新自由主義，並將巴西的通膨從百分之數千中拯救出來。兩年後，他擔任總統，則更透過一系列右派之路的改革，讓巴西的外債大幅改善、經濟體質也隨而脫胎換骨。

接著，續任的「窮人之父」魯拉（Luiz Inacio Lula Da Silva）雖是左派的工黨背景，卻抱持著溫和的市場經濟政策。但他八年任期中最重要的政績，毋寧還是推行了「零飢餓計畫」和「家庭救助金計畫」。值得注意的是，這兩個計畫並不只是直接的救助措施，其內涵還包括了某些與交換權利相關的改革。

譬如，所設立的國家糧食和營養安全委員會，其中三分之二成員必須是民間社會的代表。在現金補助上也規定由民間社會參與監督。並且，對於此項補助所使用的提款卡，也要求儘可能掛在女性家庭成員的名下。還要進行土地改革，以解決獲取土地機會不平等的問題；同時要致力於改善農村的基礎設施和服務質量。

此外，政府還實施了食品直接採購的計畫，以避開中間盤商的剝削，或地方有力人士的中飽私囊。並且為了照顧地方上的小農，要求從他們手中採購的食品，必須佔購買總值的百分之三十（以上參見 Castañeda）。而在這兩個計畫之外，魯拉更還通過立法，促使了最低工資達於前所未有的高點。

持平而言，對於交換權利的改革，巴西的上述作為是不夠的。譬如，並未完全消除市場中的特權、壟斷、剝削和不必要的管制；也未觸及到政治和教育機會的平等、勞動條件的基本保障，以及廢除不合理的苛捐雜稅。只是，對於一個積習已久、弊病叢生的社會而言，魯拉的改革已經誠屬不易、難得可貴。任何人都不應該期待有什麼可以一蹴而就的偉大功績。

無論如何，巴西就這樣在前後兩位不同路線總統的努力下，歷經了十幾年左右開弓的改革。不僅造福了高達一千一百萬戶的貧窮家庭，實現了在二〇一〇年飢餓和貧困減半的目標。更還在二〇〇五年，提前兩年清償了對國際貨幣基金的欠款。二〇〇八年，更從一度是全球最大債務國，轉變成債權國。二〇一〇年，巴西首度超越英國，成為全球第六大經濟體。

雖然之後的巴西還歷經許多曲折，也面臨不少亟待改革的挑戰。但在之前這一段歷史的轉變過程，卻深具參考意義。很明顯地，它之所以能夠大幅脫貧、成果斐然，是右派之路與左派之路的交互作用結果。

一方面，經濟成長帶來了更多的就業機會和商品交易，直接擴大了市場、並創造了可觀的財富。同時，其豐厚的稅收可以為濟貧方案提供財源。試想，如果當時巴西的經濟持續處在停滯或衰退狀態，要讓「零飢餓計畫」和「家庭救助金計畫」奏效，對於一個長期貧窮的債務大國而言，恐怕是難以為繼的。

另一方面，這段歷史也親自見證了新自由主義的一個錯謬，許多窮人並沒有隨著經濟成長而自動脫貧。他們還有賴於直接的救助措施，以及國家對交換權利的改革。而這三者綜合起來已經清楚顯示出，脫貧之路，必須是右派之路與左派之路的交互作用結果。

- 許多貧窮地區很奇怪！生產上沒有糧荒，社會上卻發生饑荒。
- 儘管市場機制很有效率，但問題是，窮人和弱勢者並不在市場裡。
- 貧窮問題的解決：經濟成長、交換權利的改革、直接的救助措施。缺一不可。
- 要大幅脫貧，必須是右派之路與左派之路交互作用的結果。

小結：中庸式的、有節制的不平等

走筆至此，不只對於窮人和弱勢者的照顧，這一整章（包括第七、八及第九堂課）對於財富分配的討論也該收尾了。分配的問題之所以難解、並充滿爭議和衝突，關鍵在於一種普遍的矛盾心理，就是人們既痛恨差異、渴望平等，又同時渴望差異、痛恨平等。我們批評別人是肥貓，但從不反對自己成為肥貓。因此，我們有時雖站在訴求平等的左派陣營，卻在某一天，竟加入了破壞平等的既得利益者行列。

為此，筆者提出了一個稱之為「P-M-S」的折衷調和方案，期待既可以兼顧這兩股必然的人性力量、又可以緩解各自所帶來的弊病。它們分別是理性而專業的分工、差異化的報酬分配、對上層社會的節制，以及對社會底層的照顧四大原則。

在建構此一方案的過程中，迪頓的許多核心觀點深具啟發性。他一再強調，資本主義的發展進程，總是一部分人先富裕起來，而這就已經開始帶來了若干不平等。接著，若其他各個階層的人們也跟著受惠，則會顯著地減少貧窮、帶來普遍富裕。此時，所存在的溫和不平等，其實是一件可以鼓勵爬升的好事。

但問題是，由於政治、財團、傳統以及既得利益等多方面因素，社會總存在著許多人為的榨取、積習和結構性障礙，以致市場出現寡占或壟斷，中下層的大多數人們，也無法在經濟成長中跟著受惠。結果不平等的狀況愈來愈嚴重，財富的分配變得過度集中化、並且貧富懸殊。

此時，資本主義就開始創造窮人了。因為富人們會強而有力地以犧牲大眾為代價，來極大化一己的利益，最後，導致許多原本的中產階級也淪為窮人，而原本的窮人則又比之前更加貧窮。

這就是他所謂的「之前的脫逃者，堵住他們身後的脫逃路徑。」（ibid.: 329）最先從貧窮中脫逃的人，成為了小有錢人；而後進一步在財富的惡質競逐和大幅積累中，開始害得其他人無法從貧窮中脫逃。

緣此，筆者必須提醒那些屬於社會主義的左派之路朋友，問題的癥結以及真正的敵人，顯然不是資本主義的制度本身，而是市場中諸多人為的榨取、積習和結構性障礙，以及市場和財富的過度集中化、貧富懸殊。

資本主義的制度本身，毋寧還是個利大於弊的好東西。只要能適當地避免偏差或減少弊病，它可以大幅減少貧窮、並帶來普遍富裕。市場化的本身也是如此，只要能避免寡占或壟斷，並同時保障那些缺乏交換權利的人們，它同樣是個利大於弊的好東西，沒有必要因噎廢食。

故而，吾人最該務實追求的，根本不該是均平、無條件基本收入，或全民受惠的福利政策這些浪漫的理念，而是一方面善用資本主義的制度來追求進步富裕；另一方面，則是讓此一制度儘可能地避開偏差或減少弊病。

分配的真諦：在進步富裕下的分配

這毋寧正就是本書之前對於財富分配的那個「P-M-S」方案構思。

整個來說，筆者堅信，分配要有一個前提，就是在進步富裕的情況下，有足夠的資財可以拿來分配；也就是餅要夠大、愈大愈好。換言之，真正健康的分配，是進步富裕下的分配。絕不是愈分配、大家愈貧窮落後。

倘若要如此，就必須靠資本主義的制度。它拒絕將分配理解為追求均平、對富人課重稅或向下重分配，而是很聰明地，將之當作一個可以創造進步富裕的誘因和社會工具。但同時，它也要採行若干措施，來讓資本主義避開偏差，減少弊病。

具體來說，就是筆者在「P-M-S」方案構思中的四大原則。

首先，它得掃除一切人為的榨取、積習、特權和結構性障礙，來建立起理性而專業化的分工制度。而後在此一前提下，藉由在報酬分配上一定強度的差異化，來誘發出人們勤勉奮發的積極鬥志和雄心，成為一股邁向進步富裕的旺盛動力。進一步地，它得節制上層社會，並照顧社會底層，以避免市場或財富的過度集中化，以及貧富懸殊。

顯然地，對於滿足進步富裕下的分配，社會主義所高唱的那一套，在效用上是很有限的。它固然可以在某種程度上，避免市場和財富的過度集中化以及貧富懸殊、並透過直接的救助措施，來照顧那些因缺乏交換權利而陷入困境的人們。但它卻無法為整個大餅增加一毛錢收益。

更糟糕的是，它還經常在選舉和政客的推波助瀾下，表現出強烈的忌妒和平均化欲望、對工資和勞動條件的過度保障，以及全民樂享的福利大放送。而當經濟因缺乏競爭力而陷入停滯，或公共資源消耗殆盡時，原本口口聲聲要濟貧救窮的它，反而開始創造更多的貧窮。

不過在此，筆者不希望被誤解，以為全然否定了左派之路。社會主義的許多理想，絕對有其可肯定的價值，只是它必須自我約限，以避免傷害到資本主義制度的核心原則。它尤其要改變自己對分配的刻板看法，承認分配不是將財富從某些人的口袋，移轉到另一些人的口袋那麼簡單。分配的真諦，應擴及資本主義對分配的理解，如此才可以愈分配、愈邁向進步富裕。

皮凱提那種剝削掉富人五分之四所得的答案，毋寧是一帖吃了會不斷拉肚子的庸醫處方。他對於分配的理解，根本停留在對有錢人的最原始反應上，就是儘可能從他們身上多刮一點肉，來分配給其他人就好了。

很遺憾，大多數人對分配的理解，與皮凱提不相上下，就是期待去滿足一種忌妒和平均化欲望。於是，財富的向下重分配或所謂的分配平等，就像「神」似地既正義又權威，以致閹割了資本主義制度的核心內涵。

筆者所期待的，毋寧是揉合了資本主義與社會主義的第三種形式。它一方面拒絕為降低社會的眼紅指數，而去追求財富的向下重分配或所謂的分配平等。另一方面，它則在報酬分配的差異化上，拒絕表現為利益極大化的貪婪，或將驕傲和高人一等的欲望推到頂點。

基本上它所追求的，是在上述兩者之間一種中庸式的、有節制的不平等。

據此，它所呈現出來的分配曲線很特別。首先，在下方會有一個前提性的「最低點」，即透過補貼和優惠照顧，來讓窮人和弱勢者溫飽、有尊嚴地生活。這意味著，在拉大報酬分配的差異化之際，不能以犧牲底層為手段。

其次，它在上方則有一個不得越過的「臨界點」。即在拉大報酬分配的差異化之際，上層菁英不得囊括過大的份額，並且必須受到多方面額外的規範和節制，以避免這些人的財富過度積累、或集中在極少數人。

至於在上述兩個「點」之間的區塊，則是一個拒絕左派之路的純淨空間。它既無額外的補貼和優惠照顧、亦無打肥貓之類的規範和節制，它堅持依照資本主義制度的核心原則來運作；也就是在分工制度的理性和專業化下，藉由在報酬分配上一定強度的差異化，來誘發一種邁向進步富裕的旺盛動力。

這樣一整個方案，就是筆者所謂的進步富裕下的分配。

尾聲

對於財富倫理，從舊作的「大歷史」走到如今的「大思考」，此刻，本書該和各位讀者說再見了。筆者繼「歷史脈絡的大探索」和「對論述的思辨分析」後，如今已經完成第三部曲，也就是「現時此地的再建構」。整個財富倫理的浩大工程，至此劃下了句點。

回顧筆者在本書中的撰寫，環繞的是從舊作歸結而來的財富「四大核心課題」，並且為了能更貼近社會大眾的日常生活，進一步將它們細分出「九堂課」來呈現。筆者可以大膽地說，財富倫理長久以來最引致爭議的那些癥結，以及在現代生活中所觸及的各個面向，都已經在本書中被有系統地歸納，同時也得到了深度的省思和探索。

對於這樣一整個的努力和成果，誠如在「前言」中所說過的，筆者的期待是能成為一次「立足過去、而看向遠處」的跳躍，即將經典大師們的古老論述加以延伸，並搭起一座通往現代社會的橋樑。它一方面企圖為大師們的古老論述，賦予現代的實用意涵；另一方面，也指望現代人在面對財富的若干核心課題時，能夠有歷史智慧的傳承和光耀，而不是日益深陷庸俗化的窠臼。

與市面上的相關著作比較起來，本書提供給讀者的，是對財富倫理系統化而完整的「大思考」，而不是只有片面的主題、零散式的個人感想，或老生常談地告訴你一些有關財富的格言和警語。這不只是本書與眾不同的特色，或許，還可以算是財富倫理在開創上的一個里程碑吧！

在撰寫的過程中一個有趣的發現是，原本的初衷純然是為了探討財富倫理，而非如何致富。但愈寫卻愈強烈覺得，如果讀者們都能按照本書所陳述的去實踐力行，那麼，不僅可以因儉樸節約而積蓄財富、因致富的倫理動機而積極創造財富，還能因對財富的淡泊超越、以及節省的哲學和花錢的哲學，而保有道德的高尚、內在的幸福，乃至自由和真我的實現。同時，透過財富在牟利上的倫理規範、以及分配正義的模型，也可以促進社會包括窮人和弱勢者在內的整體繁榮進步。

這真是起初意想不到的體會。筆者全然相信，合宜的財富倫理，會有正面的經濟效果。就好像在人生中，對生命的正確態度，總會帶來意想不到的成功。

當然，筆者還是要心知肚明地說，對現代人倡言財富倫理，雖然很有價值，卻並不容易。畢竟，現代人對財富的野性，已經病入膏肓，著魔似地將什麼倫理都拋諸腦後了，唯一剩下的不過是裸白的慾望。

但誠如筆者在舊作中所指出的，這其實正凸顯了財富倫理的價值。就好像一個傲慢的人，最需要的是自己總看不見的謙卑。而在一個愈不理性的地方，愈讓人感受到理性的可貴。同樣地，當大家滿腦子都充滿了對財富的野性，這無疑地，就是筆者最想挑戰的人生態度。

而就基於此，筆者在前後將近六年的寫作過程中，雖辛苦卻從不氣餒，也由衷感謝立緒文化的支持。如果說寫作是在尋找共鳴和被瞭解，總是會遇上幾個知音朋友的，不是嗎？找到一個算一個，畢竟，歷史的改變和文明的建造，本來就是點點滴滴、積沙成塔的。

埃及人有一個哲理說得很好，即使將種子撒在水面上漂浮著、終而沉沒，但是，當尼羅河的水退去，有一天還是會收穫的。同樣地，我們看人類歷史的潮流，不也總是拐彎抹角、變動不居的嗎？誰也不知道何時會湧現什麼、又何時會退去什麼。

當下，自己的使命就是孜孜不倦、努力撒種吧！誰曉得在什麼時候、又在哪裡會有收穫呢？寫作所最需要的，毋寧就是這種對未來無可預期的傻勁。即使在泡沫中漂浮著，都仍值得期待收割。

參考書目

Acemoglu, Daron & Robinson, James A. 著，2013，吳國卿、鄧伯宸譯，《國家為什麼會失敗：權力、富裕與貧困的根源》，台北，衛城出版。

Althaus, Paul 著，2007，顧美芬譯，《馬丁路德的倫理觀》，新竹，中華信義神學院出版社。

Aquinas, Thomas 著，2008，周克勤等譯，《神學大全》，台南，中華道明會&碧岳學會聯合出版。

Aristophanes. 2004. *Women in Parliament*. trans by George Theodoridis. Website: https://bacchicstage.wordpress.com/aristophanes/women-in-parliament-2/

Aristotle 著，1983，吳壽彭譯，《政治學》，北京，商務印書館。

Aron, Raymond 著，1986，齊力等譯，《近代西方社會思想家：涂爾幹、巴烈圖、韋伯》，台北，聯經出版公司。

Augustine, NPNF1-01. *The Confessions and Letters of St. Augustine, with a Sketch of his Life and Work*. A Select Library of the Nicene and Post-Nicene Fathers of the Christian Church. Series I. Volume 1. ed. by Philip Schaff. Michigan: Wm. B. Eerdmans Publishing Company Grand Rapids. Site of "Christian Classics Ethereal Library (CCEL)": http://www.ccel.org/ccel/schaff/npnf101.

i.html

Augustine, NPNF1-02. "On Christian Doctrine," in NPNF1-02. *St. Augustine's City of God and Christian Doctrine*. A Select Library of the Nicene and Post-Nicene Fathers of the Christian Church. Series I. Volume 2. ed. by Philip Schaff. Michigan: Wm. B. Eerdmans Publishing Company Grand Rapids. Site of "Christian Classics Ethereal Library (CCEL)": http://www.ccel.org/ccel/schaff/npnf102.v.html

Augustine, NPNF1-08. *St. Augustine: Exposition on the Book of Psalms. A Select Library of the Nicene and Post-Nicene Fathers of the Christian Church*. Series I. Volume 8. ed. by Philip Schaff. Michigan: Wm. B. Eerdmans Publishing Company Grand Rapids. Site of "Christian Classics Ethereal Library (CCEL)": http://www.ccel.org/ccel/schaff/npnf108.i.html

Aurelius, Marcus 著，1985，梁實秋譯，《沈思錄》，十八版。台北：協志工業叢書出版公司。

Banerjee, Abhijit V. & Esther Duflo 著，2013，景芳譯，《貧窮的本質——我們為什麼擺脫不了貧窮》，Epub 電子書版，北京，中信出版社。

Bentham, Jeremy 著，2000，時殷弘譯，《道德與立法原理導論》，北京，商務印書館。

Block, Walter 著，2003，齊立文譯，《百辯經濟學：為娼妓、皮條客、毒販、吸毒者、誹謗者、偽造貨幣者、高利貸者、為富不仁的資本家……這些「背德者」辯護》，台北，經濟新潮社。

Buchanon, James. M. 著，2002，韓旭譯，《財產與自由》，北京，中國社會科學出版社。

Burke, Edmund. 1803. "Thoughts and Details on Scarcity. to the Right Hon. William Pitt, 1795," *The Works of the Right Honourable Edmund Burke*. Vol. VII. A New Edition. London: F. and C. Rivington, St. Paul's Church-Yard.

Burke, Edmund. 1826. "Letter III. On the Rupture of the Negotiation etc. 1797," *The Works of the Right Honourable Edmund Burke*. Vol. VIII. A New Edition. London: F. and C. Rivington, St. Paul's Church-Yard.

Bury, J. B., (et.al.) 1923. *The Hellenistic Age. New York: The Norton Library.*

Castañeda, Rodrigo 著，譯者及年份不詳，「零飢餓計畫：巴西的經驗」，Food and Agriculture Organization of the United Nations。網址：http://www.fao.org/3/i3279c/i3279c.pdf

Chapman, J. W. 1968. *Rousseau-Totalitarian or Liberal?* New York: AMS Press.

Chrysostom, John. 1984. *On Wealth and Poverty*. trans by Catharine P. Roth. St. Vladimir's Seminary Press.

De Botton, Alain 著，2012，資中筠譯，《哲學的慰藉》，上海，上海譯文出版社。

Deaton, Angus 著，2015，李隆生、張逸安譯，《財富大逃亡：健康、財富與不平等的起源》，台北，聯經出版公司。

Durant, Will. 1939. *The Life of Greek*. in the Series of The Story of Civilization. Vol. II. New York: Simon and Schuster.

Gonzalez, Justo L. 2002. *Faith and Wealth: A History of Early Christian Ideas on the Origin, Significance, and Use of Money*. Oregon: Wipf and Stock Publishers.

Gonzalez, Justo L. 著，2000，吳秀蘭、羅麗芳譯，《信仰與財富》，台北，校園書房出版社。

Hayek, Friedrich 著，1997，鄒正來譯，《自由秩序原理》（下），北京，三聯書店。

Hertz, Noreena 著，2003，許玉雯譯，《當企業購併國家：全球資本主義與民主之死》，台北，經濟新潮社。

Hume, David 著，1984，陳瑞譯，《休謨經濟論文選》，北京，商務印書館。

Hume, David 著，1996，關文運譯，《人性論》，北京，商務印書館。

Kropotkin, Peter 著，1989，巴金譯，《麵包與自由》，北京，商務印書館。

Keim, Brandon. 2012. “Greed Isn’t Good: Wealth Could Make People Unethical,” 2012-02-27, Site of ”Wired”: https://www.wired.com/2012/02/income-and-ethics/

Kurokawa, Kisho.（黑川紀章）著，2012，覃力等譯：《新共生思想》，中國建築工業出版社。

Lactantius, Lucius Caecilius Firmianus. ANF07. “Lactantius: The Divine Institutes,” in ANF07. *Fathers of the Third and Fourth Centuries*. The Ante-Nicene Fathers. Volume 7. ed. by Philip Schaff. Michigan: Wm. B. Eerdmans Publishing Company Grand Rapids. Site of “Christian Classics Ethereal Library (CCEL)”: http://www.ccel.org/ccel/schaff/anf07.iii.ii.html

Landes, David S. 著，1999，汪仲譯，《新國富論：人類窮與富的命運》，台北，時報文化出版公司。

Locke, John 著，1996，葉啓芳、瞿菊農譯，《政府論上、下》兩冊，北京，商務印書館。

Luscombe, Belinda. 2019，劉松宏譯，「TIME專訪梅琳達蓋茲：『鉅富有時也會令人迷失』，這是什麼意思？」，《The New Lens 關鍵評論》，2019-05-19。

Luther, Martin 著，1957，湯清、徐慶譽譯，《路德選集》，上冊，香港：金陵神學院及基督教文藝出版社。

Luther, Martin 著，1959，湯清、徐慶譽譯，《路德選集》，下冊，香港：金陵神學院及基督教文藝出版社。

Malthus, Thomas Robert 著，1996，朱泱、胡企林、朱和中譯，《人口原理》，北京，商務印書館。

Marx, Karl & Engles, Friedrich Von 著，1956，中共中央編譯局，《德意志意識形態》，收錄於《馬克思恩格斯全集第一版》，卷三，人民出版社。

Marx, Karl 著，1980，伊海宇譯，《1844 年經濟學哲學手稿》，台北，時報文化出版公司。

Mill, John Stuart 著，2009，金鏑，金熠譯，《政治經濟學原理》上、下兩冊，北京，華夏出版社。

Moran, Thomas Francis. 1901. "The Ethics of Wealth, " in *American Journal of Sociology*. Vol. 6. No. 6. May 1901. The University of Chicago Press.

More, Thomas 著，1996，戴鎦齡譯，《烏托邦》，北京，商務印書館。

More, Thomas. 1949. *Utopia*. ed. & trans by H. V. S. Ogden. Illinois: AHM Publishing Corporation.

Peter, Thomas. 2016."Less is less: Japan's minimalists," Site of "REUTERS": https://widerimage.reuters.com/story/less-is-less-japans-minimalists

Piketty, Thomas 著，2014，巴曙松等譯，《21世紀資本論》電子書版本，北京，中信出版社。

Pinker, Steven 著，2020，陳岳辰譯，《再啟蒙的年代：為理性、科學、人文主義和進步辯護》，台北，商周出版。

Plato 著，1986，郭斌和、張竹明譯，《理想國》，北京，商務印書館。

Polanyi, Karl 著，1989，黃樹民等譯，《鉅變：當代政治、經濟的起源》，台北，遠流出版公司。

Proudhon, Pierre-Joseph 著，1982，孫署冰譯，《什麼是所有權（或對權力和政治的原理的研究）》，北京，商務印書館。

Ramsay, George 著，1984，李任初譯，《論財富的分配》，北京，商務印書館。

Rawls, John 著，2003，李少軍等譯，《正義論》，台北，桂冠圖書公司。

Rosling, Hans 等著，2018，林力敏譯，《真確》，台北，先覺出版社。

Rousseau, Jean-Jacques 著，1962，李常山譯，《論人類不平等的起源和基礎》，北京，商務印書館。

Rousseau, Jean-Jacques 著，1974，徐百齊譯，《社約論》，台灣，商務印書館。

Sachs, Jeffrey 著，2007，鄒光譯，《貧窮的終結：我們時代的經濟可能》，上海，人民出版社。

Saint-Arnaud, Pierre, 2012. "Wealth And Ethics Study Finds Rich People More Likely To Cheat And Lie," The Canadian Press. Site of "HUFFPOST": https://www.huffingtonpost.ca/2012/02/27/rich-people-less-ethical-study_n_1304800.html

Sandel, Michael J. 著，2012，吳四明、姬健梅譯，《錢買不到的東西：金錢與正義的攻防》，台北，先覺出版社。

Schroeder 著，2008，楊美齡等合譯，《雪球：巴菲特傳》，台北，天下遠見出版社。

Sen, Amartya 著，2001a，劉楚俊譯，《經濟發展與自由》，台北，先覺出版社。

Sen, Amartya 著，2001b，王宇、王文玉譯，《貧困與飢荒——論權利與剝奪》，北京，商務印書館。

Senior, Nassau William. 著，1986，蔡受百譯，《政治經濟學大綱》，北京，商務印書館。

Simmel, Georg. 2007，陳戎女、文聘元、耿開君合譯，《貨幣哲學》，北京，華夏出版社。

Smith, Adam 著，2003，蔣自強等譯，《道德情操論》，北京，商務印書館。

Smith, Adam 著，2009，郭大力、王亞南譯，《國民財富的性質和原因的研究》，北京，商務印書館。

Stephen, Davis & Jon Lukomnik & David Pitt-watson 著，2008，張淑芳譯，《新世代資本家：公民經濟崛起的新力量》，台北，臉譜出版社。

Stiglitz, Joseph E. 著，2002，李明譯，《全球化的許諾與失落》，台北，大塊文化。

Tepper, Jonathan & Denise Hearn. 著，2020，吳慧珍、曹嬿恆譯，《競爭之死：高度壟斷的資本主義，是延誤創新、壓低工資、拉大貧富差距的元兇》，台北，商周出版。

The Economist. 2015-10-31. "Keeping up with the Karumes," Free exchange. in *The Economist*. Website: http://www.economist.com/news/finance-and-economics/21677223-new-study-shows-money-can-buy-you-happinessbut-only-fleetingly-others

The News Lens 關鍵評論，2018-06-01.「美傳教士叫信徒捐贈他飛機：『耶穌降臨地球，也不想騎驢子』」。網址：https://www.thenewslens.com/amparticle/96904

Thompson, James Westfall 著，1996，徐家玲等譯，《中世紀晚期歐洲經濟社會史》，北京，商務印書館。

Trentmann, Frank 著，2019，林資香譯，《爆買帝國：從需要到渴望，消費主義席捲全球六百年文明史》，新北市，野人文化。

Weatherford, Jack 著，1998，楊月蓀譯，《金錢簡史：揭開人性與慾望交纏的神話》，台北，商周出版。

Weber, Max 著，1991，于曉、陳維綱等譯，《新教倫理與資本主義精神》，台北，唐山出版公司。

Weber, Max. 1992. *The Protestant Ethic and the Spirit of Capitalism. trans.* by Talcott Parsons. New York: Routledge.

Wei Cheng. 2019-05-10，「台灣科技業薪水大公開：你的薪資是否在同業中少的可憐？」《科技報橘 TechOrange》。網址：https://buzzorange.com/techorange/2019/05/10/tech-salaries-tw/

Wolfsdorf, David. 2013. *Pleasure in Ancient Greek Philosophy*. New York: Cambridge University Press.

尤子彥、王毓雯、黃亞琪，2014，「台灣人薪資關鍵報告」，《商業周刊》，1414 期，2014-12-08，台北。

楊卓翰，2019-10-22，「不只軍公教，勞保更快倒！政府憑什麼要年輕人繼續繳保費？」，《天下雜誌》，第六八四期。網址：https://www.cw.com.tw/article/article.action?id=5097303

大紀元，2016-12-10，「美國看病憑什麼貴？」，《大紀元》。網址：https://www.epochtimes.com/b5/16/12/9/n8576698.htm

林宏翰，2019-09-03，「『一次重病就破產』，美國人嘆沒錢病不起」，聯合新聞網，網址：https://udn.com/news/story/6843/4025428
范鳳華編，2001，《小小靈花選讀》，香港，基督教文藝出版社。
凌妃，2015-09-02，〈這11位 CEO 年薪超過員工的200倍〉，《大紀元》，網址：http://www.epochtimes.com/b5/15/9/2/n4518812.htm
地球圖輯隊，2020-05-02，「迪士尼危機：十萬員工無薪假，企業內部貧富差距大」，《財經新報》，網址：https://finance.technews.tw/2020/05/02/disney-and-the-unequal-reality-of-coronavirus-america
遠見編輯部，2019，「家族企業理念能否傳達給員工？台灣最低只有65.6分」，CSR新聞。網址：https://www.csronereporting.com/index.php/news/show/5723。另詳見《遠見雜誌》，2019，九月號。
劉寶傑，2019-05-24，「郭台銘新主張」，《關鍵時刻專訪》。網址：https://www.youtube.com/watch?v=Q9TMYqjdbJk
沈婉玉，2019，「台灣首度企業接班跨國調查 兩點重視度超其他國家」，《聯合報》，網址：https://udn.com/news/story/7239/4026873
王美珍，2014，「2014年台灣閱讀大調查：滑世代，你讀書了嗎？」，《遠見雜誌》，十月號。
馮士齡等，2019，「願景工程——尋找台灣閱讀力：聽說台灣人不讀書」，台北，聯合報系。網址：https://topic.udn.com/event/vision_reading
魯皓平，2017-08-07，「成功關鍵！比爾蓋茲、巴菲特都遵從的5小時法則」，遠見官網：https://www.gvm.com.tw/article.html?id=39574

創新拿鐵，2017-01-23，「沒時間看書？參考比爾蓋茲、馬克祖克柏的「5小時讀書法」」，遠見官網：https://www.gvm.com.tw/article.html?id=36492

張詠晴編譯，2017-04-30，〈J．K．羅琳：曾經，我是自己見過最失敗的人〉，《天下雜誌》，網址：https://www.cw.com.tw/article/article.action?id=5082221

許惠敏，2018-06-21，「我的收入高嗎？美企首度公布員工工資比一比」，《世界日報》，網址：https://www.worldjournal.com/5629676/article-我的收入高嗎－美企首度公布員工工資比一比/

鄔昆如，1975，《西洋哲學史》，台四版，台北：國立編譯館。

蔡東杰，2015，《穆希卡：全世界最貧窮也最受人民敬愛的總統》，台北，暖暖書屋。

巴菲特，2019，Ｙahoo 理財影音。網址：https://tw.tv.yahoo.com/巴菲特－若10萬美元不會讓你快樂－1億也不會-091656664.html

內容簡介

從「大歷史」到「大思考」。對於財富倫理，作者曾經從縱剖面，宏觀地探索了歷史中的三條主要路線。如今他將其精華和成果，針對現時現地，從橫剖面展開了最完整而系統化的思考。

本書的綱要，首分為「四大核心課題」：財富的追求動機、財富的牟取之道、財富該如何使用，以及財富的分配正義。又進一步為貼近大眾的日常生活，而細分為可以更引發閱讀和思考興趣的「九堂課」。

它們分別是：為什麼我該積極致富？為什麼我該淡泊輕看？在商言商，有何不可？利益極大化，有錯嗎？儉樸節約是為了什麼？錢該花在哪裡最值得？雖然眼紅，卻很羨慕？可以既公平又繁榮嗎？貧窮問題該如何解決？

作者簡介

葉仁昌

一九五七年出生於台灣澎湖。國立台灣大學政治學博士。

國立臺北大學公共行政暨政策系退休教授，仍兼授中國政治思想史、財富與社會等課程。

主要經歷及出版書籍：

2018，《大師眼中的金錢：財富的倫理》，立緒文化出版社。

2015，《儒家與韋伯的五個對話》，聯經出版社。

2013，退休、兼課、專職著述

2005，《獨唱的男人：隨想手札》，橄欖出版社。

1996，《儒家的階層秩序論：先秦原型的探討》，瑞興出版社。

1992，《邁向台灣神學的建構》，校園出版社。

1992，《五四以後的反對基督教運動：中國政教關係的解析》，久大文化出版社。

1990，「中國政治學會」傑出博士論文獎

個人網站：http://web.ntpu.edu.tw/~soloman
電子郵箱：yehsoloman@gmail.com
Facebook ID：Soloman Yeh

國家圖書館出版品預行編目 (CIP) 資料

財富大思考：四大課題九堂課 / 葉仁昌作 . -- 初版 . -- 新北市：立緒文化, 民 109.11
面； 公分 . --（新世紀叢書）
ISBN 978-986-360-164-7(平裝）

1. 財富 2. 經濟學

551.2 109016592

財富大思考：四大課題九堂課

出版——立緒文化事業有限公司（於中華民國 84 年元月由郝碧蓮、鍾惠民創辦）
作者——葉仁昌

發行人——郝碧蓮
顧問——鍾惠民

地址——新北市新店區中央六街 62 號 1 樓
電話——(02) 2219-2173
傳真——(02) 2219-4998
E-mail Address —— service@ncp.com.tw
劃撥帳號—— 1839142-0 號 立緒文化事業有限公司帳戶
行政院新聞局局版臺業字第 6426 號

總經銷——大和書報圖書股份有限公司
電話——(02) 8990-2588
傳真——(02) 2290-1658
地址——新北市新莊區五工五路 2 號
排版——菩薩蠻數位文化有限公司
印刷——祥新印刷股份有限公司

法律顧問——敦旭法律事務所吳展旭律師

分類號碼—— 551.2
ISBN —— 978-986-360-164-7
出版日期——中華民國 109 年 11 月 初版 一刷（1 ～ 1,500）

定價◎ 450 元（平裝） 立緒